JN029715

# メイク・バンカブル！

## イギリス国際金融浪漫

黒木 亮

*Ryo Kuroki*

集英社

# メイク・バンカブル！

## イギリス国際金融浪漫

# 目次

# プロローグ

初夏のロンドンは、爽やかな風がプラタナス（鈴懸の木）の青葉をそよがせていた。

南西郊外のウィンブルドンでは、ボリス・ベッカーやシュテフィ・グラフら、世界トップクラスのプレーヤーたちが熱戦を繰り広げている。

三十一歳のわたしは金融街「シティ」のオフィスで秘書のデスクのそばに立ち、これから全世界に向けて発信する国際協調融資のインビテーション（参加招へい状）の文面に目をとおしていた。

秘書のヘレンは栗色の髪に金色のハイライトを入れ、やや小柄で、頑丈そうな体型である。英国南部、ケント州ロチェスターの出身で、あっけらかんと明るい性格だ。女子高を卒業後、秘書の専門学校で速記やタイプの技術を身につけた。仕事は速く、指示を出している最中に受話器やパソコンに手が伸びていく。

八階にあるオフィスの大きなガラス窓の向こうでは、コーンヒル通りをへだてた、ロイズ保険組合の製油所のような銀色のビルが初夏の日差しを浴び、澄みわたった青空の下、テームズ川を越えて、テニスボールを打つ軽やかな響きやセンター・コートのどよめきがこだましてきそうだった。

新しいミレニアム（二〇〇〇年代）に入ってから、「ザ・ガーキン」（四十階建て）や三菱地所の「8ビショップスゲート」（五十一階建て）など、ガラスを多用した斬新なデザインの高層ビルの建設ラッシュが始まり、シティの景観も宇宙都市のようになりつつある。

しかし、わたしが働いた邦銀ロンドン支店が入っていた大手保険会社コマーシャル・ユニオン（現アビバ）の二十三階建てのビルや、ロイズ保険組合のビルは今も健在で、その姿をみると、シティを駆け回っていた日々が昨日のことのようによみがえる。

その日、慎重に目をとおしていたテレックスは、幅がA4サイズで、長さは一メートルあまり。冒頭に、これからシンジケート（協調融資団）を組成する案件の名前が記されていた。

〈Turkiye Emlak Bankasi A.S. US$50,000,000 Trade Finance Facility〉（トルコ・エムラク銀行向け五千万ドル貿易金融用ローン）

エムラク銀行は、不動産分野に強いトルコの大手国営銀行で（emlakは不動産を意味するトルコ語）、去る四月、同行向けに葉タバコ輸出前貸し用の千五百万ドルの協調融資を組成した。それがスムーズだったのを評価され、新たな五千万ドル（約七十二億円）のマンデート（組成委任）を獲得した。

その際、先方のメリ・ユルトクラン国際部長（女性）から「あなたの銀行にディールをやってほしいわけではないのです。あなたという個人にやってほしいのです」という、光栄にして身の引き締まる言葉をかけられた。彼女は、前年に主幹事のメリルリンチが三千万ドルくらいの証券発行のシンジケーションに手こずり、自ら取引銀行に頭を下げまくって参加を依頼するという苦い経験をしていた。

ロンドンに赴任して一年四ヶ月、わたしにとって初の大型案件だった。

「オーケー、レッツ・ローンチ」

緊張感と高揚感を覚えながらいった。

国際協調融資の組成を開始することをローンチ（進水）と呼ぶ。

ヘレンがうなずき、パソコンのマウスをクリックすると、オフィス後方の壁際にある二台のテレックス・マシンが、ダダダッ、ダダダッ、ダダダダッ、と音を立て、インビテーションを打ち出し始めた。ブリティッシュ・テレコムの回線をつうじ、英国のほか、大西洋、地中海、ユーラシア大陸を越え、世界中の約四百の銀行に届けられる。

今は無音のｅメールにとって代わられたが、金属のアームが紙を叩きつけるテレックス・マシンの音は心躍る市場の鼓動である。

（始まったぞ……！）

ユーロ市場に案件をローンチすると、もう後戻りはできない。組成に成功すれば拍手喝采を浴びるが、失敗すれば笑いものだ。

オフィスにあるロイター端末の緑色のスクリーンに「Turkiye Emlak Bankasi A.S. is in the market with a US$50Million trade finance facility through the arranger.....（トルコ・エムラク銀行が五千万ドルの貿易金融用ローンで市場に登場、主幹事は……）」と速報が流れる。

すでに英文のインフォメーション・メモランダム（案件説明書）が数十冊用意され、エムラク銀行の英文のアニュアル・レポート（年次報告書）とともに発送する準備が整っている。

「アー・ユー・イン・ザ・マーケット?」

契約書作成担当（ドキュメンテーション）の年輩の英国人女性が老眼鏡をずり下げてわたしに訊いた。この人はもっぱら三人の英国人担当者の案件をやっているので、わたしがなにをやっているかは、ほとんど知らない。

（へえ、市場で案件を組成していることを、『マーケットに出ている』と表現するのか……）

ああ、自分はやっと国際金融マンになれたんだなあという実感が湧いた。

銀行で最初に配属されたのは、千葉県の津田沼支店で、外国為替も扱っていない小さな店だった。入行初年度の英語の試験の成績は、「すぐに海外駐在ができるレベル」だったが、人事部はわたしを将来の国際部門要員とは考えていなかったようだ（国際部門へ行く可能性のある新入行員は、通常、外国為替課がある都心の大型店に配属されていた）。

海外とは無縁の支店の普通預金の窓口係になった自分にとって、国際金融は遠い世界だった。付近にある新京成線の踏切の警報機が定期的に発するカンカンカンという音を聞きながら、札を数えたり、通帳の記入処理をしたりしていた。その頃、新聞で〈国際金融マン募集〉という小さな広告をみつけたりすると、切り抜いて大事に持っていたが、ろくな経験もない自分が採用されるはずもなかったので、応募はしなかった。

その頃、自分はいったいどういう人生を送りたいのか、半年くらい自問自答した。その答えは、「自分の生きた証（あかし）を残したい」ということだった。では具体的になにかというと、大きなプラント・建築物・施設等のプロジェクトを手がけ、それが後世の人々に長く役に立つか、あるいは本を書いて、後世の人々に長く読まれ、よい影響を与えるかのどちらかではないかと思った。ただその前段階の目標として、国際金融マンは憧れだった。

ヘレンの前の席では、サリーというアシスタント・マネージャーの英国人女性が、エムラク銀行との契約書の草案（ドラフト）を精読していた。国際協調融資の契約書は、担保などがないシンプルな案件の場合、英文で数十ページ、航空機ファイナンスやプロジェクトファイナンスなどは数百ページ以上。その一言一句につき、まずボロワー（借入人）と合意し、次にすべての参加銀行と合意しなくてはならない。

ボロワーから課された調印日は四週間後で、かなりタイトな日程だ。

周りが若干うるさいので、サリーは読んでいる行の下に透明なプラスチックの定規を置き、一行一行に集中していた。

彼女は、この春、国際金融課のボスの英国人の男が「貿易金融の担当者を採用した」といって連れてきた。課で貿易金融を手掛けていたのはわたしだけだったので、自然とわたしのアシスタントになった。長い金髪で、艶のよい健康そうな顔に、高くて丸い大きな鼻が付いた、二十代後半の女性だ。英国では上位のノッティンガム大学を出て、リッグスAP銀行という米系銀行のロンドン支店で輸出入取引の事務をやっていたという。モラルの低いバックオフィス（後方事務部門）にいたせいか、最初は斜にかまえて適当に仕事をする感じだった。しかし、案件を次々捌（さば）いていかなくてはならない環境に放り込まれ、二週間くらいで見違えるほど態度を改めた。元々性格が真っすぐで、プライドもあり、辛抱強い地方出身の女性である。国際金融という新たな仕事に今までにない手ごたえも感じているようだった。姓はスコットランドかアイルランドが祖先のマッキーン（McKean）で、自分の名前をいうときは、「キーン」を小気味よく発音していた。頑固で鼻っ柱が強く、海外拠点の行員のための東京本部での一週間の選抜研修に行かせたら、帰ってきて「アイム・ノット・インプレスト（たいしたことなかったわ）」と、可愛くないことをいったりもする。

当然のことだが、案件はいくつも同時進行している。この頃やっていたのは、アルジェリア向けLC（letter of credit=信用状）のリファイナンス（決済資金の融資）、エジプト航空向け航空機ファイナンス、トルコの別の二つの銀行向けの輸出前貸しなどだ。

わたしは一人で中近東とアフリカを駆けめぐって案件を獲っていたので、吉澤邦夫副支店長から「ロレンス金山」（金山はわたしの本名）と呼ばれ、サリーとヘレンを使って、自己完結ですべてをこなしていたので、「金山商店」とも呼ばれていた。

四週間後――

わたしとサリーは、午後十時近くになり、人気（ひとけ）もなくなった国際金融課のオフィスで働いていた。ここ一週間ほど、睡眠時間も削り、懸命に作業をしていた。長い金髪を後頭部でひっつめにしたサリーは寝不足で身体が火照るので、裸足になってオフィス内を歩き回り、コピーを取ったり、ファックスを流したりしている。

デスクの上には、参加銀行とのやり取りのテレックスやファックス、融資契約書の草案、参加銀行の連絡先や米ドルの口座の詳細を記した一覧表など、夥（おびただ）しい書類が積み上げられている。

トルコ・エムラク銀行向け国際協調融資は爆発的に売れた。五千万ドルの引受額に対し、一億ドル以上が集まるオーバー・サブスクリプション（応募超過）になり、全部で三十一の銀行が参加する。

調印式は明日に迫ったが、まだ融資契約書に同意していない銀行がいくつかあり、法律事務所、アレン・アンド・オーヴェリーの担当弁護士と相談しながら、説得を続けていた。主幹事銀行は、ボロワーとも参加銀行とも、握手をしながら戦わなくてはならない。

参加銀行が調印式の当日まで粘るのは珍しくない。「ボロワーが負担するインクリースト・コスト（法律費用増加分）のなかに我々の弁護士費用も入れてくれ」「参加銀行はエムラク銀行が融資した輸出案件の関係書類を閲覧する権限があるという一文を入れてくれ」「流動比率に関するコベナンツ（縛り）を入れてくれ」など、いろいろなことを要求してくる。

参加銀行の言い分に理があればボロワーを説得し、ボロワーの言い分に理があれば銀行を説得する。場合によっては、互いに勝手に解釈でき、双方の顔が立つような玉虫色の文言を使ったりもする。

秘書のヘレンは遅くとも午後七時には帰宅するので、サリーはぎりぎりまでヘレンを捕まえて、参加銀行に送る回答書などをタイプさせ、夜のうちに、明朝一番でヘレンにタイプさせる書類の下書きをしておく。たまにヘレンの姿がみえないと、「ヘレンはどこに行った⁉」と二人で慌てて捜したりした。

翌朝は、午前七時頃には出社し、英国との二時間の時差を利用してバーレーンやクウェートの参加銀行と契約書の文言について最終決着する。別のタイムゾーン（時間帯）にいる相手と電話で話し合ったりしていると「ああ、国際金融の世界にいるんだなあ」という実感が湧く。英国との時差が大きいアメリカ大陸やアジアの相手とやり取りをしていると、特にそんなふうに思えて、「これこそ自分のやりたかった仕事だ」と、国際ビジネスの空気を胸いっぱいに吸い込むような気持ちで仕事をした。

　最後まで粘っていた銀行とも最終決着すると、アレン・アンド・オーヴェリーに契約書の印刷と製本を依頼する。先方のオフィスでは、秘書が何十部もの融資契約書をプリントアウトし、調印式に間に合うよう、忙しく製本作業を始める。

　ヘレンが出社してくると、サリーがたくさんの書類の下書きを渡し、一つ一つ説明し、ヘレンが朝食のパンを食べながら忙しくタイプを始める。

　調印式の会場になる支店内の大会議室の準備もしなくてはならない。ヘレンやサリーと一緒に、テーブルを縦長の口の字形に並べ、各出席者の席に調印用のデスクマット、ペン、式次第、引出物などを配置する。ホスト役の日本人のロンドン支店長には、スピーチ原稿を作り、事前に説明して渡す。


　調印式は、三十人以上が出席する華やかなものとなった。

　イスタンブールからやってきたエムラク銀行の幹部たちも嬉しそうで、担当のユルトクラン国際部長には、よくやってくれたとねぎらわれた。

　ただせっかく一億ドル以上集まったのに、融資額は五千万ドルに据え置かれた。同行の幹部で、リーマン・ブラザーズ出身のニコ・マクシミヤディスというギリシャ人の男が、今回これだけ成功したのなら、次回はもっと安く調達できるはずだ、と増額に反対したためだ。口髭を生やし、蝶ネクタイを締めたマクシミヤディスも調印式にやってきて、市場について講釈を垂れていた。

マクシミヤディスは、若干プライドが高いが、本音で話す、面白い男だった。トルコとギリシャは歴史的に犬猿の仲で、トルコの銀行で、ギリシャ人が働いているのはほとんどみたことがない。離婚経験者で、中近東などの入国カードに、「既婚（married）」「独身（single）」のほかに「離婚（divorced）」という選択肢があるので、「なにがディボーストだ。なんでそこまで申告しなきゃならないんだ!?」と憤慨していた。トルコの大手建設会社グループのオーナーの娘と再婚したがっていたが、相手の父親からなかなか承諾がもらえず苦労していた。

案件が増額にならなかったので、主幹事手数料が倍入ってくるかもしれないという期待は実現せず、各参加銀行には希望参加額の半分以下しか割り当てられなかったので、一部の銀行から「インビテーションの出しすぎだ」と苦情をいわれた。一応「申し訳ないね」といいつつ、「参加銀行は、勝手なことといってりゃいいから、いいよな」と思っていた。ただしこのあとのシンジケーションでは、その点も気を付けるようにした。

調印式では恒例のシャンペンで乾杯したが、睡眠不足で酔いの回りが早かった。

調印式後、サリーは赤い顔で、ローン管理課に引き渡す書類一式の目録やローン管理要領のメモを作成していた。終業後、支店の同僚が車で家まで送ってくれたが、わたしは案件成功の心地よい疲労感に浸るまもなく、途中のベルサイズ・パークをすぎたあたりから激しい眠気に襲われ、助手席でがっくりとうな垂れて爆睡した。

# 第一章　マイワード・イズ・マイボンド

## 1

ヤングバンカーだったわたしがロンドンに赴任したのは、冬から春に変わる季節だった。

街の緯度はサハリン中部と同じで、午後五時半頃には早くも日没が訪れた。風は爽やかで冷たく、故郷の北海道の北空知(きたそらち)によく似ていて、しっくりきた。街路樹はプラタナスが多く、煉瓦や石造りの建物が歴史を感じさせた。ウエスト・エンドにはシアターやレストランが軒を連ね、世界の主要都市らしい華やぎがある。通りには、箱型のブラックキャブや、車体後部にドアがなく、どこでも飛び乗り・飛び降りができる「ルートマスター」と呼ばれる赤い二階建てバスが走っていた。

わたしは国際金融業務の経験もなく、世間のこともよくわかっていない三十歳の若者だった。あるのは、夢と希望と野心とエネルギーだけだった。

住まいは、ジャパン・ホームズという日系の不動産屋にいくつか物件をみせてもらい、市内北部のゴールダーズ・グリーンのフラット（マンション）に決めた。日本人（Ｊａｐａｎｅｓｅ）とユダヤ人（Ｊｅｗｉｓｈ）が多いので「ＪＪタウン」と呼ばれる町だ。シナゴーグ（ユダヤ教の会堂）

やコシェール（ユダヤの戒律に従った食品）のパン屋や食料品店がいくつもあり、土曜日になると、つば広の黒い帽子に黒いコート姿の人々が家族で礼拝に行く姿がみられる（ちなみに、ジョン・F・ケネディが生まれた米国ボストン近郊のブルックラインという町も、ユダヤ人と日本人が多く、「JJタウン」と呼ばれているという）。

フラットは駅から坂道を十分ほど上がった場所の四階建ての煉瓦造りである。広さは八〇平米弱のメゾネット・タイプで、月の家賃は九百六十ポンド（約二十二万円）。社宅扱いで銀行が負担してくれた。ちょっとした高台にあり、四階のリビングの窓からは、周囲の木々や丘の上の聖ユダ教会の尖塔がみえ、西洋絵画のようだった。

通勤は地下鉄で、毎朝、駅前の新聞スタンドでフィナンシャル・タイムズ（略称・FT）を買い、混み合う電車のなかで読んだ。世界的な経済紙だが、一面の短い記事のなかに「昨日、ベーカー・ストリートのイタリアン・レストランで食い逃げがあり、ウェイトレスが全速力で走って、犯人を取り押さえた」というような、どうでもいいようなニュースが載っていたりした。二〇一二年のロンドン五輪の開会式で、ミスター・ビーンを登場させ、映画『炎のランナー』をパロった英国人の悪戯心は今も昔も変わらない。

地下鉄ノーザン・ラインは一八九〇年（明治二十三年）開業の古い路線で、車両の木製の床が歴史を感じさせた。故障やスタッフ・ショーテッジ（職員不足）で、二十分や三十分遅れるのは当たり前で、その分、余裕を持って家を出なくてはならなかった。

働いたのは「シティ」と呼ばれる金融街だ。一平方マイルほどのエリアに、世界中からやってきた約九百の金融機関がオフィスをかまえ、地上の富を吸い集め、それを再び世界中に送り出して運用している。

赴任前に、親しくしていた英国系のジェームズ・ケーペル証券（現ＨＳＢＣ証券）の板井(いたい)義信東京支店長から「金山さん、ロンドンに行ったら、『マイワード・イズ・マイボンド』ですからね」といわれた。「わたしの言葉がわたしの担保」という意味で、一度口に出したことは必ず守るという、シティのプロフェッショナリズムを表す言葉だ。シティは元々貿易金融を提供するマーチャントバンキングから発展したが、取引には銀行保証など、なんらかの担保が必要だった。「お前の担保はなんだ？」と訊かれ、「俺の担保は俺の言葉だ」と答えるのが、「マイワード・イズ・マイボンド」だ。これはロンドン証券取引所の紋章にも「ＤＩＣＴＵＭ　ＭＥＵＭ　ＰＡＣＴＵＭ」というラテン語で刻まれている。

地下鉄バンク駅（Bank＝銀行ではなく、テームズ川沿いの〝土手〟の意味）で電車を降り、地上に出ると、周囲に石造りのバンク・オブ・イングランド（英国中央銀行）、ロイヤル・エクスチェンジ（旧王立取引所）、マンションハウス（ロンドン市長公邸）、ミッドランド銀行（現ＨＳＢＣ）本店などが聳(そび)え、英国経済の心臓部であることを実感させる。

朝の通勤時刻になると、駅から続々とスーツ姿の人々が地上に吐き出され、放射状に延びる五叉路へと散って行く。肩で風を切るようにして歩くのは、バンカー、弁護士、会計士、秘書などだ。浅黒い肌のインド系や黄色い肌の東洋人もいるが、黒人は少ない。

わたしの勤務先は、そこから真東に延びるコーンヒル通りを四〇〇メートルあまりいった場所の高層ビルに入居していた。途中のビショップスゲート通りとの交差点の角には、ベアリング・ブラザーズの黒っぽい二十四階建てのビルが独特のオーラを放っている。十九世紀に「英国、フランス、プロシア、オーストリア、ロシアに次ぐ、六番目の列強」という異名をとり、一族で数多くの爵位を手にした老舗マーチャント・バンクだ。

　通りには、石造りや煉瓦造りの建物が軒を連ね、各国の金融機関が入居している。動植物や人の芸術的なレリーフ（浮彫）が施された建物も多く、屋上から、頭に角のある魔物が通りをみおろしたりしている。地上には、一七五七年創業のレストラン「シンプソンズ・タヴァーン」、パブ、サンドイッチ店、ワイシャツの仕立て屋、靴屋なども並んでいる。働く人々のための食料品や生活必需品の店があるのは、ニューヨークのウォール街と同じである。

## 2

　国際金融課に初出勤してまず驚いたのは、ヴィンス（ヴィンセント）という名の英国人の若造が、大きな椅子にふんぞり返って電話をしながら、靴を磨かせていたことだ。オフィスのなかに、靴磨きがいるのだ。別の英国人の男は、出張報告書を自分で書かず、速記ができる秘書に口述し、タイプさせていた。日本ではみたことのない光景だった。

　初日は、課の一人一人に着任の挨拶をした。ヴィンスに、「昨日ロンドンに着いたのか？　ジェットラグはどうだ?」と訊かれ、ジェットラグ（時差ぼけ）という単語を知らなかったので、別送品の航空荷物（ラゲージ）のことかと思って、「数日以内に届くと思うけど」と答えたら、困ったような顔をしていた。

　国際金融課のボスは、ロスという名の三十七、八歳の英国人で、中東のバーレーンにあるガルフ・

インターナショナル銀行で国際協調融資の経験を持っていた。身体には贅肉が付き、粘着質で小狡そうな顔つきをしていた。年棒は日本円に換算すると二千万円を超えていた。その下に、南欧担当の、三十代半ばのパトリックという、口髭を生やし、ぬぼっとした感じの大男と、北欧担当で頭髪も眉毛も金髪のヴィンスがいた。三人ともオックスフォード大学の卒業生で、自分たちはエリートだから、人に頭を下げたり、汗水流してあくせく働いたりはしないと考えているようだった。

　銀行の東京本部では、この三人は国際金融のプロということになっていたが、仕事ができそうなオーラもなく、緊張感も感じられなかった。ロスは朝出勤してくると、ガラス張りの個室で、秘書に淹れさせたコーヒーを飲みながらＦＴを読むのが日課で、そんなものは会社にくる前に読むものだろうと思った。三人とも仕事と称して、よく長い昼食に出かけ、ワインやブランデーを飲んでオフィスに戻って来た。パトリックが、昼食のあとオフィスで葉巻を吸うので、神経質なヴィンスが顔をしかめ、扇風機を回していた。国際協調融資の主幹事はほとんど獲れておらず、オフィスには「トップ・レフト」のツームストーンが一つもなかった。ツームストーンとは、文庫本くらいの大きさのアクリル樹脂製の置物で、融資完了広告の紙が埋め込まれ、主幹事銀行名が最上段左端（トップ・レフト）に記される。しかし、ロスら三人組がやっていたのは、他行から招へいされた案件に参加したり、他行が保有している融資案件を買ったりすることだけだった。一度パトリックに「どうしてマンデートを獲りにいかないんだ？　他の邦銀だって、住友、東銀、三菱あたりは結構獲ってるじゃないか」といったら、「ドント・ハッスル（無駄に騒ぐな）」とあしらわれた。

　いったい誰がどういう見識で、こういう連中を採用したんだ、と大いに首をかしげたが、こちらは新参者で国際金融のことも知らなかったので、大人しくしていた。

わたしがそれまで勤務したのは津田沼、横浜、日本橋の三つの国内支店だけである。横浜支店のあと、エジプトに二年弱留学させてもらったものの、帰国するとまた国内支店に配属されたので、ほとほとがっかりした。船橋市東中山にあった独身寮時代には、相当な外国語力があったり、銀行からの派遣で日米会話学院にかよったりした三十歳すぎの先輩たちが、千葉県内の支店の外回りとして個人や中小企業の預金集めに従事するという不可解な人事を目のあたりにしていたので、このままでは自分も望み薄だと思った。

英国系のロイズ銀行の東京支店やオーストラリア系のＡＮＺマーチャント・バンクの東京事務所に応募し、いい感触をもらったので、勤務していた日本橋支店の上司に辞めると申し出た。上司は慌てたらしく、支店長と人事部に報告し、わたしは人事部から呼び出された。

当時、大手町の東京本部の十階にあるラウンジは、夕方になると飲食ができる「グリーン・テン」という名の洋風居酒屋になっていた。出向くと、人事部の部長代理二人が待っていて、「さあビールでも飲んで」「焼きそばでも」と勧められ、日頃の権威主義や独善的な態度がまったくないので、なにかの罠かと警戒した。「どうして辞めるんだ?」と訊かれたので、「いつまでたっても国際部門にも海外にも行かせてくれないので」と答えた。「きみには留学も含め、ずいぶん投資したんだ」というので、「そんなのはもうとっくにお返ししました」といったら絶句していた。

当時わたしは、外回りで、月に二、三千万円の収益を上げていた。むろん銀行の看板・サービス提供力・本部などのサポートがあってのことだが、預貸金の伸びや優良法人新規獲得数にもとづく東日本地区の営業マンのランキングでは、常にトップクラスだった。当時銀行が力を入れて売り出していたエレクトロニック・バンキング（法人向けオンラインバンキングの先駆け的なシステム）でも成約高は群を抜いていて、東京本部でたまたま担当の法人部の人たちとエレベーターに乗り合わせたとき「あなたが日本橋支店の金山さんですか！」と目をみはられこともある。ただいつまでたっても国内支店の仕事ばかりさせされる空しさは、酒で紛らわすくらいしかなく、繁華街近くのホテルから汗臭いスーツで出勤することもあり、気持ちも生活も荒み気味だった。

　わたしが銀行の人事に対して不信感を抱いたのは、横浜支店勤務時代に巡回面接にやってきた人事部の部長代理に、国際部門か海外支店にいかせてほしいといったら「そんなにいきたいんなら、自分で探していくんだな！」と怒鳴り付けられたことだ。そのことを二人の人事部の部長代理に話したら「彼がなにをいったか知らないけれど……」と返答に窮していた。

　人事部の担当者と話していて、いつも噛み合わなかったのが、「銀行にいさせてやっているんだから、有難く思え」という態度で、こちらの気分とは百八十度解離していた。

　わたしを「グリーン・テン」に呼び出した二人の部長代理に「どこにいきたいんだ？」と訊かれたので、デュッセルドルフでもバーレーンでもよかったが、どうせ希望が一〇〇パーセントとおることなどありはしないだろうと思っていたので、アラブ流でとりあえず大きく出ておくかと、「それはまあ、やはりニューヨークかロンドンです」と答えた。人事部の二人は「わかった。じゃあ、そのようにする。ただこういうことがあったということは、他言しないでくれ」という。自分たちの沽券に関わると思ったのだろう。「はあ、わかりました」と答えたものの、希望がとおるとしても、せいぜい香港かドイツくらいで、場合によっては「いや、あの件はいろいろあって、やっぱり無理だったよ」と、しれっと反故にしてくることもあるだろうなと思っていた。ところが二、三ヶ月後に、本当にロンドン行きの内示が出たので驚いた。

普通、国際金融部などで三年くらい経験を積んでから海外に出るものだが、わたしは赴任直前まで日本橋支店で婦人用自転車に乗って、汗だくで外回りをやっていた。毎日ペダルを激しく漕いでいたので、サドルでスーツの股が擦り切れ、取引先のソファーで話していたとき、なんだかスースーするなあと思ったら、パンツが透けてみえていたこともあった。交際費は半期（六ヶ月）に三万円しかなく、大口の取引をしてくれたお客さんには山本山の海苔などを自腹で買って持って行った。仕事で使うタクシー代も自腹だった。東大テニス部出身で豆タンクのような体型の取締役支店長は自ら馬車馬のように働き、部下も容赦なく働かせる人で、行員たちは四季を感じる余裕もなく追い立てられた。わたしも週末は外出する気力もなく、日曜日の夕方になるといつも憂うつになった。

ただ、不可能としか思えないノルマを与えられ、試行錯誤を懸命に繰り返しているうちに、ふっと視界が開け、ビジネスの鉱脈を発見する経験をさせてもらったり、提案書をぶつけて取引先の真のニーズを見極めるやり方を支店長に教えてもらったのは、貴重な財産になった。また、問題点を直視し、逃げずに正面から取り組んで解決する正攻法な仕事のスタイルは、支店長からわたしをへてサリーへも受け継がれた。

その支店長は銀行で常務まで出世し、その後も馬車馬のように働き続け、日立造船の副社長や東証一部の輸送機メーカーの社長を務めたが、七十歳をすぎて引退したあと脳梗塞を発症し、八十四歳で亡くなった。日本橋支店長時代は神奈川県の七里ヶ浜駅の近くに住んでいて（湘南高校卒だったので地元だったのだろう）、連日朝六時に家を出て、江ノ電、国鉄（現・ＪＲ）東海道本線、地下鉄銀座線を乗り継ぐ一時間半もの通勤をして支店までやってきて、日中は全力投球で仕事をし、夜の宴席のあと再び電車で帰宅していた。我々部下たちは、よくあんな無茶な生活をして身体がもつなあと驚嘆していたが、たぶん相当寿命を縮めたはずだ。わたしを引き立ててくれた恩人だが、ひたすらサラリーマンに徹した余裕のない生き方としか思えなかった。仕事というものは、本田宗一郎や西山弥太郎のような浪漫と大義、少なくともその片方くらいはないと空しいと思うのだが、彼の生きざまには、それが感じられなかった。たまに日本橋支店の後輩と一緒に飲んだりすると「支店長は、自分の人生について、どう思ってたんだろうなあ?」「さあ……」と皆で首をかしげる。亡くなる前に一度話を聞いておけばよかったと悔やんでいる。

支店長が日本橋から本部に栄転したのは五月だったので、送別会ではみんなで『五月のバラ』を歌って送った。なにかの拍子にそのメロディーを耳にしたり、あるいは今住んでいるロンドン北西部の家の庭に、初夏、赤いバラが咲いたりすると、希望の光もみえず、ひたすらもがいていたあの頃の砂を噛むような気持ちを思い出す。

そんなわけで、わたしは国際金融業務の「こ」の字も知らないままロンドンに赴任した。

着任してまもなく、ギリシャの国営電力会社の私募債引受けの幹事団ミーティングに出席したが、住友銀行の溝口潤さんという人（この二十二年後に専務執行役員になった）が「そういうやり方では、我々は承服できない」とまくし立てるのを聞いても、なんのことを話しているのか、さっぱりわからなかった。ミーティングのあと、東京の国際金融部の二、三年次上の担当者に様子を報告したら、わたしの話が要領を得なかったので、「私募債のこと知らなきゃ、話もできんわな」と馬鹿にされた。

なおこの種の私募債に投資するのは、生命保険会社、リース会社、投資ファンドなどのほか、「ベルジャン・デンティスツ（ベルギーの歯医者）」が有力グループで、当時、ベルギーの金持ちの代表格は歯医者だったらしい。

仕事に慣れるまで、国際金融課の一年上の日本人の先輩に教えてもらいながら、英国人スタッフが英語で作成した国際融資の稟議書を読んで、東京の国際審査部あての日本語のコメントを付けたり、融資債権の管理をやったりした。

この先輩は、入行二ヶ店目から国際金融部に配属された人だった。一応東欧の担当になっていて、たまに東ドイツの銀行から一千万ドルとか千五百万ドルのバイラテラル（シンジケーションをしない一対一の融資）案件がきたりすると「またマンデートもらっちゃったよ」などといったりするので、「それはただのバイラテラルで、マンデートとはいわないいんじゃないの？」と思った。国際金融の本を手にして「こんなもの俺でも書けるよ」と嘯いたりしていたが、案件がくるのをすわって待っているだけの人で、規制に守られた邦銀によくいるタイプだった。

わたしはロスに、「お前は中近東、アフリカ担当だ」と命じられたが、中近東とアフリカは案件がなにもできていない不毛の地だった。こいつは国際金融のことは知らないし、どうせなにもできやしないだろうと思って、形だけの担当にしたのだろう。ただカイロに留学経験がある自分にとっては思い入れのある地域だった。ロスは、支店の日本人幹部に、「どうしてあんななにも知らない奴を送り込んでくるんだ⁉」とか、赴任当初イギリス英語が上手く聞き取れなかった頃は「あいつは英語もろくにできないじゃないか」と文句をいっていたそうだ。

キャリアも担当地域も、メインストリームから外れた「けもの道」を歩み始めたわたしは、中近東・アフリカで、どんな案件がありそうか調べたり、他の銀行、日本の商社、メーカーなどを訪ねて話を聞いたりして、少しずつ感覚を摑んでいった。各種の取引のやり方は、週末に出勤して、オフィスのキャビネットに格納されている案件ごとの稟議書、テレックス、ファックス、契約書などを読んでおぼえた。

ゼロからのスタートだったがオフィス環境は快適だった。日本では支店でも本部でも、皆、小さな灰色のスチールデスクを島の形にくっ付けて、肩をすぼめるようにして仕事をしていたが、ロンドンでは一人一人に横幅が一メートル半近くある大きな机が与えられていた。

オフィスの向かいのロイズ保険組合のメタリックなビルの裏手には、「レドンホール・マーケット」という、十四世紀に歴史をさかのぼる市場があった。凝った装飾のガラスの天蓋を持った絢爛豪華な建物と石畳の一角で、映画『ハリー・ポッターと賢者の石』（二〇〇一年）のロケ地にもなった。肉屋の店頭には、ウサギやイノシシがそのままの形でぶら下がっており、ヨーロッパにいるのを実感させた。パブは夕方になるとシティで働く人々で混み合った。朝はそこで、クロワッサンとコーヒーを買い、オフィスの大きな机で食べた。

こういう環境で仕事をしたら、もう日本には戻れないとしみじみ思ったものだ。広々とした北海道で生まれ育ったわたしには、東京の街も職場も住まいも狭くて息が詰まりそうだった。

# 3

ロンドンにきてしばらくの間、英語がよく聞き取れなくて参った。

英国人は米国人ほど声が大きくなく、表現も回りくどい上、わたしが国際金融の仕組みや用語を知らなかったことも原因だった。しかし、三ヶ月ほどで慣れ、なんの問題もなくなった。

この頃には、同じ支店の池田さんという、コレスポンデント・バンキング（金融機関同士の取引）を担当していた二年上の先輩、彼の部下のハリエットという英国人女性と一緒に、シティにオフィスをかまえている外国の銀行を訪問し、貿易金融のチャンスを探った。二人とシティの街を歩きながら案件探しをするのは楽しかった。

池田さんは目がぎょろりとしていて、国内支店の外国為替課などに勤務したことのある明るい性格の人だった。ハリエットはロンドン大学卒の頭のよさそうな美人で、コレスポンデント・バンキングじゃ物足りないんじゃないかなあと思っていたら、案の定、一、二年で転職していった。

訪れたのは、シティバンク、チェース・マンハッタン銀行、ロイズ銀行、ナショナル・ウエストミンスター銀行など、欧米の大手銀行だ。

なかでも米系は活発に貿易金融をやっており、しかも邦銀と違って、資産を減らしてリターン・オン・エクイティ（資本利益率）を上げることに熱心だったので、「こんな案件を買わないか?」と、彼らが抱えている案件の購入を打診された。もちろん上前はピンハネされる。

ミーティングの前後には、わたしが所属する銀行がクレジット・ライン（信用供与枠）を設けているアジア・中近東・アフリカの銀行のリストや、どの国なら短期（一年以内）や中長期（一年超）のリスクをとれるかという一覧表をつくって渡した。これがあれば、相手もこちらの立場がわかって、案件を紹介しやすくなる。

シティバンクで貿易金融と案件売却を担当していたマイケル・ディックスという三十代前半の英国人の男はエネルギッシュで、米銀で生き残っていくには、こんなふうに生き馬の目を抜くように仕事をするんだなあと思わされた。彼には、期間四年半のアルジェリアの国営銀行向けローン、バンク・オブ・チャイナの保証付きで期間八年半のローン、トルコ中央銀行の保証付きでリスケジュール（返済繰り延べ）したトルコの商業銀行の外貨建て債務などを買わないかと提案された。しかし、リスクがこちらがとれるレベルよりかなり高かった。同時に、世界中にネットワークを張りめぐらしているシティバンクは、こんなにも各国に食い込んで、こんなにも多彩な案件を手がけているのかと、つくづく羨ましく、悔しかった。

一つ気づいたのは、貿易金融をやっている人たちは、高卒の叩き上げが多いことだ。

年を追うごとに変わりつつはあるが、英国は今も階級社会だ。一番上にいるのは英国系白人、とりわけオックスフォードとケンブリッジ（二つを合わせて「オックスブリッジ」と呼ぶ）の卒業生だ。その下がオックスブリッジ以外の白人、その下にそれ以外の人種がくる。

英国では、医者や歯医者はユダヤ人とインド人が多く、イラン人やアラブ人も結構いる。彼らは優秀でも、白人エリート社会の仲間に入れてもらえないので、手に職を付けて生きていく。

会計士や理容師なども非白人が多い。面白いのは郵便局で、窓口にインド人職員がずらりと並んでいる。彼らは掛け算は九九どころではなく、二十掛ける二十までやるので、計算に強い。看護師は黒い肌のアフリカ系の女性をよくみかける。

金融業界にも同様のヒエラルキーが存在する。頂点に立つのは、投資銀行の英国版であるマーチャント・バンク（直訳は「商人銀行」）だ。これは元々、毛織物、砂糖、金、小麦といった商品を扱っていた大商人（マーチャント）が、自己の信用力を活用し、貿易金融（具体的には貿易手形の引受け（アクセプタンス）〈保証〉）を提供することから金融業に参入したもので、その後、証券の引受け・販売や、二十世紀後半にはM&Aなども手がけるようになり、米国でいう投資銀行と同義の金融機関になった。代表的なハウスは、毛織物商だったベアリング・ブラザーズ、金銀塊、水銀、ダイヤモンドなどを扱っていたロスチャイルド、リネン商だったブラウン・シップレイ、食料品を扱っていたギネス・マーン、貝殻商のマーカス・サミュエル（のちのヒル・サミュエル）、金のサミュエル・モンタギュー、銀のSGウォーバーグ、小麦のシュローダー、砂糖のクラインオート・ベンソンなど。こういうところで働いているのは、オックスブリッジ出のエリートが多い。彼らの仕事ぶりは、執事にかしずかれながら正装してワインとともに午後三時頃まで昼食をとり、食後に葉巻をくゆらせながらブランデーを飲み、芸術や世界情勢を語りつつ、仲間うちの貸し借りでディール（案件）を決めるという、古き佳き大英帝国スタイルだ。ロスら三人も、マーチャント・バンカーを気取って、真似をしていた。

マーチャント・バンクと同じくらい有力なのが、米国の大手金融機関。その下にくるのが、英国の四大商業銀行であるナショナル・ウエストミンスターやロイズ、欧州や日本の大手商業銀行で、部門によって大卒と高卒が入り交じっている。さらにその下は地銀やビルディング・ソサエティ（不動産融資専門の金融機関）、世界中の雑多な金融機関である。

職種別では、マーチャント・バンクがやるM&Aや国際協調融資などはオックスブリッジ、企業金融（コーポレート・バンキング）は一般大卒、貿易金融・住宅ローン・一般銀行事務は高卒という感じである。

もちろんこれは大雑把なくくりで、例外も多い。またサッチャー政権下の一九八六年に始まった金融ビッグバン（市場自由化）で、米国の金融機関がシティでの活動をどんどん拡大し、昼食時にアルコールを飲むこともなく、がんがん仕事をして、英国の金融機関を圧倒しつつあった。

一九九〇年代以降、マーチャント・バンクは、ロスチャイルド以外は消滅ないしは外国の金融機関に身売りし、ロスチャイルドも昔日の存在感を失っていく。米国流の「メイク・マネー」（金を儲ける奴が一番偉いという文化）に対する、英国の伝統的エリート層の敗北である。一九九五年に、二十七歳の「ごろつきトレーダー」ニック・リーソンによる日経平均先物への投機で吹っ飛んだベアリング・ブラザーズの本社ビル跡地は、二〇一一年に三菱地所が取得し、五十一階建ての近代的なオフィスビルに建て替えられた。

## 4

ロンドンの暮らしや仕事にも少し慣れた夏頃から、ちょくちょく週末に国内旅行をした。赴任当初は単身だったので、一人旅が多かったが、時にはロンドンで知り合った友人などと行くこともあった。

週末によく旅をしたのは、標準的な駐在期間が三年だったので、自分の財産にするため、なるべくいろいろなところをみておこうと考えたからだ。人生行路を会社によって決められるサラリーマンにとって、留学や海外勤務は極めて貴重なチャンスだ。エジプトに留学させてもらった当時の日記を読むと、やはり最大限の成果を摑み取って帰るのだという並々ならぬ決意にあふれていた。

ロンドンには、リバプール・ストリート、パディントン、ウォータールー、ヴィクトリアなど、七つのターミナル駅がある。スコットランドやヨークなど、北へ行く列車が発着するのは、市内北寄りのキングズ・クロス、セント・パンクラス、ユーストンである。この三つの駅は、東京の上野駅に似た哀愁が漂っていて、北へ向かう人々の気持ちは洋の東西を問わないのだなあと思わされる。

石川啄木の歌に、上野駅を詠んだといわれる「ふるさとの訛なつかし停車場の人ごみの中にそを聴きにゆく」というのがあるが、ここでも「ア」を「ウェ」、「イ」を「エ」、「エ」を「イ」と発音するスコットランド訛りが聞こえる。「ワイフ」は「ウェーフ」、「フィフティ」は「フェフティ」である。

出発駅ではよくコーニッシュ・パスティを買った。牛のひき肉、薄切りのジャガイモ、ルタバガ（カブの一種）、タマネギをこねたあんをパイ生地で包み、半円形に焼き上げたものだ。紙の袋に入れて渡してくれるが、カイロのようにほかほかで、腹持ちもよく、英国版の豚まんである。

その頃から、旅の様子をしたためた絵葉書を北海道の両親と自分あてに出すようになり、今では五百枚以上たまった。書く分量が限られている絵葉書は、旅で感じたことがストレートに凝縮されていて、貴重な記録になっている。

〈午前十一時五分発の電車で、一時間二十分ほどのケンブリッジへ一泊旅行。夕方、B&B（注・ベッド・アンド・ブレックファスト＝民宿）近くのパブでラガービールを買い、美しい景色のなかで風に吹かれながら飲んだ。自転車を借りて、チャールズ皇太子が学んだトリニティ・カレッジやケム川にかかる橋をめぐった。爽やかな夏の日。　7月23日〉

〈セント・パンクラス駅から約二時間のノッティンガムにやってきた。昨日は、街で拾ったタクシーでロビンフッド伝説のシャーウッドの森まで行き、片道十三ポンド弱を払ったら、五十二歳の英国人の運転手が「帰りはタダでいい」といってくれて、詩人バイロンの生家へも連れて行ってくれた。「オールド・トリップ・トゥ・エルサレム」という英国最古のパブがあり、そこでビールを飲んだ。7月31日〉

〈英国の秘境、マン島にいる。「主都」ダグラスは海岸通りにホテルやB&Bが立ち並び、ジュネーブかナポリのよう。夜になると通り沿いに色とりどりの豆電球がともされるのはエジプトのアレキサンドリアのよう。たくさんの土産物屋が夜遅くまで開いているのは熱海のよう。お金も切手も英国本土と違い、独自の憲法と議会と航空会社がある。人口は六万五千人。こんな島にも中華料理店が何軒もあるのに驚く。大きな水車をみに行き、フィルという地元の若い人に写真を撮ってくれるよう頼んだら、車でアイルランドを遠くに望む山の頂上まで連れて行ってくれた。「またマン島にくるつもりだ」といったら、彼が嬉しそうににっこりした。　8月28・29日〉

〈金曜夜の列車で、ロンドンから一時間半のカンタベリーにやってきた。ヴィクトリア駅午後七時五十分発の列車は、通勤の人たちでいっぱいだった。空に向かってすっくと立っているカンタベリー大聖堂が美しい。街には古いイン（inn＝宿屋）がたくさんあり、一五〇〇年頃のものが多い。ターハ・フセインの『アル・アイヤーム』を読み終える。　9月3日〉

〈ロンドンから電車で約二時間のウェールズの中心都市カーディフにきている。B&Bは一泊十二・五ポンド。ここでは英語とウェールズ語が使われていて、駅などの表示も両方の言葉で書いてある。今日はカーディフ城内をめぐる一時間ほどのツアーに参加したあと、バスで三十分ほどの山中にあるキャッスル・コッホ（「赤い城」という意味）に行ってみた。静かで趣のある城だった。9月17日〉

〈土曜日にオフィスに出勤し、バーレーンのアルミ・プロジェクトの稟議書を書き、着替えも持たずにイーストボーンにやってきた。B&Bで一泊し、朝、コーヒー・ショップでこの葉書を書いている。雨がひどく、桟橋をみただけでもう帰ることにする。ズボンはびしょ濡れだ。海に面してずらりと並んだホテルやB&Bの客の大半は老夫婦である。　10月9日〉

〈土曜日の夕方の電車でドーバー海峡に面したフォークストーンにやってきた。B&Bは若干汚れていたが、主人が陽気な人だった。第一次大戦中、兵士がとおったというロード・オブ・リメンブランスをみてきた。カモメがたくさん飛んでいて、海のそばの遊園地の近くで蚤の市が開かれていた。これからまたロンドンに帰り、仕事をする。　10月16日〉

〈リバプール・ストリート駅から特急で約二時間のイースト・アングリアの町、ノーリッジにきている。有名な大聖堂の尖塔が秋晴れの青空にくっきりと浮かび上がっている。古い町並みが残るエルム・ヒルやギルドホールをみて歩いた。明るい秋の日差しと緩やかな坂の街は、エジプト留学時代に訪れたイスタンブールを思い出させる。　10月22日〉

〈ロンドンから電車で一時間半のヘイスティングスにやってきた。電車のなかではQGPC（カタール国営石油会社）の案件をどうやってやるかを必死で考えた。英国屈指のリゾート地といわれるだけあって美しく、心が和む。海の近くにシーフードの立ち食いスタンドがあり、カニの甲羅にカニ肉とカニ味噌をいっぱい詰めたものがなんと一・五ポンドという安さだったので、二回も行った。ヘイスティングス城では、写真を撮ってくれたフィンランド人のおじさんといろいろ話をした。10月29日〉

国内旅行をしてあらためて気づいたのは、英国の素晴らしい自然環境だった。

電車でロンドンを出て三十分も走ると、線路の両側には、森、林、丘、畑、平原など緑一色の景色が広がり、流れる川は護岸されていない自然の姿で、絵画のような景観のなかに住宅が点在する。丘は草がきちんと刈り込まれ、牛や羊が悠然と草を食んでいる。カズオ・イシグロが、うねりながらどこまでも続く英国の田園風景の美しさは、外国のどんなドラマチックな景観も持ちえない品格があると『日の名残り』に書いているとおりだ。

ロンドンへの通勤圏内だと、南のケント、サリー、サセックスあたりが自然豊かで、わたしが勤務していた銀行の受付のジューンという英国人女性は、築三百年くらいの家に住むために、片道二時間半かけて通勤していた。数十人いた日本人行員も、半分くらいは南に家を借りて住んでいた。電車は、日本の特急電車以上に贅沢なつくりで、四人掛けのテーブル席も各車両に六つくらいある。これなら片道一時間以上の通勤でも苦にならない。

またどの町もしっかりタウンプランニングがされていて、街並みが美しく保たれている。風情ある街並みを、無秩序で不揃いな建築物で台無しにしてしまった京都と対照的である。英国では家の裏庭の高さ三メートル以下の物置などは別として、住民の目に触れる家の前面や高さなどは勝手に変えたりできない。個人の住宅であっても、改築の申請が地元のカウンシル（自治体）に出されると、付近一帯の住民に「この改築の申請に意見のある人は申し出るように」という手紙が郵送される。こういう制度は何百年という長い時間をかけられてつくり上げられたもので、一二一五年にマグナカルタ（大憲章）で王権を制限した英国の長い民主主義の力を感じさせる。

旅先では、海岸や川のほとりで風に吹かれながら、テークアウェー（日本でいうテークアウト）のフィッシュ・アンド・チップスやチキン・アンド・チップスに缶ビールの夕食をとった。フィッシュ・アンド・チップスは、ビートルズも名曲『ペニー・レイン』で歌っている英国の国民食で、海辺の町で食べると、ロンドンとは一味も二味も違う。注文は「フィッシュ・アンド・チップス」ではなく、「フィッシャンチップス」といわないとつうじなかったりする。たいてい「ソルト・アンド・ヴィネガー？（塩とモルトヴィネガーはかけますか？）」と訊かれるので、振りかけてもらうが、さっとまんべんなく振りかける店員の鮮やかな手つきに、「さすがプロ」とうならされる。

アジア系の人が少ない地方に行くと、よく珍しげに顔をみられた。多民族が暮らすロンドンではお目にかからない反応である。デヴォン州のトーキー（Torquay）という港町で、一五四〇年からある「ホール・イン・ザ・ウォール（壁の穴）」という名のパブでビールを飲んだときは、ウェイターのお兄さんが興味深げに「どこからきたの?」と訊くので、「ロンドンに住んでいるけど、日本人だよ」と答えると「アメイズィング（amazing）」と、多少感に堪えぬ口調でいわれた。受験英語では「驚くべき」という訳の単語だが、この場合「それは素晴らしい」程度の相槌である。

そういう古いパブでは、何百年にもわたってニスやペンキが塗り重ねられたテーブルや壁や梁はてらてらと光っていて、歴史を感じさせる。港町であれば、外でカモメがキュウキュウと鳴きながら飛び交い、港のそばのスタンドの店では、甲羅にカニの肉やカニ味噌をたっぷり詰めたものや、カニ肉のサンドイッチを安く売ったりしている。

海辺には、菓子屋、ゲームセンター、土産物屋、ソフトクリーム屋など、様々な店が軒を連ねていて賑やかである。日本と同じ綿あめ（英語ではcandy floss）も売られていて、懐かしい気持ちにさせられる。

各地を旅していると英国は石炭の国で、それが産業革命の原動力だったことが実感される。イングランド北東部のダラムを訪れたとき、宿泊したアパートがあった近郊のラングリー・ムーアという地区は昔の炭鉱町で、今は寂れてひっそりとしている。南ウェールズのブレナヴォンで炭鉱跡を訪れたときは、カンテラ付きのヘルメットをかぶって、作業員・馬・荷物運搬用のエレベーターで地下九〇メートルまで降り、採掘現場跡を歩くツアーに参加した。足元を常に地下水が流れ、湿った空気の暗い場所だった。その地底でドアを開け閉めするために六歳の子供が一日十二時間働いていたとか、女性が採掘した石炭を運ぶ重労働をさせられていたとか、馬は二歳になると採掘現場で働かされ、死ぬまで地上の光をみなかったとか、悲惨な話をたくさん聞いた。英国では一八三四年に奴隷制度が廃止されたので、その後の工業化の過程では、同じ英国人が搾取されたのだ。ダンス競技の世界大会で有名なイングランド北西部の港町ブラックプールは、かつて炭鉱労働者の保養地だったが、一九七〇年代に欧州への海外旅行が安くなると廃(すた)れ、今はかなり場末感が漂う街になっている。地元の人々も皺が多く、苦労していそうな顔つきである。

英国はＳＬ（蒸気機関車）発祥の地で、今でも国内の約百路線で約四百両のＳＬが走っている。金融マン時代は仕事が忙しかったし、インターネットのような便利なものもなかったので、行き先のことをろくに調べもせずに旅に出かけ、宿泊したＢ＆Ｂやホテル、ツーリスト・インフォメーションなどに置いてあるパンフレットをみて、ああ、この近くにもＳＬが走っているのかと気づいたりしていた。その多くは観光客用だが、地元の人々が生活のために使っている路線もある。

機関車の近くの車両に乗り、ジュッジュッポッポ、ジュッジュッポッポという蒸気音を聞き、ゴットン、ゴットンと揺られながら、時速四〇キロメートルくらいで走っていると、子どもの頃を思い出す。わたしの故郷は北海道の秩父別(ちっぷべつ)という、二〇二六年三月末に廃線になる留萌本線沿線の農村である。当時、汽車には、留萌方面から魚の行商に来る年輩の婦人たちがよく乗っており、背中に重そうなアルミ製の行李を背負っていたのが瞼(まぶた)に焼き付いている。

英国で一番印象的だったSLは、スノードニア国立公園にあるスノードン登山鉄道である。これは一八九六年に開業した観光鉄道で、ウェールズの最高峰であるスノードン山の頂上まで約七・五キロメートルを走る。せいぜいちょっと小高い丘でも走るんだろうと思って乗ったら、どんどん高度を上げ、そのうち雲のなかに入って周囲が真っ白になり、気温も下がって寒くなり、最後は頂上に着いたのでたまげた。山の標高は一〇八五メートルだが、周囲は平地なので、相当高く感じた。

どの町にも当然教会がある。最初は、また教会かと思って食傷気味だったが、そのうち二つとして同じものがなく、芸術と技術の粋を凝らした建築物であることに気づき、鑑賞するようになった。なかでも一番好きなのは北東部のダラムの大聖堂である。ここは、八七五年にバイキングの襲撃を受けたリンディスファーン（ダラムの約一三〇キロメートルくらい北にある島）の修道士たちが七年間放浪した末に、教会を建てたことから始まった町で、現在の人口は約四万三千人。オックスフォード、ケンブリッジに次ぐ名門といわれるダラム大学のある大学都市で、若い人が多く、不動産屋の店頭には、日本の学生街の不動産屋のように、学生用のワンルームアパートの物件案内がたくさん張り出されている。大聖堂はウェア川が蛇行してつくった中州のような丘の上にあり、その堂々とした力強い姿は「コロッサス（colossus）」（巨像）という語で形容される。このほか、イングランド南西部のエクセターの教会もなかなか面白く、様々な表情のゴブリン（醜い姿の小人の精霊）がレリーフで外壁に刻み込まれていて、いつまでみていても飽きない。

週末旅行の電車のなかでは、やれそうな中近東・アフリカ向け案件の資料を読んだりしていた。

インベストメント・バンカーは、激しい競争を勝ち抜くため、毎朝、「熊の尻を嚙みちぎる（bite the ass off a bear）」勢いで目覚めなくてはならないといわれる。わたしも毎朝、熊の尻を嚙みちぎる覚悟で出勤し、週末の旅先でもその気持ちを保ち続けていた。

当時の絵葉書をみると、夏から秋にかけての美しい英国の風景と、なんとかディールをやろうと、もがき続けていた自分の姿が瞼によみがえる。

この頃には、最初の案件もできた。チェース・マンハッタン銀行に紹介された、香港上海銀行（現・HSBC）系のサウジ・ブリティッシュ銀行が発行したLC（信用状）のコンファメーション（保証）だった。サウジアラビアの会社がアルミパネルを輸入する際の代金支払いを保証するための総額二百十万ポンドのLCで、全額をチェース・マンハッタン銀行がコンファームしていた。そのうちの百万ポンド（約二億三千万円）をリスク・パーティシペーション（リスク参加）という形で裏保証した。裏保証料は年率二分の一パーセントにも満たない。チェースは輸出者である英国企業からその倍くらいのコンファメーション料を取っているはずなので、結構なピンハネだが、案件発掘や輸出者との交渉などをやっているので、ある意味当然の権利だ。あまり胸も張れない、リスク買い取りの小さな案件だが、これがわたしの第一歩である。

チェースの貿易金融チームの担当者は、トニー・チズムというスコットランド系の名前の、わたしより若く、気のいい男で、住友銀行ロンドン支店で五年間働いたことがあり、「ハーイ、ディス・イズ・トニーさーん」とよく電話をかけてきた。彼には、トルコのイシュバンク（二百万ドル）、オマーンのナショナル・バンク・オブ・オマーン（百万ドル）のLCコンファーム案件も紹介してもらい、成約した。

付き合い出して二年後の初夏に、彼が香港に転勤するので、ロンドン市内に持っているフラットを借りてくれないかという話があり、家をみに行き、彼の若い夫人も交えてチーズフォンデュをご馳走になったことがある。テームズ川を眼下に望むペントハウスで、抜群の眺望には大いに惹かれたが、干潮になると茶色く濁った川面にゴミがたくさん浮かんでくるので辞退した。当時に比べるとロンドンの不動産価格は五倍くらいになったので、もし彼が今も持っていたら、相当な財産になっているはずだ。

# 第二章　航空機ファイナンスにしびれる

## 1

　ロンドンに赴任して八ヶ月ほどがたった十月、営業のかたわら、半分くらいは事務の仕事をやっていた。

　この頃には、サウジ・ブリティッシュ銀行発行のＬＣのコンファメーションやオマーン向けシンジケートローンへの五百万ドルの参加も実行し、自分でクウェートに出張して発掘した消費者金融会社、コマーシャル・ファシリティーズ社に対する一千万ドルのバイラテラル・ローン、トルコのイシュバンクやナショナル・バンク・オブ・オマーンが発行したＬＣのコンファメーション案件も進んでいた。国際金融課のボスのロスは「ほう、素人が細かい案件をちょこちょこやってるのか。まあやらないよりはましだな」という顔をしていた。

　東京のシティバンクから電話がかかってきたのは、国際融資の未収利息の一覧表作成という、半期決算の作業をしていたときだった。

「金山サン、ウィ・ゴット・ザ・マンデート！　コングラチュレーションズ！」

電話をかけてきたのは、航空機ファイナンスなどを担当しているエリック・ポステルという少し年上の米国人だった。

「えっ、サウジアラビア航空のマンデートが獲れたの⁉」

「イエス」

（うわ、本当に獲れたんだ！　こりゃ、大ごとだ！）

書類を放り出して、国際金融担当の日本人副支店長のところへ報告に行った。

それはサウジアラビア航空が購入する貨物用のボーイング７４７―２００型機を一機ファイナンスする八千九百二十五万ドル（約百十二億円）の航空機ファイナンスだった。頭金の一五パーセント以外の部分をファイナンスするもので、三ヶ月ほど前に、東京の国際金融部から「シティバンクからこんな話があった」と連絡があった。

サウジアラビア航空は、いまだユーロ市場に登場したことのない「しびれる」ネームだ。国際金融マンは誰しも、格が高く、めったに市場に出てこないボロワーで、しかも大型の案件を手がけたいという野望を持っている。国際金融部には「是非やりたい。シティバンクによろしく伝えてほしい」と回答した。

シティバンクはどういうわけか自分で協調融資団を組成せず、こちらに全額引受（フルアンダーライト）（融資の全額を集めることを保証し、集まらなかった分は自行で出す）でやってくれないかといってきた。もしかすると、サウジアラビアかサウジアラビア航空向けの与信枠がいっぱいだったのかもしれない。ただ抜け目のないシティバンクのことなので、ファイナンス成功のあかつきには、サウジアラビア航空からアドバイザー手数料などをもらうことになっている可能性は十分あった。

一つ問題だったのは、サウジアラビアが、世界で最も厳格にシャリーア（イスラム法）を実践している国であることだ。酒を所持していれば、外国人でも即刑務所行きで、女性が顔や肌の一部でも他人にみせることは禁じられ、宗教警察が街をパトロールしている。そのため、本件もシャリーアで禁じられている利子を支払うローン（融資）ではなく、リースにしてほしいという。そこで、余計な税金がかからないタックス・ヘイブン（租税回避地）であるカリブ海のケイマン諸島にペーパーカンパニーをつくり、そこが航空機を所有し、サウジアラビア航空にリースする仕組みにした。ただし、リース料は銀行の調達金利であるＬＩＢＯＲ（ライボー）（London Interbank Offered Rate=ロンドン銀行間出し手金利）にスプレッド（利鞘（りざや））を乗せたもので、実質的には変動金利のローンである。

国際審査部とは何度かやり取りし、全額引受と、自行の最終融資額（ファイナル・テーク）二千万ドルの承認をもらった。

まだシンジケーション（協調融資団の組成）はやったことがなかったが、他行からもらったインビテーションなどをみながら準備を進めた。サウジアラビア航空からは、「たとえリースの形でも、銀行からファイナンスをもらうのは、イスラム文化圏では世間体が悪い。中近東の銀行にはアプローチしないでほしい。案件の存在自体も秘密にしてほしい」といわれた。

テレックスでインビテーションをばら撒くとマーケット参加者に知られてしまうので、東京にいるエリックがアジアの銀行に対し、わたしが欧米の銀行に対し、個別に電話をかけ、興味を示した銀行に、インビテーションや資料を送ることにした。

ところが、欧米の銀行の反応はさっぱりだった。中近東に対する個人的な思い入れもあり、サウジアラビア航空くらいのビッグ・ネームなら売れるだろうとたかをくくっていたが、予想外の不人気である。電話で理由を聞くと、参加手数料が参加額によって〇・一五〜〇・二五パーセント、金利がＬＩＢＯＲ＋〇・三七五パーセントと低いのがネックだった。

なんとか参加銀行を集めようと必死にアプローチを続け、ついには、中近東で飛行機に乗って、墜落する夢までみた。「ああーっ、落ちる！　こんな飛行機に乗るんじゃなかった！　乗るんじゃなかったー！」と、きりもみ状態の機内で激しく後悔する生々しい夢だった。

二週間がすぎた頃、尾羽打ち枯らしてシティバンクに電話で相談した。

「エリック、この分でいくと、かなり厳しいと思う」

ここでもし「おたくはフルアンダーライトしたんだろ」と突き放されたら、万事休すだった。しかし、エリック自身もアジアの銀行の反応の悪さに直面していたので、状況をよく承知しており、幸いなことにゴリ押しするような人柄でもなかった。

「そうだね。ちょっとサンバ（ＳＡＭＢＡ＝Saudi American Bank）と話してみるよ」

サンバはシティバンクのサウジアラビア現地法人で、サウジアラビア航空との窓口になっていた（サウジアラビアは保守的な国で、外国銀行の支店は認めず、現地資本との合弁という形でのみ進出を認めていた）。


話し合いの結果、中近東の銀行に極秘でアプローチすることをサウジアラビア航空が承諾し、わたしは、ほっと安堵してシンジケーションを再開した。

まもなく潤沢なオイルマネーを持つバーレーンやクウェートの大手銀行が興味を示し、審査手続きに時間がかかる邦銀も少しずつ入り始め、最終的に、大手都銀など邦銀六行、中近東の銀行四行からなるシンジケートができた。地元経済の低迷で、優良国内案件が少ない北海道や北陸の銀行も喰いついてきた。

その頃には、国際金融の専門誌に、サウジアラビア航空が市場に出ているらしいという記事がぽつぽつ出始め、大海原に巨大なクジラの背びれが見え隠れしているような状態になった。

協調融資団がなんとか組成できたので、契約書作成（ドキュメンテーション）の交渉が始まった。

サウジアラビア航空側は、財務・総務担当のイブラヒム・ボブシャイト副社長以下十人くらいをロンドンに送り込んできた。同社の法律顧問は、白い髭を生やしたイスラム教徒の老人で、バングラデシュの元法務大臣だという。

こちら側は、英国屈指の法律事務所クリフォードチャンスのパートナー弁護士、ジェフリー・ホワイト氏と助手のメアリー・マトソン弁護士、わたしが所属するロンドン支店の次長（英国企業取引担当）でナショナル・ウエストミンスター銀行時代にリース（ただし航空機ではなく、鉄道車両など）の経験があるスチュアート、ロンドンのシティバンクのストラクチャード・ファイナンス（仕組み金融）部門のジョナサン・ヒルドレス、サウジ・アメリカン銀行の三人（米国人弁護士、サウジアラビア人とアイルランド人の二人のバンカー）などだった。

交渉はクリフォードチャンスのオフィス「ブラックフライアーズ・ハウス」で始まった。

セント・ポール寺院の少し西をテームズ川の方向に道を下って行った場所にある、二十世紀初頭の石造りで七階建ての堂々とした「グレード２」（第二級）指定の歴史的建造物だ。

会議室のテーブルには、ホワイト弁護士が作成したリースそのほかの契約書の草案が用意されていた。英文で数百ページに上る分量だった。

交渉は、サウジアラビア航空のサルマン・コシ技術担当部長の第一声で幕を切って落とした。

「我々は中近東を代表するエアラインであり、このような分厚い契約書は不要である。もっと薄くしてほしい」

こちら側は全員椅子から転げ落ちそうになる。

この手のユーロ市場の借入れに馴染みのないボロワーと普段から接しているシティバンクのヒルドレスだけは、そうくると思ったんだよなあ、とでもいいたげな渋い顔をしていた。

ヒルドレスは四十代半ばで、少しウェーブのかかった頭髪に日焼けした顔。金融ジャングルを生き抜いてきた一匹オオカミのしたたかさを全身に漂わせていた。見た目はダンディで、フランスの伊達男ふうの服装を好んで身に着けていたが、目つきや話しぶりに、百戦錬磨のインベストメント・バンカーのすごみがあった。珍しい名前なので、電話で自分の名前を伝えるときは、「ヒルー、ドゥレス」と相手にわかるよう、ゆっくり丁寧に発音していた。

「これは航空機ファイナンスでは最もスタンダード（標準的）な契約書で、あなたがたが信用できないから、こんなに分厚くなっているわけではないのです。英国航空もルフトハンザもこれと同じような契約書にサインしています」

白髪まじりで、細面に銀縁眼鏡をかけ、やや顎の長いホワイト弁護士がいった。年齢は四十代前半の感じ。

この「英国航空もルフトハンザも」というセリフは、このあともしばしば使われ、効きめのある説得方法だった。

「でも、この契約書は我々の義務についてばかり書いてある。契約というものは、お互いに対等な立場で結ばれなくてはいけないはずだ。これでは不公平ではないか」

渋みのある浅黒い顔に口髭をたくわえたコシ氏はいった。米国駐在の経験があり、アラブ訛りの英語を早口で話す。

これに対し、「リースの神様」と呼ばれるホワイト弁護士が論理的に反論した。

「銀行側は、最初にお金を貸すという、この取引で最も重要な行為をし、義務のほとんどを履行してしまうのです。ですから契約書がボロワーの義務についてより多く規定しているのは当然なのです」

その説明を聞いて、なるほどなあ、と感心した。わたしにとって、初めて目のあたりにする本格的な国際交渉の舞台だった。


初日は、こうした類(たぐい)のそもそも論で終わり、二日目にサウジアラビア航空側が渋々といった感じで折れてきた。

次に問題になったのが、契約書のドラフトを話し合いの場で一項目ごとに読み上げ、議論するというサウジアラビア航空側の交渉の進め方だった。

「えー、では、次の項目ぅ。『ボロワーはぁ、以下のものを定期的にぃ、エージェント（事務幹事銀行）に提出するものとするぅ。ナンバー・ワン（第一に）……』」

コシ氏が該当箇所を読み上げ、サウジアラビア側の全員が「これはどういう意味かなあ？」と額を突き合わせて理解に努め、疑問点や反論があれば、意見を述べるというやり方だ。

その上、彼らには時間管理の発想がなく、どうでもいいような些末な事項まで、ああでもないこうでもないと議論をしているかと思えば、契約書からまったく離れてジョークの飛ばし合いになり、ギャッハッハーと大笑いしたりしている。ちなみにジョークはアラビア語で「ノクタ」といい、アラブ文化の一要素である。こちらは焦りと絶望感で頭がくらくらしそうになる。

二日間ほどこの状態が続き、ついにホワイト弁護士が堪忍袋の緒を切らした。

「この二日間、ドキュメンテーションはほとんど進んでいないじゃないですか。こんなやり方をしてたら、一年間かかっても終わりませんよ」

ホワイト弁護士は、苛立ちもあらわにいった。

「だいたいあなたがたにも弁護士がいるんだから、我々とミーティングをする前に弁護士と契約書についてスタディして、あらかじめコメントを用意してきて下さい」

テーブルの向こうのサウジアラビア航空側は、先生に叱られた小学生のようにしゅんとなった。

「これからは、明日はどこまで、明後日はどこまでと、スケジュールを立てて、それに従ってやるようにしますから」

翌日から、ドキュメンテーションはまずまずのペースで進むようになった。

## 2

サウジアラビア航空のドキュメンテーションは、ヒースロー空港近くのサウジアラビア航空のオフィスに場所を変え、数週間続いた。

相手側の弁護士は、それほど大きくない法律事務所の二十代後半くらいの英国人の若者で、サウジアラビア航空にいわれていろいろ意見を述べたり反論したりするが、「だからそこは、これこれこういう理由でそうなっているんでしょ」とホワイト弁護士に筋道立てて説明されると、まったく反論できず、力の差は歴然としていた。スチュアートやヒルドレスは「なんであんなのを雇ったんだ？」と首をかしげ、サウジアラビア航空側も、さすがにこれでは話にならないと思ったようで、まもなく別の弁護士に交代した。

　交渉は、連日朝九時から夜七時頃までおこなわれ、昼食にはたいていサンドイッチが出て、コーヒーやオレンジジュースを飲みながら、皆で食べた。クリフォードチャンスでやっていたときは、目の玉が飛び出るような値段の「アラン」という有名店のサンドイッチが銀の盆で毎日出された。当時は一ポンドが二百二十～二百三十円と高かったこともあり、ホワイト弁護士が「これは世界一高いサンドイッチなんだよな」と苦笑しながら食べていた。具材はシュリンプにアボカドとか、香ばしく焼いたベーコンとか、ビーフとか、七面鳥とか、よいものが使われていた。サンドイッチ代を含む諸経費は、ボロワー（サウジアラビア航空）が負担する。

　わたしは銀行団（シンジケート）の代表として出席していたので、しばしば「カナヤマ、これはどうする？」と、テーブルのこちら側にすわったヒルドレスやスチュアートに訊かれた。それはたとえば、事務ミスで債務者がリース料そのほかの支払いを遅延したとき、何日まで許容するかといった国際協調融資で一般的なものから、担保になっている航空機が政府機関などによって徴発されたとき、どのように扱うかといった航空機ファイナンス特有の問題まであった。国際協調融資の経験がほとんどなく、ましてや航空機ファイナンスなど初めてだったので、目を白黒させ、ヒルドレスらに「じゃあ、こんな感じでいくか？」と助け舟を出されることもしばしばだった。

サウジ・アメリカン銀行の米国人弁護士は、『スーパーマン』のクラーク・ケントのような眼鏡をかけた、恰幅がよくて陽気な中年男だった。会議中はほとんど発言しなかったが、休憩時間中に「こないだ高校生の娘のボーイフレンドも連れて京都に家族旅行をしてね。もちろん娘とボーイフレンドには別に部屋をとってやったよ」などと話すので、米国の高校生は進んでいるんだなあと目を丸くした。

サウジ・アメリカン銀行のアイルランド人バンカー、マグロウグリンは、三十代半ばで、ラグビー選手のようながっちりした体格の怒りっぽい男だった。わたしが各参加銀行の参加額を確認していたとき、五百万ドルに端数がついたサウジ・アメリカン銀行の参加額を、端数を英語でなんというか知らなかったので、「ファイブ・ミリオン・アンド・ア・スモール・アマウント」といったら、「スモール・アマウントだとぉ⁉」と気色ばんだことがあった。そばにいたヒルドレスとスチュアートが「カナヤマ、それはビッツ（端数）っていうんだ、ビッツ」といってとりなしてくれた。

それでも少しずつ慣れてきて、問題が生じれば、「レッツ・フェイス・ザ・ミュージック（堂々と現実に立ち向かおう）」と自分にいい聞かせ、自分の銀行や銀行団ができることはすべてやって、信頼獲得に努めた。

この頃は、ほかの案件もあったので、体力の続く限り仕事をした。ゴールダーズ・グリーンのフラットに帰宅し、ベッドに入って目をつむるとすぐ眠りに落ち、次の瞬間、朝になっているような毎日だった。

## 3

　そんなある日、「ＭＥＥＤ（Middle East Economic Digest）」という英文の週刊経済誌を読んでいたら、エジプト航空が米国のアービング・トラスト銀行に五億ドル（約六百十億円）という巨額のファイナンスのマンデートを与えたという記事が出ていた。使途はボーイング７６７やエアバスＡ３００など、十一〜十五機のジェット旅客機を購入するためのもので、返済期間は十年。担保権の実行を確実にするため、ポリティカル・リスク保険が付くという。

　エジプトは過去にデフォルト（債務不履行）を引き起こした信用状態の悪い国で、通常の融資はできないが、航空機が担保に付くなら話は別だ。

（これはやれる案件じゃないか⁉）

　すぐにニューヨークのアービング・トラスト銀行に電話をかけた。

「わたしは日本の銀行のロンドン支店国際金融課のマネージャーです。今、貴行が組成しているエジプト航空の五億ドルのシンジケーションに興味があるので、担当者に話をさせてほしい」

　代表電話のオペレーターにそう伝えると、まもなく担当部署につないでくれた。

　担当者はヨラム・マタロンというユダヤ人と思しい名前の男だった。参加に興味があるので、インビテーションと資料を送ってくれといったら、相手も巨額のシンジケーションに不安を感じていたらしく、「ミスター金山、貴行の参加は歓迎するよ」と、すぐに送ってきた。

　ロンドン支店としては、初めての途上国向け航空機ファイナンスだったので、説得力のある稟議書を書くことが必要だった。ポイントは、エジプト航空の信用力と、ポリティカル・リスク保険である。後者は、航空機の差し押さえや国外への移動が、エジプト政府の妨害や非協力によってできないとき、支払われる保険だ。

マタロン氏には、エジプト航空の財務内容や業況について、口頭でも説明してもらった。ファイナンスの細かな条件や保険証券の文言についても確認する必要があり、彼にはしょっちゅう電話をした。

ロンドンとニューヨークは五時間の時差があり、電話をかけるのはいつも夕方だった。秋の陽は午後四時頃には地平線の彼方に沈み、英国人スタッフはほとんど帰宅し、大きな窓の向こうにビル街の灯りがともる。こちらが午後六時だとニューヨークはまだ昼の一時で、マタロン氏に「ちょっと待ってくれ。今、ハンバーガーを食べていて、手にケチャップがついててね」といわれたこともあった。

ポリティカル・リスク保険については念を入れ、ロイズの保険ブローカーのCTバウリング社を訪問し、役員と航空機保険の専門家に会い、保険証券の文言の適切性や、融資の全額が確実にカバーされることなどを確認した。

担保となる航空機が将来も十分な担保価値を有するかどうかについては、アビタス社やアブマーク社といった航空機専門のコンサルティング会社から評価書を取り寄せたほか、シカゴにある勤務先の銀行のリース子会社に依頼して、資料やアドバイスをもらった。

そこには入行同期の男がいたので、電話で相談した。

「もしもし、ロンドンの金山ですが」

「おー、久しぶり。元気？」

　同期の男は、社費留学で米国の大学でＭＢＡをとり、国際金融部門で長く働いている。人柄は率直で話しやすかった。

「おかげさまで。ところで今、エジプト航空のファイナンスをやろうとしてるんだけど、ボーイング７３７―４００と７６７―３００ＥＲ、エアバスＡ３００―６００、Ａ３２０―２００の担保価値の評価書みたいなもの、そちらで持ってない？」

「えっ、エジプトなんかに金貸すの？」

「うん、ポリティカル・リスク保険が付くし、ローン・トゥ・バリューが六五パーセントくらいだから、なんとかいけるんじゃないかと思って」

　ローン・トゥ・バリューは、物件の価値に対する融資の比率で、八割前後が一般的だ。六五パーセントというのは、貸し手にとって非常に有利な数字だ。

「ああ、なるほど。えーと、そのあたりの機種だったら、うちでもよくやってるやつだから、なにかあると思うよ。すぐ調べて折り返し電話します」

　翌日は、午前七時に出勤して、エジプト航空の本社に電話した。エジプトのような発展途上国は国際電話回線が少ないのか、ロンドンで仕事が始まる午前九時以前に電話しないと、回線がふさがっていて、なかなかつながらない。カイロは午前十時で、財務部長のムフセン氏に決算内容や今後の営業方針について教えてもらった。

　エジプト航空に電話したあと、東京の国際金融部に電話して、サポートをお願いした。同部には野田さんという次長がいて、国際審査部に説明などをしてくれることになった。この人は、邦銀には珍しいディールメーカーで、外資にいったほうがよっぽど稼げると思ったが、関西出身で銀行に愛着があるのか、転職はしなかった。

本文四十五ページに、ポリティカル・リスク保険証券の見本（三十七ページ）を添付した稟議書を提出したのが、十一月の終わり。どうせ金額を削られると思ったので、多めに五千万ドルで申請した。国際審査部とは何度か話し合い、追加の説明書も出し、シンジケーション締め切り当日になって、ようやく承認になった。参加額は二千万ドルに削られ、五千万ドルで参加していれば〇・五パーセント（二十五万ドル）もらえたはずの参加手数料は〇・二五パーセント（五万ドル）になった。金利はＬＩＢＯＲ＋一・二二五パーセントで、半年ごとに約定返済されるので、十年間の平均融資残高は約一千万ドル。よって利鞘は十年間で約百十二万五千ドル（約一億三千八百万円）になる。この一発で、わたしの二年間のエジプト留学費用は十分出た（なお国際協調融資の条件や各行の参加額は、「ＩＦＲ（International Financing Review）」や「ユーロウィーク」といった国際金融専門誌やトムソン・ロイター社のデータベースで公開されていて、誰でも知ることができる）。

邦銀で参加したのはわたしの銀行だけだった。トップティアー（最上位の参加ステータス）の五千万ドルで参加したのは、アービング・トラスト、アメリカン・エキスプレス銀行、ソシエテ・ジェネラル（仏）、ソジェリース香港、ＮＭＢリース（蘭・ＮＭＢ銀行グループ）、そしてニチメン（現・双日）の米国法人だった。驚かされたのは、日本の総合商社が大挙して参加していたことで、ニチメン以外に、丸紅、伊藤忠商事、三菱商事、三井物産、日商岩井が参加し、彼らの抜け目のなさに舌を巻いた。

調印式はロンドン市内のホテルで行われたが、奇しくもベアリング・ブラザーズの二百三十二年の栄光の歴史を日経平均先物への投機で吹っ飛ばしたニック・リーソンが、先物・オプションの事務管理部門の社員として同社に初出社した日だった。恐らく彼とはシティのどこかですれ違っていただろう。同社の倒産で、わたしが勤務した日本橋支店は八十五億円の焦げ付きを出した。

## 4

サウジアラビア航空との契約書の交渉は、クリスマスの直前まで続いた。時にはホワイト弁護士が「今日は息子を小学校まで迎えに行かなくてはならないので」と二時間ほど中座し（英国は十二歳まで保護者に学校の送り迎えが義務付けられている）、その間はマトソン弁護士が代役を務め、時にはマトソン弁護士が「あたしはまだクリスマス・ショッピングもしてないのよ！」と慌てて買い物に飛び出して行ったりした。

午後三時半頃には日が暮れる季節になり、その日の交渉が終わって外に出ると、あたりはもう真っ暗だった。みんなでコートの襟を立て、寒々とした星空の下、「今日もしんどかったねえ」「あいつらが準拠法（ガバニング・ロー）をサウジ法に代えようと固執するのには参ったね」「サウジ法なんてあり得るか！英国法が受け入れられなけりゃ、ノー・ディールだ」などと話し合いながら家路についた。

十二月二十二日、朝、出勤してオフィスに一歩足を踏み入れ、まだ誰の姿もみないうちに、異様な気配を感じた。沈痛で、重苦しい「気」が空気のなかに漂っていた。いったいなんだろうと思って、同僚の一人に訊くと、前夜、スコットランドのロッカビー村上空でロンドン発ニューヨーク行きのパンアメリカン航空１０３便（ジャンボ機）が爆発し、ロンドンに社費留学していたわたしが所属する銀行の二十六歳の行員が乗っていたのだという。後にリビアの犯行と判明するテロ事件だった。ロンドン支店の総務の担当者らが、パンナムの日本支社や行員の西宮市の実家と連絡をとり、遺族が渡英する準備を慌ただしく進めていた。

その日、サウジアラビア航空との契約交渉の場に行き、ヒルドレスに事故のことを話すと、「うちの行員もいたよ」と顔を歪め、呻くようにいった。クリスマス前だったので、クリスマスを米国ですごそうとしていた米国人が多く、二百五十九人の乗客・乗員のうち百九十人が米国人だった。サウジアラビア航空側の人々も、事件に衝撃を受けていた。

しかし、奇しくもパンナム機墜落の日に公開されたわたしの好きな映画『ワーキング・ガール』に出てくるセリフのとおり、「The game remains the same and the name of the game is "Let's make a deal."（我々のやるべきことは変わらない。それは合意を成立させることだ）」。

まもなく、サウジアラビア航空と契約書に関して合意が成立し、続いて、全参加銀行に契約書類のドラフトを送付し、コメントを求めた。飛行機の引き渡し日が迫っていたので、早く合意が得られるよう、スチュアートやヒルドレスと一緒に参加各行を訪問し、説明して歩いた。クリスマスをすぎた年の瀬は底冷えのする寒さで、人々の吐く息は白く、シティの道は銀色に凍り付いていた。

この頃になると、ヒルドレスは「とにかくサインさせよう。サインさせればなんとかなる。とにかく早くサインさせるんだ」と、うわごとのように繰り返していた。参加銀行の一部が契約書などの文言に関して調印式の直前までごねたので、我々幹事銀行側はかなりカリカリした。

調印式は一月十日の夕暮れ、クリフォードチャンスの大会議室で行われ、関係者三十人ほどが出席した。飛行機の引き渡しが数日後に迫ったぎりぎりのタイミングだったので、儀式は省略し、契約書類に調印し、乾杯し、何人かがほっとした表情で挨拶を述べた。

ドキュメンテーションへの同意が最後になった住友銀行のグリニッジという英国人の担当者が、チェックリストを持ってきて、調印前に契約書類を入念にチェックしていた。これはこれで立派な態度だが、ヒルドレスがわたしのそばに寄ってきて「グリニッジの野郎、まだしつこくチェックしてやがる。いい加減に観念して、サインしろってんだ」と毒づいた。

数日後――

「金山サン、今日の夕方、飛行機のデリバリー（引渡し）をやるよ」

調印式が終わり、これで案件完了だと思っていたらスチュアートから声をかけられた。

（ん？　まだなにか手続きがあるの？）

なんの知識もなかったので、いったいどんなことをやるんだろうと思う。

午後六時少し前、クリフォードチャンスの一室に出向いた。すでに陽は落ち、窓の外にはシティのビル街の灯りがともり、コート姿の人々が家路へと急いでいた。

ホワイト弁護士、マトソン弁護士、ヒルドレス、スチュアートらが顔を揃え、会議用テーブルの上には「スターフィッシュ（ひとで）」と呼ばれる三本脚のカンファレンス・コール用の電話機が準備されていた。

ホワイト弁護士が「スターフィッシュ」を使って、関係者を東のほうから呼び出す。

「サウディ・アラビアン・エアラインズ、アー・ユー・ゼア？（サウジアラビア航空、いますか？）」

「イエス、ウィ・アー・リスニング（はい、聞こえています）」

「スターフィッシュ」のスピーカーから、サルマン・コシ技術担当部長の渋みのある声が流れてきた。紅海沿岸のジェッダは午後八時である。

「シティバンク・ニューヨーク、アー・ユー・ゼア？」

「イエス、アイ・アム・ヒア」

ボーイング社の口座を持っているシティバンク・ニューヨーク本店の担当者の声が答えた。

ニューヨークは午後一時で、そろそろ昼休みが終わる時刻だ。

「○×バンク・ニューヨーク、アー・ユー・ゼア？」

融資団のエージェントバンク（事務幹事銀行）を務めるわたしの銀行のニューヨーク支店を呼び出す。

「イエス、マット・スピーキング」

マット・ファビオという、ラテン系と思しい名前の男性の送金事務担当者が答えた。わたしは今まで接点がなかったが、名前からいってイタリア系移民の子孫かもしれない。こんな人がうちのニューヨーク支店で働いているんだなあと思う。

「ボーイング・カンパニー、アー・ユー・ゼア？」

最後に、ボーイング社を呼び出した。

米国西海岸のシアトルは時差八時間で、まだ午前十時だ。

「それでは、デリバリー（引渡し）の手続きを始めます。……サウディ・アラビアン・エアラインズ、飛行機の引き渡しに必要な貴国の航空当局の許可の取得と手続きはすべて完了していますか？」

進行役のホワイト弁護士が、サウジアラビア航空に訊いた。

しかし、いったん電話に出たはずのサウジアラビア航空から返事がない。

「サウディ・アラビアン・エアラインズ、聞こえていますか？」

（あれ？　どうしたんだ？）

怪訝（けげん）に思い、皆で耳を澄ませると、電話の向こうで大勢の人々が集まり、ワイワイガヤガヤと乾杯かなにかをしているようで、ときおり笑い声も交じっている。

「こら、あんたがた！　ディールはまだ終わっちゃいないんだぞ！　お祝いをするのは、まだ早い。電話から離れたら、駄目じゃないか」

ヒルドレスが電話機に向かって怒鳴る。

まもなくサウジアラビア航空本社に行っているクリフォードチャンスの現地事務所の弁護士がスピーカーに出てきて、航空当局からの許可取得をはじめとする必要な諸手続きは完了していると伝えてきた。

カンファレンス・コールになっているので、この間のやり取りは、シティバンクのニューヨーク本店の担当者にも、わたしの銀行のニューヨーク支店のファビオにも聞こえている。

次にホワイト弁護士がボーイング本社に対し、米国航空当局からの許可取得をはじめとする、飛行機の引き渡しに必要な一切の手続きが完了しているかを訊く。

ボーイング本社にもクリフォードチャンスの現地事務所の弁護士が行っており、すべての許可と手続きが完了していることを確認したと伝えてきた。

（なるほど、書類の現物を一ヶ所に集めて確認したりできないので、こうやって各地の弁護士が確認して、それにもとづいて取引を進めるわけか……）

国内の住宅ローンなども、司法書士を交えて、不動産の受け渡し、ローン実行、代金支払いなどを同時にやるが、それと似たようなことを、今、何ヶ国もまたいでやっているということだ。

「では、○×銀行ニューヨーク支店から、シティバンク・ニューヨーク本店にあるボーイング社の番号○○△番の口座に八千九百二十五万ドルを振り込んで下さい」

ホワイト弁護士がスターフィッシュに向かって指示した。

航空機の購入総額一億五百万ドルのうち、頭金の一五パーセント（千五百七十五万ドル）はすでにサウジアラビア航空からボーイング社に支払われている。

「こちら○×銀行ニューヨーク支店」

スピーカーに出てきたファビオは、強烈な米国訛りでいった。

ヒルドレスやマトソン弁護士は「うひゃー、すごい英語！」と、目を丸くして吹き出しそうになり、ホワイト弁護士やスチュアートも苦笑している。

「ただ今から、シティバンク・ニューヨーク本店のボーイング社の番号○○△番の口座に八千九百二十五万ドルを振り込みます」

ロンドンの面々の様子に気づくはずもないファビオは、相変わらず強烈な米国訛りの英語で取引内容を律儀に復唱する。

ドル建ての資金決済は、在米国の商業銀行が連邦準備銀行（中央銀行）に預託している準備金（フェデラル・ファンド）をつうじておこなわれる。

すぐにシティバンク・ニューヨーク本店の担当者の声がスピーカーから聞こえてきた。

「ただ今、○×銀行ニューヨーク支店から、番号○○△番のボーイング社の口座に八千九百二十五万ドルが振り込まれました。……フェッドファンドは速いねえ！」

シティバンクの担当者は、目の前のモニタースクリーンをみている様子。

「飛行機の代金支払いが確認されました。航空機の引渡し手続きをして下さい」

しばらくして、ボーイング社に行っているクリフォードチャンスの弁護士から、引渡し手続きが完了したと連絡が入った。

「ビル・オブ・セール（売買確認書）は、必ずこちらに一部送って下さいね。エージェントバンクが、担保関係書類として保管することになっているので」

スチュアートがスターフィッシュに向かって念を押す。

ビル・オブ・セールは一ページの簡単な書式で、「誰が誰に製造番号○○○番のボーイング△△△型機を何月何日何時何分に売った。ついてはここに署名し、取引を確認する」と書かれていて、売り手と買い手がサインする。

「了解しました。クーリエで一部ロンドンにお送りします」

ボーイング社にいる弁護士がいった。

「ではこれで、デリバリーの手続きを終了します」

ホワイト弁護士がいい、スターフィッシュのスイッチを切った。

クリフォードチャンスのオフィスを出て、徒歩で六、七分のロンドン支店までの道は、車も人もまばらだった。一月のシティの金融街はまだ本格的に稼働を始めていない感じである。自分にとって初めてのシンジケーションで、かつ初めての航空機ファイナンスが完了し、ようやく正月がきた気分になった。スチュアートと互いをねぎらいながら帰る道すがら、ふとみあげた夜空はきれいな星空だった。この空の約七七〇〇キロメートルの彼方のシアトルで、今、午前の明るい光のなか、サウジアラビア航空のジャンボ機が、中東に向けて飛び立っただろうかと思った。

## 5

英国に限らず、欧米では仕事と家庭生活がきちんと分けられていて、取引先との夜の会食はあまりない。仕事上の食事は、もっぱらランチだ。案件が完了したあとの慰労会、ビジネス・チャンスを探るための情報交換、相手になにかを教えてもらうための接待など、目的は様々である。

大手の金融機関は、たいてい社内にダイニング・ルームを持っていて、そこに客を招く。マナーハウス（貴族の館）の一室のような内装で、立派な絵画などが飾ってある。

ランチのスタートはだいたい十二時半である。二人から数人の客を同じくらいの人数で迎え、まずジントニックやブラッディメアリーなどのアペリティフ（食前酒）を手に、立ったままよもやま話をし、その後、着席してフルコースをとる。メニューはフレンチやコンチネンタルで、例を挙げると、シーフードのゼリー寄せに葉野菜、コンソメスープ、スズキのソテー、ローストビーフにヨークシャープディング、チーズ、ビスケット、ブドウなどのデザート、コーヒーといった感じである。

食事中にはワインが供され、食後に葉巻のほか、ブランデーやポートワインが出ることも少なくない。あまり忙しくない英銀のコレスポンデント・バンキング（金融機関同士の取引）担当のおじさんなどを金曜日に呼ぶと、「今日は思いっきり食べるぞ」という顔でやってくる。たぶん、ランチのあとはほとんど仕事をせず、週末の休みに突入するのだろう。

ちなみにオフィスにあったコピー機の調子が悪いとき、ジャンという背が高くて男まさりの支店長秘書が「このフライデー・マシンが！」と悪態をつきながらコピーを取っていたことがあった。彼女がそばにいたわたしに「ミスター金山、なんでフライデー・マシンっていうか、知ってるか？」と訊くので「いや、知らない」と答えると、「みんなが気もそぞろな金曜日につくられた、ろくでもない機械という意味だ」と教えてくれた。

当時、米系のマニュファクチャラーズ・ハノーバー・トラスト銀行（略称・マニハニ、現・ＪＰモルガン・チェース）の邦銀向けセールス担当にチャールズ・ペルハムという、わたしとほぼ同い年の男がいた。ちょっと巻き毛の金髪に造作の大きい顔で、性格が明るく、英国人にしては珍しくあけっぴろげな感じだが、相手に対する礼を失しない品のよさも併せ持っていた。大学はブリストル大学（スペイン語・ポルトガル語専攻）で、カレッジ（中・高校）はイートン校を出ていた。

イートンは、ボリス・ジョンソン元首相、デービッド・キャメロン元首相、ウィリアム皇太子、ハリー王子、レオポルド三世（第四代ベルギー国王）、徳川家達（いえさと）（徳川家第十六代当主）など、国内外の貴族や上流階級の子弟が学ぶ名門で、ロンドンの西の郊外のウィンザー城の近くにある。映画『炎のランナー』で、正午の鐘が鳴り終える前に周囲約二〇〇メートルの中庭を走る場面が撮影された場所でもある。現在の授業料は年間四万六千二百九十六ポンド（約七百四十一万円）で、五年間でざっと三千七百五万円かかる。したがって、チャールズも、お金持ちの家の出であることは間違いない。

バンク・オブ・イングランドの近くにあるマニハニのダイニング・ルームには、国際金融担当の日本人副支店長やサリーと一緒に何度か招かれた。先方はチャールズのほか、シンジケーション担当のマネージング・ディレクター（部長級）やトルコ担当のイタリア人などが出てきた。いつもチャールズが、ガッハッハと笑って座を盛り上げた。

あるとき、食後に、例によって立派な葉巻がケースに入って出てきた。チャールズら何人かが手を伸ばし、銀色のカッターで吸い口をカットし、美味そうにふかし始めた。室内には、ブランデーに似たいい香りが漂う。わたしはタバコも葉巻も吸わないが、常々、みんなが美味そうに吸うのをみていたので、一度試してみようと、「じゃあ僕も一本」と手を伸ばしかけた。途端にチャールズが「カナヤマ、やめろ！　がんになるぞ！」と血相を変えて止めた。その勢いに驚きつつ、「はあー、自分はいいのかよ？」と内心で苦笑した。今でもあのときのことを時々思い出すが、チャールズはどういう発想だったのだろうかと思う。

わたしが働いていた邦銀のロンドン支店にも二部屋くらいダイニング・ルームがあり、専属の女性給仕人が二人くらいいた。黒の制服に白いエプロンをした、どこにでもいる英国の普通のおばさんたちだ。ある日、来客を招いてのランチの前に、席の配置などを確かめるため、開け放たれたドアから部屋に入り、何気なく下をみると、銀色の灰皿がドアと床の間に斜めになって引っかかっていた。ドアストッパーがないので、おばさんが灰皿で代用したらしかった。日本の居酒屋にでもあるような、アルミかなにかの安っぽい灰皿だったが、底の部分が、菊の御紋に似たデザインだった。わたしは悪戯心を起こし、灰皿を指さし、「ディス・イズ・ジャパニーズ・エンペラーズ・シンボル！」といった。給仕人のおばさんは、どきりとした顔になった。居合わせたわたしの同期で総務・企画係の阿部君も悪ノリして、「そうだ！　これは天皇陛下のシンボルだ！」といったので、おばさんは「いや、わたしは天皇陛下のシンボルということは知らなかった。わざとやったわけじゃない！」と狼狽し、慌てて灰皿を外した。わたしと阿部君は、内心クスクス笑いしたが、今思うと、ちょっと悪戯がすぎたかもしれない。

海外では、日本のエンペラーは、単なる王族と違って、相当な重みのある存在らしい。以前、ある作品の資料で、昭和二十四年初頭に、ＧＨＱ（連合国軍総司令部）民間情報教育局の大学制度改革のアドバイザーとして来日した、シンシナティ大学のレイモンド・ウォルターズ総長の日記を読んだことがあるが、天皇に拝謁する前に、なにを着ていったらいいだろうかとか、どういう態度で接したらいいだろうかとか、ものすごく心配している記述があり、戦勝国の人間が、ちっぽけな焼け野原の敗戦国のエンペラーに、これほど畏敬の念を持つのかと驚いたものだ。昨年（二〇二二年）九月のエリザベス女王の国葬でも、メディアの扱いは他国の王族より格上で、翌日のタブロイド紙「メトロ」では、米国のバイデン大統領夫妻に次ぐ大きさの、天皇・皇后両陛下の写真が掲載されていた。

銀行の外でもよくビジネス・ランチをした。変わったところでは、バンク・オブ・イングランドの真裏のロスベリー通り七番地に、「オーバーシーズ・バンカーズ・クラブ」というのがあった。一八六六年建築のベネチアン・ゴシック様式の灰色の石造りのビルのなかにある、外国人バンカー専用のクラブだ。談話室のほかに、天井が高く、明るいレストランがあった。各テーブルは、背もたれが異様に高くて大きい、列車の四人掛けのような席で、秘密が漏れないようにとの配慮らしかった。ウェイトレスたちは、ほとんどが高齢の英国人女性で、頭にレースのホワイトブリムを着け、地味な黒のベストに黒のスカート姿。料理は品のよい英国料理である。クラブの正会員は各行の支店長だが、支店長名で予約すれば、誰でも使うことができたので、取引先とのランチだけでなく、友人との会食にも使っていた。

和食店では、「辰宗（たつそう）」という店をよく使った。シティの北東寄りのリバプール・ストリート駅のそばに、「ブロードゲート」という、新しく開発された場所があり、冬になるとスケートリンクになる丸い広場を中心に、近代的なオフィスビルが建ち並び、リーマン・ブラザーズやＵＢＳ（スイス）などが入居していた。「辰宗」はその一角にあり、地上階（日本でいう一階）が鉄板焼きの店、地下が和食と寿司の店だった。鉄板焼きカウンターは「紅花」や「瀬里奈」のように、料理人が目の前でロブスターや牛肉などを焼き、炒飯でメる。値段は結構高いが、外国人にウケるので、便利だった。ロブスターは生きているものを目の前で包丁で叩き切り、まだ身もだえしているのを鉄板の上で焼く。サリーがそれを初めてみたとき、「ミスター金山、ディス・イズ・ディスガスティング（嫌悪感をもよおさせる）」と顔をしかめた。しかし、美味しかったらしく、ぺろりと完食したので、「ディスガスティングじゃなかったのかよ？」と突っ込みを入れたくなった。

サウジアラビア航空の案件が終わってしばらくしてから、シティバンク東京のエリック・ポステルが同僚のエジプト系米国人ムラード・メガッリと一緒にロンドンにやってきたときも、ここでランチをご馳走した。ムラードとは長い付き合いになった。

個人的に思い入れのある店に、コベントガーデンにあった「ニールストリート・レストラン」がある。シェフのジェイミー・オリヴァーが修業し、チャールズ皇太子（現・国王）、ニコール・キッドマン、エルトン・ジョンら著名人もひいきにしたイタリアン・レストランだ。間口は比較的小ぶりだが、地中海ブルーのドアからなかに入ると、奥行きのある、シックで落ち着いた空間が広がっている。

加藤仁著『ディーリングルーム25時』という、異国で活躍する日本人金融マンたちを描いた本の最終章に「旅路に死す」という、第一勧業銀行（現・みずほ銀行）の花形ディーラーだった神田晴夫氏の仕事と死を描いた一編がある。これは読むたびに涙を誘われる。氏のシンガポールでのディーリングを追ったNHK特集「日本の条件」をわたしが船橋市にある銀行の独身寮の食堂のテレビでみたのは二十三歳のときだった。その直後、神田氏は九十七億円の巨額損失を出して銀行を懲戒解雇され、英系のマネー・ブローカー、チャールズ・フルトン（現・タレットプレボン）社に拾われた。

ロンドンで再起を図った氏が、家族で住んだのは、時期は重なってはいないが、わたしも住んだゴールダーズ・グリーンだった。それからまもなく神田夫妻は三男をがん（横紋筋肉腫）で失う。度重なる悲劇で、氏の頭髪は真っ白になったという。そんなある日の夕暮れ、夫妻はニールストリートの洒落たレストランで待ち合わせて夕食をとった。神田氏は初めて手にした自動車の運転免許証を嬉しそうにみつめ、店内には『アズ・タイム・ゴーズ・バイ』(映画『カサブランカ』の主題曲)が流れていたという。

氏はその後、香港に転勤し、わたしがロンドンでサウジアラビア航空のシンジケーションを手がけていた頃、胃がんで急逝した。巨額損失を出してからわずか六年、四十七歳という短い生涯だった。

『ディーリングルーム25時』には、夫妻が行ったのは「ニールストリートのしゃれたレストラン」とあり、「ニールストリート・レストラン」とは書いていない。しかし、普通、レストランのある通りの名前ではなく店名を憶えていると思うので、加藤氏の取材を受けた神田夫人は「ニールストリート・レストラン」といったのではないかと思っている。ニールストリートは比較的短い通りで、当時は、洒落たレストランも少なかった。

わたしは家内や友人と何度かこのレストランを訪れ、神田氏の生涯に思いを馳せながら、ひと時をすごした。店内の照明は控えめだが、ウエストエンドらしい華やぎがあり、料理は上質で、値段は高めだった。残念ながら店は二〇〇七年に再開発のために閉店した。

# 第三章　アフリカの夜明け

## 1

ロンドンに赴任して二年目の四月の終わり、わたしはジンバブエの首都、ハラレ到着前の英国航空53便のジャンボ機の機内にいた。

前夜十時にヒースロー空港を出発した便で、両側を人に挟まれ、身動きがとれないエコノミークラスの真んなかの席で一夜を明かした。急な出張だったので、ビジネスクラスに空きがなかったのだ。

朝食が終わると、乗客たちは入国カードを記入したり、手荷物を整理したりして、着陸の準備を始めた。

この便は、ハラレに立ち寄ったあと、隣国マラウイの首都、リロングウェまで行く。ジンバブエ（旧南ローデシア）、マラウイ（旧ニヤサランド）とも旧英国植民地で、ほぼ満席の機内には白人の姿が多い。

頭上の荷物入れには、書類鞄、大型のショルダーバッグのほか、日本食と日本の雑誌をいっぱい詰めたビニールの手提げ袋が収められている。ハラレで会う予定の総合商社の駐在員事務所長や日本大使館の書記官へのお土産だ。中近東・アフリカでは、ロンドンやパリと違って、日本食や日本の雑誌は手に入らないので、相手の心を開き、いい情報をもらうためには、お土産は必須である。生ものが特に喜ばれるので、明太子、さつまあげ、生のうどん、サトイモ、饅頭、カステラ、納豆などを、ロンドン市内の日本食料品店で買って持参する。

今回の出張の目的は、案件に参加するためのカントリーリスクの調査である。わたしは、自分が所属する銀行にとって初となるジンバブエ向け与信をなんとか実現しようとしていた。

アフリカでは、融資ができる国は限られている。デフォルト（債務不履行）を引き起こしたことがない国は、チュニジア、アルジェリア、リビア、エチオピア、ケニア、ジンバブエ、ガーナの七ヶ国くらいしかない。これら以外のアフリカの国々は、与信額に対して海外投資損失引当金を積まなくてはならないので、与信コストが高くなる。といっても、エジプト航空のような担保付案件ならば積む必要はないし、引当金を積めば節税（利益の先送り）にもなり、案件が完済されれば引当金取り崩しで利益が出るので、そんなに気にする必要もないのではないかと思っていた。一方で、これら七ヶ国であっても、よほどいい案件でないと、怖くてできないのも現実である。

わたしは、しょっちゅうアフリカの地図を舐めるようにみつめながら、できそうな案件を探し、ひそかにジンバブエに注目していた。

同国に対しては、春と秋の年二回、期間一年の農産物輸出前貸しファシリティが組成されていた。ボロワーである農産物販売公社（Agricultural Marketing Authority＝略称ＡＭＡ）がジンバブエ政府の保証付きで発行する手形（banker's acceptance=略称ＢＡ）を銀行団が保証（acceptance）し、それを主幹事銀行が割り引く仕組みである。普通の融資ではない理由は、債権を流通しやすくするためと思われる。金額は、春が四千万ポンド（約八十九億八千万円）、秋が約四千万ドル（約五十三億一千万円）である。

春のファシリティは、アフリカ、中東、インドでのビジネスに強いＡＮＺ（オーストラリア・ニュージーランド）銀行が主幹事として一九八一年以来組成していた。

一週間ほど前、ＡＮＺが新たなファシリティの組成を開始したことを知り、すぐに電話して、インビテーションとインフォメーション・メモランダムを送ってもらい、一気呵成に三十六ページの稟議書を書き上げ、支店内で提出した。国際金融担当次長のロスは、「へえ、面白いじゃないか。本当にやれたらいいよな」といいたげな顔でハンコをついた。彼は、自分の仕事は営業推進で、焦げ付きが出たときは審査部門の責任と割り切っていた。一方、支店の審査担当者たちは「ジンバブエとは……！　金山、ついに頭がおかしくなったか⁉」というリアクションで、「こんな非常識な案件を申請したら、ロンドン支店の見識が問われる」と両目を吊り上げる人もいた。

しかし、①国の政治経済が安定しており、外貨の管理もしっかりしていること、②期間が一年という短期であること、③価格が取り決められた輸出契約の存在が前提であること、④外貨を稼ぐ農産物（綿花、コーヒー、肉、トウモロコシ）の輸出のための案件なので、対外債務のなかでも返済の優先順位が高いと考えられること、⑤参加銀行が世界の一流銀行であることなどを説明すると、支店の幹部たちもだいたい納得してくれた。特に、約三十の参加銀行に、毎年、アムロ（蘭）、バンカース・トラスト、マニハニ（以上、米）、バンク・インドスエズ、クレディ・リヨネ（以上、仏）、ドレスナー（独）、バークレイズ、スタンダードチャータード（以上、英）、ＵＢＳ（スイス）といった、きら星のような金融機関が名前を連ねていることに、皆、勇気づけられた。

ロンドン支店内でゴーサインが出たので、稟議書に支店長印をもらい、東京の国際審査部にファックスで送った。国際審査部は、国に対する融資枠も設定していないジンバブエの案件がいきなり出てきたことに度肝を抜かれた様子だったが、ロンドン支店の吉澤副支店長が「変な案件ではない」と力説し、国際審査部の小林副部長も「参加銀行の顔ぶれからみても、筋のよさそうな話だね。検討しましょう」ということになった。

なんとか承認がもらえるかなと思っていたが、参加申し込み締切日になって、国際審査部長から吉澤副支店長に電話が入り、「いろいろ資料をみさせてもらって、いい案件だとは思うけれど、今まで誰も行ったことがない国だからねえ。今回は見送りましょう」という。それを受けて吉澤氏は「それなら出張に行かせます。おい、お前ら、行ってこいっ！」と、そばに控えていた、国際金融担当の副支店長とわたしに命じた。その副支店長というのは、吉澤氏より四年次下、わたしより十年次上で、ロンドン支店勤務は二回目の国際金融畑の人物だった。妙な因縁があり、日本橋支店で一時わたしの上司だったこともある。

国際審査部長のほうは、まさかそういう反応をされるとは思っていなかったようで、受話器を握り締めて絶句していたそうで、吉澤副支店長は「ありゃ、相当慌てていたねえ」とにやりとした。吉澤さんは、明るく朗らかに部下を後押ししてくれる人だった。

フライトを調べてみると、翌日の金曜日にロンドンを出発し、土曜の朝にハラレに到着する英国航空の便があった。帰りは火曜日の午後ハラレを発ち、ザンビアの首都ルサカで飛行機を乗り換え、水曜日の早朝にロンドンに到着する。

　秘書のヘレンにフライトとホテルの予約を頼むと「ミスター金山、ジンバブエなんかに行って、帰ってこられると思っているのか？　帰りのフライトは予約しなくていいんじゃないか？」とからかわれ、旧宗主国の英国民にとっても、遠い国なんだなあと思わされた。

　その後、シンジケーションをやっているANZ銀行へ挨拶に行った。先方のオフィスはテームズ川の対岸の、ロンドンブリッジの近くにあった。静かで落ち着いた感じのオフィスで、米銀や邦銀のように大所帯でいろいろな案件にがちゃがちゃ手を出すのではなく、自分たち好みの専門性の高い案件を少人数で手がけるという、我が道を行く雰囲気が漂っていた。

　担当のピーター・ラベンダー氏は、細面に眼鏡をかけ、顎と口の周りに髭を生やした、学者のように落ち着いた感じの男性で、ラベンダーという名前からして優雅だった。国際金融担当の副支店長とわたしが「我々としては是非ともこの案件に参加したいと考えています。ただ東京の国際審査部から、一度ジンバブエをみてくるようにいわれました。それで明日から我々二人で現地に行くことにしました。行ってみてくれれば、おそらく国際審査部もオーケーしてくれると思います。ついては、参加申し込みの締め切りを来週火曜日まで延ばしてもらえないでしょうか」とお願いした。ラベンダー氏は「もう参加各行からのコミット（参加申し込み）が十分に集まり、シンジケーションは出来上がっている状態です。しかし、日本の銀行が入ってくれることは、ジンバブエ側も喜ぶと思いますし、ANZとしても、貴行との関係は大事にしたいと思っています。火曜日までお待ちしますから、しっかりジンバブエをみてきて下さい」と快諾してくれた。シンジケーションをつうじて、ボロワーのために有力な銀行との関係を築くことは、主幹事の大切な役割である。

オフィスに戻ると、電話とテレックスで、必死になってハラレでのアポイントメント取りをやった。日程がないので、土日でも会ってくれそうな人には、厚かましくお願いをした。

翌金曜日はいよいよ出発の日である。四月下旬のロンドンは春だが、南半球にあるジンバブエは秋である。現地に電話して聞いたところ、まだそこそこ暑いようなので、夏の服装で行くことにした。午後六時すぎに白い半袖のポロシャツに着替え、オフィスで最後の出発準備をしていると、噂を聞きつけた同僚たちが「ジンバブエに行くんだってー?」と好奇心いっぱいの表情で話しかけてくる。「本気でジンバブエなんかに金を貸す気なのか?」という、宇宙人でもみるような目つきである。しかし、そんなものをいちいち気にしていては、アフリカ市場の開拓などできない。

英国航空53便は、午前九時頃、ハラレに到着した。

到着の少し前、飛行機の窓から、地表を覆う緑の密林の彼方に巨大な白い煙のようなものがもうもうと噴き上がっているのがみえた。いったいなんだろうと思ったが、あとでザンビアとの国境にある世界三大瀑布の一つ、ヴィクトリアの滝から落ちた水が滝つぼから跳ね返り、水煙をつくっているのだとわかった。幅二キロメートル、落差一〇八メートルの滝から毎秒一〇〇〇トンの水が落下し、入道雲のように噴煙を湧き上がらせるのだ。

ハラレの空港ビルは日本の地方空港のような古びた三階建てで、ボーディングブリッジはなく、乗客たちはタラップを降りると、徒歩で空港ビルに向かう。

入国、通関はスムーズに終わり、空港からタクシーを拾い、一三キロメートルあまり北のハラレ市街へと向かった。国際金融担当の副支店長もわたしもサブサハラ（サハラ砂漠以南のアフリカ）にきたのは初めてなので、「へえ、こんなところなの」と、風景を眺めながら車に揺られた。市街地まではあまり建物もなく、田舎の一本道を走っているような感じである。道はよく舗装されており、道端にアフリカらしい赤い花が咲いていた。

ホテルは、シェラトン・ハラレ・ホテルという、十七階建ての新しくて立派なホテルだった。

その日の昼食は、シェラトン・ホテルのレストランに旧財閥系総合商社のハラレ事務所長を招いた（というより、厚かましくお願いして、きてもらった）。食事をしながら、政権の安定度、外貨管理の状況、今回のファイナンスの対象である農産物の輸送ルートがとおる南アフリカおよびモザンビークとの関係などについて聴いた。同氏いわく、「ムガベ大統領はカリスマ性があり、南アのアパルトヘイト政策を厳しく批判してはいるが、同国およびモザンビークとの関係は良好。外貨管理は非常にしっかりしており、しっかりしすぎて、工場のスペアパーツや新しい生産設備が買えないという問題もある。タンザニア、ザイール、ザンビアなどは、独立後直ちに白人を追放して、経済運営に失敗したが、ジンバブエは今でも国の要所要所に白人がいて、上手く指導している」という。

昼食後、副支店長と「街をみてみよう」と出かけた。

ハラレは標高約一五〇〇メートルの高原にあり、カラッとした気候である。人口は約八十万人だが、市街地は三キロメートル四方ぐらいの広さしかない。二十階建てくらいの高層ビルも何棟かあり、比較的近代的な佇まいである。旧英国植民地で、経済は白人が牛耳っているため、英国系企業のオフィスが多い。道幅は広く、碁盤の目のように縦横に延びている。清掃は行き届き、こざっぱりとした印象である。

街なかの表示はすべて英語で、本屋に並んでいる本もすべて英語。学校教育も英語でおこなわれており、誰もが英語を話す。

スーパーマーケットには商品が豊富に並び、目抜き通りには各種の高級品店も軒を連ねている。ただし、タクシーはおんぼろで、みたこともない車種のものがガタピシと走っている。バスもおんぼろで台数も少ないため、三、四キロの距離であれば、皆歩く。ただし、企業や白人が所有している車は新しく、立派である。

黒人で金のない人でもそれなりにきちんとした家に住んでおり、貧民街やスラム街はみあたらない。ただ新卒者に対して十分な就業機会がなく、最近の干ばつの影響によるマイナス成長が、この問題をさらに悪化させているという。

郊外の住宅地は、英国の地方都市にもっと緑を多くしたような感じである。国内に約四千ある大農場のほとんどを白人が独占的に所有しており、白人や外国企業の駐在員は大きくて立派な家に住んでいる。家にはだいたい黒人の警備員と、番犬が一、二匹おり、プール付きの家も少なくない。

ムガベ大統領も住むボロデール・ブルックという超高級住宅街には、ビバリー・ヒルズのような豪邸が建ち並び、十八ホールのゴルフコースや英国ふうの私立学校があり、国家の富が一部の人々に集中していることを窺わせる。

翌日曜日は、日本大使館の一等書記官とホテルで面談。ハラレの日本大使館には八人の館員がおり、モザンビークとアンゴラもカバーしているという。同氏は郵政省（現・総務省）からの出向者で、よくも悪くも外交官臭のない普通のおじさんだった。このあと、任期が明けて日本に戻り、愛知県の郵便局長になった。

その日は、ハラレ郊外の石の大平原や動物園を見学した。

大平原には地殻変動によって積み上がった巨岩がいたるところに転がっており、この国の紙幣にも描かれている三段重ねの「バランシング・ロックス」や、一万年以上前の狩猟の様子が赤茶色で描かれた岩もあった。

夜は、ホテルのレストランでワニの肉を食べた。尻尾の輪切りのステーキで、味は魚のタラに似ており、食感もタラを少し硬くしたような感じだった。ぶつぶつの脂肪が入っており、それほど美味でもなかった。

三日目、朝、起きてみると、腰から太ももにかけて蚊に刺されたようなボツボツがたくさんできていた。一瞬、アフリカの奇病にでもやられたかと驚き、慌ててバスルームに駆け込み、鏡で観察した。朝食のとき、副支店長にそのことを話すと「俺も少しやられたみたいだ。ありゃあ南京虫じゃないか」という。

その日は午前中、今回のボロワーであるＡＭＡとジンバブエ航空を訪問後、ジンバブエ・バンキング・コーポレーション（略称・ジムバンク）を訪れた。

ジムバンクは半国営の国内最大の商業銀行で、政府関係の案件には必ず政府の代理人のような形で出てくる。本店は市街中心部にある灰色の十階建てのビルで、小さなハラレの街では結構な存在感を放つ。

最上階に案内されると頭取以下、七、八人の経営陣の個室が並んでおり、個室の前には、それぞれ秘書が陣取る米国スタイルだった。廊下の窓からは、ハラレの街並みがみおろせた。高いビル群の間に二階建てくらいの郵便局、鉄道駅、商店などがあり、英国植民地時代の面影を色濃くとどめ、自分がいつの時代にいるのか一瞬わからなくなる。

我々を迎えてくれた国際部長のデービッド・マーティン氏の秘書は、二十代半ばと思しいすらりとした長身の女性で、一見して白人と黒人のハーフとわかる。彼女をみて、異人種間結婚もあるんだなあと思う。

マーティン氏の部屋にとおされると、ジムバンクの子会社であるサイフレッツ・マーチャント・バンクのヘンチー頭取もいた。

マーティン氏は、ジンバブエ生まれの英国系白人。大学教育は英国で受け、ジンバブエに戻り、長い間ジムバンクで働いているという。礼儀正しく穏やかな紳士で、服装、話し方、物腰などが、今は本国でもなかなかみられない古き佳き英国人そのもので、再びタイムスリップしたような気持ちにさせられる。地理的に欧米から遠く、小さな国なので、経済戦争やグローバル化の荒波にさらされることもなく、昔ながらのライフ・スタイルが残っているようだ。

ジンバブエの経済情勢や原油輸入ファイナンスについて話をしたあと、暮らしぶりなどについて質問をした。

「物不足で困ることはありますか？」

「そうだねえ……部品類がなくて、洗濯機や車が使えないことがあって、困りますねえ」

「国民は不満を持っていませんか？」

「物が多少なくても、ここは太陽があって、高原で気候もいいし、食べる物も十分にありますから。それにハラレの黒人はショナ族という温和な性質の部族で、ちょっとやそっとのことで、暴動を起こしたりするようなことはありません」

この言葉は、この九年後に裏切られることになる。食糧などの物価急騰への不満から、数千人規模の反政府暴動が発生したのだ。その後、天文学的な数字のハイパーインフレが始まり、経済は完全に崩壊した。

「マーティンさんはイギリスに住みたいと思ったりしませんか？」

「確かに、イギリスに行けば物はたくさんあるかもしれませんが、こちらの暮らしも悪くありません。家は広いし、気候はいいし。それに今から職を探したりするのは大変でしょう。わたしはジンバブエ国民として、ここで生きていくつもりです」

あとでいろいろな日本人から聞いたが、ジンバブエは白人にとって、ある意味、天国のようなところらしい。国の人口は約千十五万人だが、そのわずか〇・八パーセント（約八万人）しかいない白人が、経済を掌握しており、白人の失業率はほぼゼロだという。また、のんびりしたジンバブエで生まれ育った白人は、欧米の生活ペースについていけないらしい。

マーティン氏と一緒に会ったヘンチー氏は、やや嫌味っぽい英国系白人だった。わたしがロンドンにきて一年二ヶ月だと自己紹介すると、「英国流ビジネス・スタイルには慣れたかね？」と、こちらを小馬鹿にしたような感じで訊いてきた。

二人との面談を終えたあと、ジムバンクの頭取で、サイフレッツ・マーチャント・バンクを含むジムバンク・グループのCEO（最高経営責任者）であるレオナルド・ツンバ氏が、昼食に招いてくれた。場所は、同じフロアーにあるダイニング・ルームである。

ツンバ氏は四十五歳で、米国で教育を受け、バージニア工科大学で経済学の博士号を得ている。額が広く、つやつやしたコーヒー色の肌で、大きなフレームの眼鏡をかけ、厚めの唇は引き締まっていた。ジンバブエ金融界の超エリートで、この四年後に中央銀行総裁になる。

ツンバ氏の第一声は「僕は、おたくの銀行に、とっても親しい友人が一人いるよ」であった。

「それは、どなたでしょうか？」

てっきり、ＩＭＦ（国際通貨基金）・世界銀行総会かなにかで、会長か頭取と話したことがあるとでもいうのかと思って訊いた。

しかし、ツンバ氏が挙げたのはまったく思いもよらない名前だった。その人物というのは、わたしが二十代半ばから二年弱勤務した横浜支店の次長だった。

いったいどこで二人が結び付いているのか驚いて訊くと、ツンバ氏は一九七七年から八一年まで、エコノミストとして出向し、家族ぐるみの付き合いをしていたという。そういえばニューヨークにエコノミストとしてニューヨークのシティバンクに勤務し、件（くだん）の支店次長も同じ頃、シティバンク帰りだった次長は、米国で買ったウィングチップの革靴の両足を机の上にでんと乗せて部下と話す癖があり、これが米国流なのかと思わされたものだ。

昼食には、黒人で国際部副部長のチリサ氏も加わり、黒人二人、英国系白人二人、日本人二人という組み合わせになった。

食事をしながら、ジンバブエの農業、財政、ＩＭＦ・世銀等国際機関との関係、自動車輸入や鉱物輸出のファイナンスなどについて話をしたが、驚いたことに、マーティン、ヘンチーの白人二人はほとんど話をしない。ジムバンク側で話をするのはもっぱらツンバ氏一人で、時々チリサ氏が短い発言をする程度。ツンバ氏は物腰こそ紳士的だが、この場の主役といった威厳を漂わせていた。白人二人が口を開くのは、ツンバ氏に発言や説明を求められたりしたときだけで、決して自分たちから話そうとはしない。この様子をみて、「政治は黒人、経済は白人」というこの国の仕組みをあらためて思い知らされた。

このことは、その後、よく訪れるようになった中央銀行でも同じだった。会うのは、ワイルド副総裁やクック部長といった白人幹部だったが、ミーティングには必ず二、三人の黒人幹部がお目付け役として同席した。ワイルド副総裁らがなにか説明をするときは、彼らがじっと耳を傾ける。ワイルド氏らも黒人たちに気を使いながら用心深く発言しているのが、手にとるようにわかり、「大変だなあ」と思わされた。黒人が政治の実権を握ってはいるが、独立してまだ九年で、人材が十分に育っていないため、実務は白人に頼らざるを得ないというのが実情のようだった。

午後は、ハラレの西約三〇キロメートルのところにあるキンタイヤ・ファームという農場の見学に出かけた。

このアポイントメントは、前日の夕方、ホテルの部屋にあった黄色い電話帳で同ファームの存在を知り、「わたしたちは日本のバンカーなのですが、実は今、ジンバブエ向け農産物輸出ファイナンスを検討しています。ついては、そちらの農場を見学させていただけないでしょうか」と電話してとった。

行くと、レオナルド・ヌティニさんという黒人のマネージャーが、トラックに乗せてくれ、農場内を親切に案内してくれた。キンタイヤ・ファームは、旧南ローデシア時代から続く農園で、オーナーはドイツ人だという。六二九ヘクタールの広さがあり、小麦、大麦、大豆に関しては、ジンバブエのトップクラスの生産者である。そのほかトウモロコシ、ジャガイモなどを生産し、七百五十一頭の牛を飼い、月に一〇万リットルの牛乳を生産している。主な販売先は、政府機関である穀物販売公社（Grain Marketing Board）と乳製品販売公社（Dairy Marketing Board）である。従業員は百二十人で、農場内に学校も併設し、農繁期には臨時の労働者も雇うという。見学をしながら、作物ごとの生産サイクル、灌漑の方法、気候（特に干ばつ）の影響、政府機関との取引などについて話を聞いた。

立派な大農場だったが、この十一年後に、暴徒化した黒人たちの襲撃を受けることになる。経済の悪化で人気が低迷したムガベ大統領が、退役軍人などを取り込んで、選挙戦を有利に戦おうと、性急な白人所有農場の接収と黒人への再配分政策を打ち出したためだ。ドイツ人オーナーは追放され、農場は分割されて与党幹部などに与えられたが、経営する能力も資金もなかったため、機械や灌漑設備は打ち捨てられ、雑草がぼうぼうと生え、生産はほぼ全面的に停止した。わたしが訪問した当時からは考えられない状況で、心が痛む。

政府が財政赤字を補てんするため、二〇〇六年頃からジンバブエドルを大量に発行し、二〇〇七年夏には二億パーセントを超えるインフレを引き起こした。ジンバブエドルは完全に信任を失い、米ドル紙幣が使われるようになった。失業率は九〇パーセントを超え、多くの国民が「チキンバス」と呼ばれるおんぼろの乗り合いバスで難民として南アフリカに流れ込み、農場、鉱山、工場、レストランなどの低賃金労働者になった。

その晩、副支店長は、初日に会った商社の所長さんの自宅に招かれて行った。あとで聞くと、二日目に会った日本大使館の一等書記官の人やアイルランドに留学中でジンバブエに遊びにきていた日本人女性なども加わり、にぎやかで楽しいひと時だったという。

わたしのほうは、ホテルの部屋で午前二時までかかって、ハラレでの調査や面談の記録、追加分析を含めた十六ページのレポートを書き上げた。

それを持って、エレベーターでフロントに降りて行った。

時差が七時間ある日本は、ちょうど仕事が始まったところなので、今、このレポートを国際審査部にファックスして読んでもらい、こちらが朝になったら電話をして、案件参加の承認をもらおうと考えていた。

ところがフロントにいた黒人男性は、朝八時までファックスは使えないという。

「そんな馬鹿な！　なんでそんなことになってるわけ⁉」

わたしは眩暈（めまい）がしそうだった。

シンジケーションの締め切りは今日なのである。

「そういう決まりなんです。ファックス・マシンには鍵がかかっています」

黒人のフロントマンは当惑したような顔つきでいった。

「鍵が？　しかし、そんなこといわれてもこっちは困るんだよ。これ、非常に大事な急ぎの書類で、早く東京に送らなくてはならないんだよ」

「でも鍵を持ってる人間は、朝八時にならないとこないんです」

「そもそもこのホテルは、天下のシェラトンでしょう？　シェラトンで夜ファックスが送れないなんて、あり得ないじゃない」

黒人のマネージャーも出てきて、人気のないフロントでしばらく押し問答をしたが、まったく埒が明かない。

「とにかく、ファックス・マシンをみせてもらえませんか？」

二人に案内され、わたしはフロントの背後にある事務室に入った。薄暗いフロントから蛍光灯が明るくともった部屋に入ると、眩しかった。

「これです」

黒人マネージャーが、デスクの一つを示した。

みると小型のファックス機があり、それにダイヤル式の電話がつながっていて、ダイヤルにがっちりと南京錠がかかっていた。確かにこれではダイヤルは回せない。

（ん？　この数字のボタンはなんだ？）

ファックス機の側面に、なにやら0から9まで、小さな電話の押しボタンのようなものが付いていた。

（これを押せば、なんとかなったりしないか……？）

ためしに紙をセットし、ボタンで東京の国際審査部のファックス番号を押すと、ダイヤル音がして、つながった。

（これ、送れるぞ！）

わたしは思わずこぶしを握り締めた。

上手くつながったり、途中で切れたりを繰り返し、なんとか国際審査部とロンドン支店にファックスを流し終えた。

時計をみると午前三時をすぎていて、さすがに疲れ、全身がじっとり汗ばんでいた。

二人の黒人は、真夜中に日本人がやってきて、使えるはずのないファックス機を使って書類を送ったのに、驚いている顔つき。

「ファックスの料金は部屋づけにして下さい」

そういって、ほっとして部屋に引き揚げ、ベッドにもぐり込んだ。


朝起きて、国際審査部の担当者に電話をすると、送ったはずのファックスの一部が届いていないという。またまた「えーっ⁉」である。つながったり切れたりするホテルのファックス機はもはやあてにできないので、ロンドン支店の国際金融課に電話をし、ロンドンに送った分を、国際審査部に転送してもらった。

午前十時頃、副支店長の部屋に行き、彼がベッドサイドの電話で国際審査部に電話をするのをみまもった。東京は午後五時頃である。何度かトライして、ようやく電話がつながった。国際審査部長が「街の様子はどう？」「農場は？」「その国の宗教はなんなの？」「ＡＭＡは、ちゃんとみてきたかね？」といった質問をし、副支店長はわたしのレポートをみながら説明をする。

国際審査部長は最後に「まあきみたちが現地に行ってみて、いいと思うんだから、やってみなさい」と案件を承認してくれた。副支店長は「有難うございます」と頭を下げつつ、片手の親指と人差し指で輪をつくり、オーケーのサイン。

　わたしはすぐにＡＮＺ銀行のラベンダー氏に電話をして、参加をコミット。秘書のヘレンに電話をして、コミットを確認するテレックスをＡＮＺに打たせた。案件はオーバーサブスクリプション（応募超過）となり、わたしの銀行の参加額は二百二十万ポンド（約四億九千四百万円）になった。

　この季節のハラレの空はすっきりと澄み渡った青空の日が多いが、その青空に負けないぐらい、晴れ晴れとした気持ちで帰り支度をした。ロンドン支店の同僚などへの土産に、ジンバブエ産のコーヒーとワインを買った。コーヒーは商社のニチメンが日本への輸入を手がけており、酸味の強い独特の味わいである。

　午後、ジンバブエ航空のボーイング７３７型機でハラレを発ち、ザンビアの首都ルサカまで飛んだ。ちょうどローマ教皇が同国を訪問中で、経済破綻した最貧国の空港に白いコンコルドが駐機していた。その場違いな光景をみて、バチカンの教皇庁には金がうなっているんだろうなあ、と思った。

　乗り継ぎ時間が結構あったので、副支店長と一緒に、いったん入国し、タクシーでルサカの街をみてみた。質の悪いガソリンのせいで、街じゅうに目と鼻を刺激する排ガスが漂っており、これは大変な国だなと思わされた。ザンビアに対しては、銅の輸出ファイナンスを検討したことがあるが、深刻な外貨不足のために銅を輸送する鉄道用の重油が買えず、鉄道ストライキも多発し、エイズの蔓延で銅の採掘労働者も不足しているという問題山積状態だったため、みおくった。

　夜、英国航空のマクドネル・ダグラス製ＤＣ10型機に搭乗し、ロンドンに向かって出発した。

　帰路はビジネスクラスの席がとれたので、充実したこの十日間ほどを振り返りながら、広いシートで心地よい疲労感に浸った。

　それまで案件がほとんどできていなかった中近東・アフリカでは、常識を疑い、物事を根本的なところからみつめ直し、ブレークスルーする面白さがあった。のちに作家になって「カラ売り屋シリーズ」を書くようになったが、当時のわたしの仕事は、融資とカラ売りの違いだけで、あとは彼らと同じように、「常識を疑い、物事を根本からみつめ直し、理と利を獲得する」仕事だった。このアプローチは異端視されやすいが、「ジャンクボンドの帝王」マイケル・ミルケンは誰も見向きもしなかった投機的等級の債券の価値をみいだし、「墓場のダンサー」サミュエル・ゼルは「みんなが左に行くときは右をみる」投資手法で巨万の富を手にした。


　翌朝、ヒースロー空港に到着し、支店に行こうとすると、副支店長が「あんたは疲れてるだろうから、いったん自宅に帰って、少し休んでから支店にくればいいよ」としきりに勧める。「いえ、でも、出張報告書も出来上がってますし、早いうちに提出したいと思いますので」というと、「ああ、それは俺がちゃんとやっておくから」という。しつこさに多少の違和感を覚えながらも、「そうですか。じゃあ、お願いします」と二十ページあまりの報告書を渡し、ゴールダーズ・グリーンの家にいったん戻って、シャワーを浴び、着替えた。

　地下鉄で支店に出勤すると、自分のデスクの上に、すでに支店長まで回覧された出張報告書が戻ってきていた。

　みると、副支店長が、わたしが書いた報告書の上に一ページの表書きを付け、彼がすべてを取り仕切ったとでもいうような体裁になっていた。

（こういうことを、やる人なのか……）

犬に小便をひっかけられたような気分だった。

この九年後、この副支店長は、日本橋支店の課長時代に、重度の脳梗塞患者に医師の立ち会いも付けずに、六億円の住宅ローンをはじめとする巨額の融資をおこなったとして訴えられ、その頃部下だったわたしが銀行を辞めていたのをいいことに、法務室長とぐるになって、債務者に会ったこともないわたしがすべてをやったことにしていた。それを知ったわたしは、怒り心頭に発し、東京地裁で債務者側の証人として証言し、顛末の一部始終を『貸し込み』という作品に書いた。

ジンバブエとは、同国が干ばつでおかしくなるまで、四年間ほど取引を続け、ＡＭＡ以外にも、ジムバンク向けタバコ輸出ファイナンスや鉱物販売公社向け輸出前貸しファシリティなどをやった。

ジンバブエを訪れると、時の流れがゆったりとしているので、心が和んだ。植民地時代の一九一五年にできたミークルズ（Meikles）ホテルのレストランで、ぱりっと真っ白な制服姿の黒人のボーイに給仕してもらって食事をとると、タイムスリップしたような錯覚に陥った。春（北半球の秋）になるとジャカランダの花が一斉に咲き、ハラレの街は霞むような薄紫色に包まれた。

食事は、自国産の牛肉のステーキが安くて美味しかった。煉瓦のような大きさで、とても食べきれず、ある商社の駐在員事務所長は残った分を持ち帰って、飼い犬の餌にしていた。

同国の最大の観光の目玉はザンビアとの国境にあるヴィクトリアの滝である。ジンバブエ航空が、朝ハラレを発ち、夕方ヴィクトリアの滝から戻ってくる便を運航しており、それを使うと日帰り観光ができ、英国に帰る夜の便にも間に合うので、仕事を終えた週末などに利用した。

現地では、滝を落下した大量の水が跳ね返って、頭上から激しい雨のように降り注いでくる。そのため常に傘をさして歩かなくてはならず、いつも虹が出ていた。柵がないので、岩がつるつる滑ってかなり怖い。下を覗き込むと、アフリカの大地がぱっくり割れたような、原始のエネルギーを感じさせる壮大な光景がみられる。

ワニ園で、小さなワニに触れたり、ザンビアとの国境をなすアフリカ第四の大河、ザンベジ川の川下りも楽しんだりできる。川下りでは、ビールとともに食事をしながら、大きなカバが水のなかから現れたりするのがみられる。

一度は家内を連れて行き、一度は室町鐘緒（かねお）ロンドン支店長を案内した。のちに室町さんが頭取になったとき、ある経済誌のインタビュー記事に、わたしが撮ったヴィクトリアの滝でのスナップ写真が使われていた。

## 2

ロンドン駐在二年目は、各種国際金融取引のやり方もだいたいわかり、国際審査部とのやり取りにも慣れ、エンジンが本格的にかかった。相変わらず「熊の尻を噛みちぎる」覚悟で朝起き、その勢いで仕事に取り組んだ。

四月にエムラク銀行向け千五百万ドルの葉タバコ輸出用のクラブローン（少数の参加銀行による協調融資）、七月にイクティサット銀行向け千二百万ドル、同じくエムラク銀行向け五千万ドルと、三つのトルコ向け主幹事案件をクローズ（完了）し、トルコのパムック銀行とクウェートのアル・

アハリ銀行から、各五千万ドルのシンジケートローンの主幹事も獲得した。

調印式では、ボロワーと参加銀行の国旗をテーブルに飾るのが慣わしだが、それまでほとんど主幹事が獲れていなかったので、オフィスには小旗のセットがなかった。最初の主幹事案件であるエムラク銀行向けクラブローンの調印式をやるとき、それが判明し、「えーっ、本当なの⁉」と愕然となった。国際金融課で事務管理をやっていた若手の日本人が「僕、東銀に行って、借りてきますわ」と雨のなか、傘をさして東京銀行（現・三菱ＵＦＪ銀行）のロンドン支店まで借りに行った。

トルコの国別与信枠をひねり出すため、手持ちの案件をセカンダリー（流通市場）で販売することも始めた。売り先はもっぱら日本のリース会社や総合商社の金融子会社だ。彼らは銀行と違って、ツームストーン（融資完了広告）に名前を載せることにはまったくこだわっておらず、儲かれば儲かるほどいいという単純明快なスタンスだった。シティの内外にオフィスをかまえている彼らを訪ね、利鞘（スプレッド）が一パーセントで期間一年のトルコ向けローン債権（融資）を「一・二五パーセント差し上げますから、買っていただけませんか？」と売り込んだりした。相手は美味しい話がきたと思いつつも「金山さん、なんでわざわざスプレッドを上乗せしてまで、売りたいんですか？」と訊いてくる。こちらが「率直に申し上げますと、五百万ドル空き枠をつくれば、新たに五千万ドルくらいの案件を引き受けて、主幹事手数料で儲けられますから」というと、「はあ、なるほどねぇ」と納得して買ってくれた。

利鞘が一パーセントの融資債権を五百万ドル持っていても、一年間で儲かるのは五万ドルにすぎない。しかし、新たな案件を組成・販売すれば、十万ドル程度の主幹事手数料と五万ドルの利鞘が入ってくる。市場での実績と存在感にもつながるし、他行に負ける悔しさを味わうこともない。

リース会社や商社の金融子会社にローン債権を売り歩いているうちに、「シンジケーションをやるとき、あらかじめ彼らをアプローチする金融機関のリストから外しておけば、あとでこっそり売れるじゃないか」と気づいた。これは数行で共同引受けをして、組成状況が不芳で、売れ残りを幹事銀行が引受額に応じて抱え込まなくてはならないとき、いたって便利だった。ほかの幹事銀行がブーブーいいながら売れ残りを抱え込んでいるとき、こちらはちゃっかりローン債権を販売し、身軽になって次のマンデートを追った。

わたしが次々と案件を獲るので、アシスタントのサリーと秘書のヘレンは毎日てんてこ舞いで働いていた。案件発掘、ボロワーとの交渉、稟議申請、主幹事獲得まではわたしがやり、シンジケーションのあたりから彼女たちが関わってくる。サリーは日々の仕事をつうじて、シンジケートローンの執行（エクシキューション）ノウハウ（融資団組成や流通市場での販売に関する事務、参加銀行との連絡・管理、契約書類作成、担保設定や信託口座開設など）をしっかり自分の血肉に取り込んでいった。

あるとき急ぎの案件があり、海外の出張先からオフィスに電話を入れると、サリーはもう帰宅したという。家に電話をすると（当時は携帯電話もなかったので、なにかあればすぐ動けるよう、互いの自宅の電話番号は共有していた）、のんびり音楽を聴いていたので、「これもあれもやってないじゃないか！　もうあんまり時間がないんだぞ。いったいどうするつもりなんだ⁉」と怒ったら、泣き出した。

（はぁー？　あの気の強いサリーが泣くのか⁉）

怒ったこちらが逆に驚いてしまった。

彼女にとっては、次々と飛び込んでくるいろいろなタイプのディールを時間に追われながらこなしたり、英国人の生活や労働文化を十分理解していないわたしに理不尽に怒られたりして、ストレスがあったと思う（時々思い出して申し訳ないと思う）。ただキャリア形成の点では申し分のない環境にいたといえる。わたしの銀行にきたとき、シンジケートローンの知識はゼロだったが、十年後くらいに、ローンの世界でも存在感のあったベルギーのクレディートバンク（Kredietbank＝現・KBCグループNV）のアジア・パシフィック向けシンジケートローンの執行責任者に迎えられた。その知らせに、わたしも誇らしい気持ちになった。その後も時々コンタクトがあり、「ミスター金山はプロリフィック（多作）な作家になるに違いないと思っていた」とメールをくれたりした。

素人のはずのわたしがマンデートをがんがん獲り、オフィスには中近東・アフリカ案件の「トップ・レフト」のツームストーンが次々と並ぶようになったのでロス、パトリック、ヴィンスのオックスフォード三人組は慌てたようだった。自分たちもなんとかマンデートを獲ろうと、しょっちゅう鳩首協議を開いていたが、獲れたのはアイスランドの商業銀行向けの一件（二千八百万ドル）だけだった。ロスの表情からは、一年前のふてぶてしい自信が消え、「こんなはずじゃなかったのだが……」という戸惑いが漂っていた。用もないのに外出することも多くなった。その様子をみて「いったいなにをやってるんだ？　案件が獲れないなら、石や熊の尻に齧（かじ）りついてでも獲ろうとするもんじゃないのか？」と首をかしげた。わたしだけでなく、米銀のインベストメント・バンカーなどは皆そうしていた。

## 3

わたしは、主幹事案件以外にも、先に述べたエジプト航空向けの航空機ファイナンスやジンバブエの農産物輸出前貸し、オマーン向けシンジケートローンなど、一般参加案件も手がけながら、新しい収益源として貿易金融の開拓にも着手した。すでにサウジ・ブリティッシュ銀行発行のものなど、ＬＣコンファメーションはいくつかやっていたが、もう少しリスクが高く、儲けの大きい案件をやりたいと考えた。

目を付けたのがアルジェリアだ。ナイジェリア、リビアとともにアフリカ屈指の産油国の一つで、対外債務の繰り延べ(リスケジューリング)もしていなかった。先住民族はベルベル人で、ローマ帝国、アラブ人、オスマン帝国、フランスなど数多くの勢力が興亡した国だ。一九六二年、七年半にわたる激烈な独立戦争をへて、百三十年間続いたフランスの支配を脱した。人口は二千三百八十四万人で、世界で十番目という広大な国土を有するが、その八割はサハラ砂漠である。輸出の九五パーセントが石油と天然ガスという極端に偏った経済構造で、重い対外債務に喘(あえ)いでいた。

アルジェリアには、ジンバブエに一緒に出張した国際金融担当の副支店長が、四月中旬に出張していた。日本のエンジニアリング会社と商社からそれぞれＬＣコンファメーション案件が持ち込まれ、東京の国際金融部から、現地に行ってリスクをみてきてほしいという依頼があったためだ。

副支店長は、アルジェリアの銀行、各国大使館、日本の商社などを訪問して話を聴き、「最長二年の貿易金融と、日本企業がらみのプロジェクト融資（数年程度）であれば、リスクはとれる」というレポートを書いた。それにもとづき、国際審査部が総額十億円弱、期間一年半のＬＣコンファメーション案件二件を承認していた。

しかし、リスクに関しては微妙な国であり、他人が書いたレポートを鵜呑みにはできない。もし案件が焦げ付いたりすれば、回収の直接の責任を負うのは現場の担当者であるわたしである。

そこで、同国に関する資料を読むとともに、ロンドンでほかの銀行、商社、英国企業などを訪問し、カントリーリスクの調査をおこなった。

東海銀行（現・三菱ＵＦＪ銀行）のロンドン支店を訪れたときは、二歳上の支店長代理に会った。パリで一年間研修を受けた経験があり、アフリカのフランス語圏に興味を持っている人だった。アルジェリアやチュニジアだけでなく、カメルーンやガボンの案件も、できることならやりたいというので、意気投合した。

同時並行で案件探しもおこない、アルジェリア国立銀行（Banque Nationale D'Algérie）が発行する二件のＬＣをコンファームし、それぞれに一年間のリファイナンス（輸入決済資金の融資）を供与する案件がみつかった。フランスの農産物商社ＥＤ＆Ｆ ＭＡＮが、砂糖を輸出する案件などで、二件合わせて三十九万ドル（約五千五百万円）の儲けになる。

現地には、八月上旬と十月上旬の二度出張した。

エジプトに留学していた頃から興味があった国だが、訪れるのは初めてだった。

地中海を越え、飛行機の窓からみおろしたアルジェリアは、埃をかぶった木々や灌木がまばらに生えている、白褐色の乾いた土地だった。

同国が独立した一九六二年以降、日本の商社やメーカーが進出し、製油所、製鉄所、パイプライン、発電所、液化天然ガスプラントなどのプロジェクトを次々と受注した。随伴ガスの炎が赤々と燃える灼熱の砂漠地帯で、コンテナのような宿舎に寝泊まりし、巨大プロジェクトの建設に携わる仕事は浪漫をかき立てるものがある。もし学生時代にそういうプロジェクトに関わることが決して夢でないのを知っていたら、きっと銀行ではなく、そうした会社を志望したはずだ。銀行に入ってアラビア語を勉強したのも、遅ればせながら、そういう世界に関わりたいと思ったからだ。

そもそもわたしがこの銀行に就職したのは、大学四年の会社訪問解禁日である十月一日に、旧財閥系の都市銀行、旧財閥系の総合商社二社を回って、時間があまったので、大手町に立派な東京本部を持っていた上位の都市銀行に面白半分で顔を出したのがきっかけだった。

そこでリクルーターたちから「海外や国際部門に行けるチャンスは大いにあるよ」といわれ、即日内定だと握手をされ、レストランやサウナや映画館を数日間連れ回されて、他社を訪問できなくされた。世のなかのことを知らない自分のような若造がちまちま考えても仕方がないと思って、企業についてあまり研究もしておらず、まあこれも縁かなと、深い考えもなしに入ってしまった。

入った初日から、国際性とはほど遠い組織、目先のことしか考えていない役員や行員にがっかりした。大阪の天満にある研修所で新人研修の際にみせられたビデオは、天秤棒を担いで行商をする近江商人の話だった。船橋市にあった独身寮は二人一部屋で、新井さんという先輩はとても親切ないい人だったが、寮の行事として約三か月間、出勤前に独身寮対抗運動会の練習を強制された。仕事のかたわら夏にはビールパーティー、秋には寮祭の準備もしなくてはならず、世界を相手に戦いたいと思って入ったわたしは、ギャップに唖然となるばかりだった。そのカルチャーは、集団就職で都会に出てきた中卒の「金の卵」を寂しがらせないようにするための昭和三十年代から四十年代にかけての企業の独身寮文化だった。

もし親が東京のサラリーマンであったり、あるいは周囲に的確なアドバイスをしてくれる人がいたりしたら、決してしなかったはずの選択だった。わたしの大学からは十数人の男子行員が同期で入ったが、そのうち四谷など、都心の支店に配属された（したがっておそらく銀行側の期待も相対的に高かった）二人は、銀行の実態に失望して数ヵ月以内に辞め、一人は東京ディズニーランドの運営会社であるオリエンタルランドへ、もう一人は司法試験受験をへて、出身地の市役所の職員に転職した。当時、中途採用市場は今よりずっと小さくて、わたしは実家が金持ちというわけでもなく、また手近なもので間に合わせたり、簡単に手に入るもので問題を解決したりすると、いい結果を招かないと昔から思っていたので、引き留められるくらいの実力をつけてから辞めようと思った。実力をつけるチャンス（研修・留学や国際部門への異動）を掴むには、組織の覚えがめでたくないといけないので、求められる「生涯一歯車」的な銀行員像に合わせて生きざるを得ず、なかなか苦痛だった。支店や独身寮の宴会では出し物もやらなくてはならなかったが、食べていくためにも仕方がなかった。結果的に銀行員として十四年、金融マンとしては二十三年四ヶ月働いた。その後、作家として企業社会を二十年間みてきたりもしたので、若い人には、わたしのような間違いをおかさないよう、極力アドバイスをするようにしている。

わたしは今でもそうなのだが、あれこれ考えるより、やってみたほうが早いし、時間も節約になり、駄目だったら方向転換すればよいと考えるたちだ。大学選びも、どうしてもここじゃないと駄目というところもなく、将来なにになりたいというのもはっきりしていなかったので、あそこなら将来の選択肢も少しは広いかなぐらいの気持ちで早稲田の法学部に入った。結果的に、これは人生最良の選択の一つになった。それは（申し訳ないが）早稲田大学が素晴らしかったというわけではなく、競走部に中村清監督と同学年の瀬古利彦がいて、箱根駅伝の予選会で落ちるほど弱かったチームが、上昇気流に乗るタイミングだったからだ。高校二年から大学一年までの三年間、怪我でブランクを余儀なくされたわたしにとって、長距離ランナーとして復活するのに理想的な環境だった。しかし、こと就職に関しては、このアプローチは失敗だった。

なお近江商人のビデオは、わたしより十歳下の丸紅の社員も新入社員研修でみせられたそうなので、関西系の企業ではそういう丁稚奉公文化を頭に叩き込むような教育を長年やっていたらしい。あんなビデオをみて、感銘を受ける新入社員は一人もいないと思うのだが。

話をアルジェリアに戻すと、日本からのプラント輸出のピークは、オイルマネー華やかなりし一九七〇年代から八〇年代前半で、「へここは地の果てアルジェリヤ」と歌われた同国に、一九七八年の時点で三千二百三十四人の日本人がいた。しかし、一九八五年十二月、それまでバレルあたり三十ドル前後だった原油価格が急落し始め、翌年三月には十ドルまで暴落した。その後も、ほぼ十ドル台という低迷が続き、外貨繰りは極端に悪化し、ビジネスの減少にともない、在留邦人の数は三百五十六人（この年四月現在）にまで減っていた。

着陸前にシートで入国カードを記入していると、フランスへの出稼ぎ労働者と思しい、くたびれた感じの年輩のアルジェリア人の男が、自分のパスポートと入国カードを、すがるような眼差しで差し出してくる。読み書きができないので、書いてくれというのだ。受け取って、パスポートの記載内容をみながら入国カードを代筆する。すると別の二、三人からも無言でパスポートと入国カードを差し出された。アルジェリアは、一八三四年にフランスの海外県となり、一九六二年までアラビア語教育が禁止された。しかし、庶民が話すのはアラビア語のマグレブ（北アフリカ）方言で、フランス語による教育が受けられなかった人々は、フランス語でもアラビア語でも読み書きができなくなっていた（アラビア語の読み書きには、方言ではなく、正則アラビア語が用いられ、各地の方言とは標準語と沖縄方言くらいの差がある）。

　首都アルジェの人口は当時百五十万人強。かつて「北アフリカのパリ」と呼ばれた街は、山の斜面から北のアルジェ港に向かって、弧を描くひな壇のように広がっている。街の東寄りの新市街には、南仏のような海岸通りが延び、白亜のアパルトマンが建ち並んでいる。しかし、通りも建物も老朽化し、人々の服装は貧しく、薄汚れていた。

　街は比較的よく掃除されていた。聞いたところでは、最近、世界で最も汚い三つの都市の一つに挙げられ、慌てて街をきれいにしたらしい。

　アラブ圏に多い物乞いはいなかったが、やることのなさそうな男たちが、日中から喫茶店にたむろしており、失業率の高さを窺わせた。この国の合計特殊出生率（一人の女性が一生の間に産む子どもの数）は四・九六（令和三年の日本は一・三〇）、失業率は約二一パーセントと高い。

　ＪＴＢのガイドブックには、貧しいフランス人労働者が住むアルジェのベルクール地区で育ったノーベル賞作家、アルベール・カミュは、アルジェ港を「美しすぎる」と表現したと書いてあったが、行ってみると、なんの変哲もない普通の港だった。桟橋や倉庫があり、貨物船がたくさん停泊し、鉄道が何本か延びていて、大きな物流の拠点だというのはわかる。もしかすると、植民地時代はフランス的な華やぎがあったのかもしれない。

有名なカスバは、街の北西寄りにある。ジャン・ギャバン主演のフランス映画『ペペ・ル・モコ（望郷）』（一九三七年）の舞台になった旧市街の一角で、オスマン帝国時代の十六世紀から十九世紀初頭にかけて城塞としてつくられた地区だ。狭い階段の多い迷路のような道の両側に、貧しい人々が住む古い家々が建ち並び、洗濯物が干され、子どもたちが遊んでおり、小さな食料・雑貨品店、男がアイロンがけをしている洗濯屋、モスクなどがあった。ところどころに生ゴミが放置され、染み出た汚水が悪臭を放っていた。

日中の最高気温は三十五度くらいに達し、容赦ない陽光は、カミュの小説『異邦人』（一九四二年）に「太陽のシンバルが鳴り響く」と書かれているとおりだ。作家の故渡辺淳一氏は、過去形で積み重ねていくこの作品の、短く簡潔な文章に潜む乾いた抒情性に惹かれ、暗記するほど読んだそうだが、わたしにはアルジェの下層のフランス人の暮らしぶりや会話が、なんとなく面白い程度にしか思えなかった。ただ実際にきてみないと、現地の暑熱や雰囲気の描写は理解できないので、本を読むには、舞台となっている土地のことを知らないと駄目だと思わされた。特に、アルジェリアのように、普通の日本人には馴染みのない国に関しては。

街で、「砂漠のバラ」と呼ばれる、自然現象で石膏がバラの花のような形の結晶になった石が安く売られていたので、土産に買った。

宿泊したホテルは「エル・ジャザーイル」という、アルジェ港をみおろす丘の中腹に建つ由緒と格式のあるホテルだった。エル・ジャザーイルは、アラビア語の「島」の複数形で、アルジェとアルジェリアのアラビア語名だ。アルジェ湾にいくつか島があったので、それにちなんで名前が付けられ、国名になったようだ。

ホテルのロビーの壁や柱は色とりどりの幾何学模様のタイルで装飾されており、美しさに思わずため息が漏れる。ティーラウンジ、レストラン、食堂などは、アラブとフランスが融合した趣のあるインテリアで、植民地時代の栄華を彷彿させた。朝食には、普通の倍くらいの大きさのコーヒーカップでカフェオーレが出され、白いクロスがかかったテーブルが並ぶレストランでは、アラブふうの少し辛いスープ「ショルバ」、牛肉のアントルコート（ステーキ）、ワインが美味しい。北アフリカの代表的な料理クスクスもあった。粒状にした小麦を蒸し、羊肉と野菜のスープをかけたもので、日本人にはあまり馴染みがない。アルジェリア産の赤ワインは、地中海の陽光をたっぷり浴びた糖度の高いブドウでつくられていて、濃くて強い、北アフリカの太陽を思わせる味がした。

出張では、一日四件くらい訪問をして、情報収集した。

訪れたのは、国立銀行数行、日本の商社の事務所数ヶ所、日本大使館、フランス、ベルギー、米国の各大使館、米国農務省事務所などだ。

事前に資料をよく読み、相手に応じて様々な質問を繰り出し、真実を探り当てていく。この作業は、作家になってからもまったく変わらない。

いろいろなところで話を聴くうちに、国の先行きに関して、嫌な感じを持った。一九六二年に独立を勝ち取り、去る二月まで一党独裁制を敷いていた民族解放戦線（ＦＬＮ）が、腐敗して特権集団化し、経済政策も上手くいっていないため、国民の不満が高まっているという。若者に十分な就業機会がない一方、官僚・党員・軍人が様々な優遇を受け、外国人相手の家主階級も豊かな生活を送っており、所得格差が拡大していた。政治から排除された宗教勢力が、強い不満を持つ貧困層に入り込んでいるという。

そうした歪みが前年の十月四日、イスラム原理主義勢力の後ろ盾を得た若者たちの反政府暴動となって現れ、治安部隊が実弾を発射する衝突になった。暴動は、オラン、アンナバといった主要都市や地方にも波及し、約五百人の死者と三千七百人の逮捕者を出し、政府は十月六日に非常事態宣言を発していた。

（これは、ちょっと要注意だな……）

二件のＬＣリファイナンス案件のうち、すでに一件は実行済みだった。別の一件も国際審査部の承認をとり、砂糖の輸出者、ＥＤ＆Ｆ ＭＡＮにコミット（実行を約束）しているので、よほどのことでもない限り、反故（ほご）にはできない。

（ポイントは、案件が返済になるまでのあと一年間、国の外貨繰りがもつかどうかだな）

出張の途中から、この点に絞って調査することにした。

アルジェの日本大使館を訪れ、通産省（現・経産省）から出向している書記官の人に話を聴いたときも、外貨繰りについて重点的に質問した。

世界中の産油国の日本大使館には、通産省から出向者が出ている。皆、元気がよく、勉強熱心だった。霞が関のブラック体質が学生たちから敬遠され出すのは平成の後半あたりからで、最近は、経産省もコロナ給付金詐欺をやるような質の低い人材をキャリア官僚として採用するようになったが、この頃はまだ優秀な人たちが多かった。

「アルジェリア政府は、対外債務のリスケジューリング（返済繰り延べ）は絶対しないといい続けているので、払う気があるのは間違いないですね」

応接室のソファーで、三十代半ばの一等書記官の男性はいった。メキシコでスペイン語研修をやったことがある人だった。

「この国は独立してまだ二十七年で、デフォルトした経験もないですから、デフォルトすると大変だっていう恐怖心があるんだと思います。油価（原油価格）の下落に対処するため、三年前から極端な輸入制限と緊縮財政をやって、それが結果的に去年十月の暴動を招いたのも、その表れです」

恐怖心まで抱いて返済しようとしてくれるのは、銀行としては有難いことだ。

「ただ払えるかどうかは、一にも二にも、油価次第ですね。油価がガクンと下がるようなことがあれば、払えなくなります」

至極もっともな話で、わたしはうなずく。

「この国の財務大臣の発言や雑誌の記事なんかを総合すると、対外債務の返済は、去年、今年、来年の三年間がピークです。来年から急激に下がるという説は違うと思います。四年後は少し上がって、五年後から本格的に下がっていきます」

対外債務残高は公式には発表されていないが、二百二十億ドル前後で、ピーク時の返済額は年間五十億ドル超とみられている。

「対外債務の返済が急激に下がるといわれている年が、少しずつ後ろにずれていないですか?」

　レポート用紙にシャープペンシルを走らせながら訊いた。

「おっしゃるとおりです。二年ぐらい前の予測では、一昨年、去年、今年が返済のピークだといわれてましたから。ただ最近の借入れは長期で、グレース(返済猶予期間)が付いてますから、デットサービス(元利金の支払い)は五年後から下がると思います」

　アルジェリアは、輸入に際して中長期のファイナンスを求めるようになっていた。毎年の返済額を少なくして、外貨繰りを楽にするためだ。

「輸出入の動向はどうですか?」

「油価がこのままいけば、今年の輸出収入は九十億ドルで、前年比十二億ドル強の増加になります」

「輸入は増えてませんか?」

　輸入が増えれば、輸出増による外貨獲得はチャラになる。

「増えてます。四月までの貿易収支はこんな感じですね」

　書記官は、昨年と今年の一～四月の輸出額、輸入額、貿易収支の表をみせてくれた。輸入が前年比約三億七千万ドル増えていた。

「輸入は去年まで抑えてたんですけど、去年十月に暴動があったので、政府も気をつかって、食料品や基礎物資の輸入を増やしてます」

「アルジェリア人は、あまり耐乏生活ができない国民性なんですかねえ?」

　昨年十月に発生し、五百人超の死者を出した暴動の原因は、対外債務返済のため、シャドリ・ベンジェディード大統領が厳しい緊縮策を打ち出したことだった。

「アルジェリアにとって、ヨーロッパがあまりにも近いのが不幸なんだと思います。国民の意識としては、自分たちはアフリカではなく、地中海の国で、スペイン、イタリア、ギリシャと同じなんだ、石油も出るのに、どうして耐乏生活をしなくてはならないんだっていう、短絡的な思考に陥りがちなんだと思います」

「なるほど。DAの遅延が多いというのを、あちこちで聞きますが、これは、今後も続きそうですか？」

　DA（documents against acceptance）は銀行のLCが付かない、いわば裸リスクの輸入取引で、LC付案件より支払いの優先順位が低い。去る三月には、外貨準備が輸入の一ヶ月分しかなくなり、LC付の輸入代金はなんとか払ったが、LCなしのものは、半年程度の遅延はざらだと聞いた。アルジェリアと最も取引が長い伊藤忠商事の所長代行は、二、三ヶ月遅れることを前提に採算を弾いていると話していた。

「今年八月の初めに、DAの遅延分が八割くらいまとめて支払われたんです」

「へえ、そうなんですか」

「はい。たぶんIMFが、かなり指導したんでしょう。小林大使も（アルジェリアの）MOF（モフ）（財務省）の次官に相当文句をいったことがあります」

　去る六月、アルジェで開催された国際見本市会場で、デュッセルドルフからやってきたコピー機の三田工業（現・京セラドキュメントソリューションズ）の担当者が「二億円くらいの支払い遅延があって、このままではわたしは日本に帰れない」とアルジェ駐箚（ちゅうさつ）の小林智彦大使に泣きつき、八月に払われた債権のなかには、同社のものも含まれていたという。

「今年に入って、フランス、イタリア、スペインなんかから長期のファイナンスを供与されてますから、金繰り（かなぐ）が少し楽になったんだと思います」

去年の暴動のあと、アルジェリアはリスケ不可避とみられていたが、親密国やＩＭＦ、世銀のファイナンス供与で、辛くも窮地を脱したという。

「うちは、貿易がらみのファイナンスをやろうかと考えているんですが、今後一年半程度の資金繰りはどうですか？」

「今年の八月の終わりに、通産省の保険交渉官が来て、ＭＯＦの対外金融担当局長に会ったんですが、『来年末までの資金繰りは全部できている』と豪語してました。でもアルジェリア中銀の総裁に会ったときは、ＭＯＦほどには歯切れはよくなかったですね」

こういうときは、財務省のほうが多少誇張していると解するのが常道だ。

いろいろ話が弾み、たまたま読んだばかりのフレデリック・フォーサイスの『ネゴシエイター』を持っていたので書記官に進呈した。

下位の総合商社ニチメンには、ゴルフ場に隣接したレストランでの夕食に招いてもらった。わたしが勤務する銀行がメインバンクなので、気をつかってくれたのだろう。夕食には、所長を含め四人の駐在員が顔を揃えた。この国のビジネスはフランス語なので、皆、フランス語ができる人たちだった。この七年後に、わたしが証券会社のハノイ事務所を立ち上げるため、ベトナムに駐在したとき、このとき会った同年配の二人もハノイに駐在していた。ベトナムもフランスの植民地だったので、フランス語ができるということで白羽の矢が立ったらしい。ただベトナムでのビジネスは英語かベトナム語で、フランス語を話す人はいるにはいるが、それほど多くはない。

食事をしながら話していると、アルジェリアではマツタケがとれて、値段も一キロ千八百円くらいだという話が出た。「へえ、そうなんですか」と驚くと、所長が駐在員の一人に「マルシェ（市場）に行って、買ってきてあげなさい」と命じ、翌日、新聞紙にくるんだマツタケを一抱え受け取った。調べてみると、オウシュウマツタケという、北アフリカ、フランス、スペイン、東欧などに生えている種類だったが、確かに味も香りもマツタケだった。ロンドンに戻ってから焼いたり、炊き込みご飯にしたりして食べたが、なかなか減らず、つかの間の贅沢を味わった。


十月下旬、アルジェに三度目の出張をした。

今度は一泊で、アルジェリア国立銀行と融資契約を締結するのが目的である。

すでにLCをコンファームし、一年間のリファイナンス（決済資金用の融資）を供与する案件を一件実行しており、今回は別の砂糖輸出案件のための融資契約である。リファイナンスの期間はやはり一年間で、総額千五百万ドルのうち八百五十万ドルを東海銀行に販売する。

アルジェリア国立銀行は、同国を代表する国営の商業銀行だが、国際部は、市内の一角にある三階建てくらいのビルに入っていて、初めて訪れたとき、「えっ、こんなに小さいの⁉」と驚いた。

融資契約書の文言はテレックスやファックスですでに合意してあった。

この国の人にしては身なりのよい、スーツ姿の中年の男性マネージャーが出てきて、わたしが持参した英文の融資契約書を受け取った。

しばらくすると、彼が「サインしたから」といって、融資契約書を持ってきた。受け取って、先方のサイナー（署名者）リストと照合すると、不備がある。

日本の銀行の場合、役付者一名のサインがあれば、たとえ一兆円の契約でも有効になる。しかし、ヨーロッパの銀行は、不正を防止するため、二名のサインが必要な場合が多く、金額によって、Aサイナー（上級者）二人のサインが必要だったり、AサイナーとBサイナーの組み合わせでよかったりする。アルジェリア国立銀行もこの若干ややこしい仕組みを使っていて、千五百万ドルの契約書にはAサイナー二人のサインが必要だった。

「このサインでは受け入れられません。二人のサイナーのうち、この人はBサイナーです」

契約書を示して、マネージャーに英語でいった。

「いや、この人は最近Aサイナーになったのだ」

相手は困惑顔でいった。

「しかし、御行（おんこう）のサイナーリストでは、この人はBサイナーです。書類上の不備があります」

「うーん……じゃあ、この人がAサイナーになった旨のテストキー付きテレックスをおたくに入れるよ。それでいいだろう？」

テストキーは、テレックスが真正なものであることを証明する銀行同士の暗号だ。

異例のやり方だが、それでやれなくもない。しかし、すでに砂糖は船積みされ、まもなくアルジェリアの港に到着する。もしテレックスがちゃんと送られてこなければ、取引は滅茶苦茶なことになる。

「それでは困ります」

わたしは断固としていった。

「リストにあるAサイナー二人にサインさせて下さい。契約書はもう一セット用意してきましたから」

鞄から新たな契約書を取り出して、差し出した。

こういうこともあろうかと思って、余分に用意し、あらかじめわたしのサインがしてあった。

〈そもそも千五百万ドル〈約二十一億円〉という大金を借りるのに、こういういい加減なことで押しとおそうとするとは、どういう神経なんだ？〉

何度か押し問答を繰り返したあと、相手はわたしが折れないと悟ったようで、渋々契約書を受け取り、オフィスへと戻って行った。

しばらくすると戻ってきて、「Aサイナー二人にサインさせたから」と契約書を差し出した。先方のサイナーリストと照合すると、確かに二人ともAサイナーだった。

「アル・ハムド・リッラー〈神の思し召しだ〉」

思わずアラビア語で、安堵の言葉が漏れた。

ただ、借入れに際して真摯な態度がみられなかったし、カントリーリスクも国際金融担当の副支店長が書いたほどには楽観できなかったので、この銀行に限らず、アルジェリアはこれ以上やるまいと決めた。国内融資でも国際融資でも、資力以上に、人柄や態度をみることが必要で、そうしたことは返済に影響する。アルジェリアに比べると、サウジアラビア航空などは初々しいほど返済について真剣だった。

その晩、アルジェを発ち、フランスのリヨンで一泊した。

翌朝のロンドン行きは七時二十分発だったので、四時間しか眠れなかったが、三日後にパムック銀行向け五千万ドルのシンジケートローンの調印式を控え、やることが多かったので、ヒースロー空港に到着後、オフィスに直行した。

翌年夏——

オフィスで仕事をしていると、ローン管理課の英国人女性から内線電話がかかってきた。

ローン管理課は一つ下の階にあり、男性マネージャーの下で英国人女性が七、八人働いていて、素直で性格のいい女性たちが多かった。課の前の責任者で、今はバックオフィス全体の責任者になったナイジェル・ジョンストンという、学者ふうの物静かな英国人男性が慧眼でいい人材を採用していた成果のようで、日本人にはまずできないだろうなと思わされた。

「ミスター金山、昨日返済期日だったＢＮＡ（アルジェリア国立銀行）のローン（リファイナンス）の返済金が入っていません」

（くそっ、やっぱり遅延したか！）

まもなく期日が到来したもう一件の案件も、元利金が払われなかった。

支店の上層部と国際審査部に事態を報告し、青ざめながら、しょっちゅうテレックスで返済の督促をおこなったり、一部を販売した東海銀行に状況報告をするため訪問したりした。

ただ企業のように倒産したりするわけでもなく、ほかの対外債務も払っている様子だったので、いずれ返ってくるだろうと思っていた。

金融用語で「ウォーターフォール（滝）」と呼ぶが、外貨繰りの苦しい債務国は、どの対外債務も一律に払うのではなく、案件ごとに優先順位をつけて払う。最優先されるのが世銀・IMFからの借入れ、次に航空機などの担保付案件、三番目が医薬品や食料品といった重要物資のLC付輸入債務、四番目が各国政府の輸出信用付の融資、五番目がそのほかのLC付輸入債務、残りがそれ以外の案件という感じである。いくつもの段になった滝が、それぞれの段の滝つぼに順繰りに水を落としていく様子にたとえて、このように呼ばれる。

わたしが手がけた案件は、砂糖という重要物資の案件で、すでにLC付手形はリファイナンスで決済しているとはいえ、支払わなければ今後の輸入に影響する可能性がある。東海銀行ロンドン支店の支店長代理も同じ意見だった。漫画の『ナニワ金融道』は、債務者がデフォルトしてからが勝負だが、発展途上国向け国際金融も同じである。

全額回収できたのは一件目の案件の返済期日から数ヶ月、二件目からは一ヶ月半ほどたった十二月七日だった。アルジェリア国立銀行は、遅延分の金利も自分たちで計算してちゃんと払ってきた。これには安堵するとともに感心した。悪くいえば、遅延慣れしているのだろう。無事回収できたので、一緒に督促に携わっていた国際金融課の英国人と日本人の同僚と、シティのイタリアン・レストランで祝賀ランチをした。

この翌年、アルジェリアでは、政権に対する若年層などの不満を背景に、イスラム原理主義のイスラム救国戦線（ＦＩＳ）が総選挙で圧勝した。しかし、世俗主義を掲げる軍部がクーデターを起こし、選挙を無効にした。その後、十年あまりの内戦とテロの時代が続いた。武装イスラム集団が、外国人は政府を支持しているとして、テロによる殺害の対象にしたので、邦人の大半が国外に退避した。内戦とテロで十万人以上の犠牲者が出て、もちろん融資などできるはずもなくなった。

その後、大統領を四期（一九九九～二〇一九年）務めたブーテフリカ大統領の下で状況は若干落ち着き、どうしても現地に行く必要のあるビジネスマンは民間の警備会社を雇い、ヘルメットに防弾チョッキという完全武装で出張するようになった。

しかし、北部山岳地帯や南部のマリ、ニジェールとの国境付近などに潜伏しているテロリスト集団「イスラム・マグレブ諸国のアルカーイダ（ＡＱＩＭ）」をはじめとして、複数のイスラム過激派グループが跋扈（ばっこ）しており、治安の不安定要因となっている。

二〇一三年には、アルジェから南南東に一一四〇キロメートルほど行ったサハラ砂漠の真っただなかにある国際天然ガスプラントをアルカーイダ系の武装勢力が襲撃し、日揮関係者の日本人十人を含む、八ヶ国・三十七人が殺害された。

二〇二〇年十月時点で在留邦人は七十七人にまで減った。

## 4

その年の十一月の終わり、サウジアラビア、バーレーン、オマーンへ五泊六日の出張に出かけた。

サウジアラビア西部の港町ジェッダに到着し、ホテルから日経新聞のバーレーン支局にいるエジプト留学仲間の記者に電話をすると、ぎくっとするような話を聞かされた。

「最近、サウジエアーが過激派に狙われてますよ。ついこないだも、パキスタンのイスラマバードから飛び立った飛行機に爆弾を仕掛けたっていう電話があって、慌ててカラチに緊急着陸して調べたら、本当に爆弾が仕掛けられていたそうです」

「えっ、本当ですか⁉」

「はい、気を付けて下さい」

「どういう勢力に狙われてるんです？」

「確たることはわかりませんが、サウジはスンニー派の盟主ですからね。シーア派の過激派とか、国内の不満分子とか、いろいろいると思います」

「なるほど……イランとの関係も悪くなってますしねぇ」

前月、サウジアラビア当局は、七月に起きたメッカ巡礼中の爆弾事件の犯人として、イラン系クウェート人らを処刑した。二十人中十六人が斬首、四人が懲役十五〜二十年および鞭打ち千〜千五百回という厳しい刑だった（鞭打ちは百回くらいで気絶する。千回の場合、五十回ずつ日を変えておこなわれる）。これに対し、イラン政府が「まったくの事実無根で、巡礼者数を制限するためのサウジ政府の自作自演である」と非難していた。

夕方、サウジアラビア航空本社で、十ヶ月ぶりにボブシャイト副社長とコシ技術担当部長に会った。ロンドンではスーツ姿だったコシ氏もここでは白い民族衣装姿だった。

二人とも疲れた顔で、「ここ一ヶ月くらいはテロ対策で休日も出勤して会議をしたりしているので、本当に大変だ」とぼやいていた。

我々がファイナンスした貨物機は今、台北、ジェッダ、ブリュッセル、アムステルダム、ニューヨークなどに飛ばしているそうで、「もしインスペクション（検査）したければ、アムスかブリュッセルでやれるように手配するよ」という。

資金繰りは以前同様厳しいようで、保有機のうちフォッカー（オランダ製）などの小型機のセール・アンド・リースバックをできないかと訊かれた。サウジアラビア航空へのフルリコース（最終返済責任）なら個人的にはやってもいいと思ったが、まだ銀行として担保にとったことがない機種なので、国際審査部がなんというかわからない。二人とも相変わらずいうことが細かくて、「プロポーザル（融資提案書）にはbased on your request（貴社の要請にもとづいて）」という文言は入れないでほしい、それで縛られると嫌なので」などという。その文言は、入れても縛ることにはならないので、ボーイング社あたりとなにか嫌なことでもあったのかなと想像した。

ジェッダは二十代の頃から訪れてみたいと思っていた町である。サウジアラビアはイスラムの戒律を厳格に実行しており、二〇一九年まで観光目的では入国できない「外に対して閉じた国」だった。女性たちは、目と手以外は、真っ黒なアーバーヤという衣装で全身を覆っている。

ジェッダは同国最大の商業都市で、歴史的にエジプトから紅海をへて、インドにいたる東西交易路の重要な港として栄えてきた。国内第二位のリヤド銀行の大きな拠点があり、かつてわたしが勤務する銀行からアドバイザーとして出向者が出ていた。初代の佐久間さんという人は、わたしが東京都三鷹市のアジア・アフリカ語学院で半年間のアラビア語研修を終え、横浜支店に勤務していた頃、よく手紙やサウジアラビアの美しい絵葉書をくれて励ましてくれた。その頃の佐久間さんの手紙に「人生設計の鉛筆は、必ずしも思いどおりのデッサンを描きはしないけれど、自分の鉛筆で、自分の線で、誰にもない絵を人生カンバスに描いていきたいものです」という一節があり、今も心に残っている。二代目のアドバイザーの石原さんという人も、わたしがカイロ・アメリカン大学に留学していた頃、やはりジェッダから激励の手紙をくれた。

　宿泊したレッド・シー・パレス・ホテルは近代的で、部屋の窓から、港と青い海がみえた。二〇一四年に世界文化遺産に登録されることになる旧市街はホテルから二〇〇メートルほどのところにあった。幾何学模様の格子細工の出窓を持つ古い家々が建ち並んでいて、「ああ、これが本場のアラビアか」と、感慨を胸に散策した。夕方になると、海辺の遊歩道にたくさんの人々が夕涼みがてらピクニックにきていた。


　サウジアラビアを訪問したあと、飛行機でバーレーンに向かった。五年前に留学先のカイロに向かう途中、人生で初めて踏んだ異国の地である。ペルシャ湾に浮かぶ小さな島国で、南北約五〇キロ、東西約二〇キロ。世界中の金融機関がオフィスをかまえ、中近東の金融の中心地になっている。首都のマナーマ市は、高層ビルやホテルが林立し、ハイウェーが延び、近代的な佇まいだ。どのビルもなかは寒いほどクーラーが効き、うっすらと香水の香りが漂っている。しかし一歩裏通りに入ると、古いスーク（市場）が四方八方へと広がり、食料品、雑貨、衣料品、絨毯などであふれ、現地人のほかに、出稼ぎのインド人、パキスタン人、フィリピン人などが買い物をしている。

　わたしが所属する銀行の駐在員事務所は、「ヤティーム・センター」という地元の財閥が経営する九階建てのビルに入居していた。地上階など下のほうの階はショッピングモールで、事務所は三階にあった。三人の日本人駐在員と、運転手を含め、三人の現地スタッフが働いていた。以前の運転手は口髭を生やした若い男だったが、麻薬を二回くらいやって解雇され、そのあとマンスールという肌の浅黒い、痩せた男になった。白い民族衣装姿のマンスールは、車を運転しながら「会社は自分の英語の勉強のために研修にも行かせてくれないし、金も出してくれない。ノーヘルプだ！」と盛んに愚痴る。こちらは、英語なんていくらでも自分で勉強できるでしょ、と思いながら適当に聞き流す。

バーレーンではエジプト留学時代に知り合った日経新聞の記者や住友銀行の駐在員に会い、サウジアラビア、オマーン、イエメンの政治状況、近々ユーロ市場に出てきそうな中近東案件、原油価格の見通しなどについて情報交換をした。

マナーマ市内のオリエンタル・パレス・ホテルという留学時代にも泊まったホテルで一泊し、夜の便でオマーンの首都マスカットに向かった。機材は、アラブ首長国連邦、オマーン、カタール、バーレーンの四ヶ国が共同出資し、バーレーンに本社があるガルフ・エアーのトライスター（ロッキード社製、座席数約二百十）だった。サウジアラビア航空ではないので、とりあえずテロの危険はないだろう、やれやれ、という気分だった。

離陸するとすぐペルシャ湾を越え、アラビア半島南東部に入り、砂漠の上を順調に飛び続けた。マスカットまでの飛行時間は約一時間四十分で、到着予定は午後十時頃だった。

機内には、体格のよい英国人の男たち十五人くらいが乗っていた。離陸前からビールを飲み始め、ゴミ用の袋でつくった帽子を頭にかぶり、肩を組んでラガーマンふうの歌を歌っていた。オマーンでＬＮＧ（液化天然ガス）生産に携わっているロイヤル・ダッチ・シェルの社員たちらしく、バーレーンに試合にきた帰りのようだった。ＣＡたちは「あら、まあ」と目を丸くしているが、歌をやめさせるでもなく、時々彼らと談笑したりして、和やかな機内風景だった。

ほかの乗客の大半は、湾岸諸国でメイドをしているスリランカ人女性たちだった。全員がサリーや巻きスカートの民族衣装姿である。百人以上の大集団で、休暇で帰郷するところらしい。疲れているのか、ほとんどの女性が眠っていた。目覚めている女性たちも、にぎやかにお喋りをするでもなく、席にすわってひっそりとしており、湾岸地区における彼女たちの地味な社会的地位をそのまま反映しているかのようだった。

「あと十分ほどで着陸します」

機内アナウンスが流れたので、腕時計をみると、ほぼ予定どおりの飛行だった。

ところがそれから三十分くらいたっても、全然着陸する気配がない。それどころか、地上へ向けて高度を下げている気配すらない。

(なんか、おかしいな……)

夜のフライトが着陸態勢に入るときは、窓外に地上の灯(ひ)がちらほらみえるのが普通だ。ところが窓の外は漆黒の闇で、どれくらいの高度にいるのか、どこを飛んでいるのかまったくわからない。

心なしか機内の温度が上がったようで、額がじっとりと汗ばんでくる。

(これはきっと、なにかあったに違いない)

不吉な予感が、確信へと強まっていく。

そのうちピンピーンという甲高い呼び出し音が響き渡り、クルーは一人残らずコックピットに向かった。わたしの席はエコノミークラスの最前列で、ギャレーのすぐそばだったので、彼らの動きがよくみえた。

五分ほどでクルーが戻ってきた。全員ギャレーに集まり、重苦しい雰囲気で話し合いを始め、やがて一・五リットルくらいのプラスチック・ボトル入りのミネラルウォーターを回し飲みし始めた。

ガルフ・エアーでは二十ヶ国以上の国籍の人々が働いており、その便のクルーもヨーロッパ人、インド人、アラブ人など様々な人種で構成されていた。ヨーロッパ人の女性ＣＡが一口飲んでアラブ人の男性ＣＡに神妙な顔つきでボトルを渡し、男性ＣＡがインド人の女性ＣＡにボトルを渡す。十人ほどのクルーが次々と一口ずつコップも使わずにミネラルウォーターを飲んだ。

（こ、これは、水杯（みずさかずき）じゃないか⁉）

愕然としながらも、西洋でもやるんだなあと目から鱗が落ちる思いだった。

ふとみると、ヨーロッパ人の女性ＣＡが思いつめた表情で天を仰ぎ、胸で十字を切っていた。その光景に髪の毛が逆立ちそうになる。

日本人乗客はわたし一人で、もし死んだりすれば、新聞に顔写真付きで出るのは確実だ。それにしても、ああいうことは乗客からみえないところでやってほしいと思う。

まもなく機長からアナウンスがあった。

「機体のテクニカル・プロブレム（技術的な問題）のため、マスカットには行かず、アラブ首長国連邦のアブダビに向かいます」

わたしは左隣にすわった英国人らしい若い男性と顔をしかめ合った。ラガーマン・グループの一員のようだった。

アブダビに行くということは、飛んできたルートを引き返すということだ。あとで知ったが、ガルフ・エアーはアブダビ空港に自前の航空機整備の施設を持っており、滑走路の長さもアブダビのほうがマスカットより長いので、そちらに向かうことにしたようだ。

クルーたちがガタガタと大きな音を立てて機内食や免税品のキャビネットを一斉に片づけ始めた。

四角い金属製のキャビネットは所定の格納場所に押し込まれ、がっちりとロックされる。クルーがまるで敵討ちでもするかのような勢いで、通路などに置かれていた荷物を一つ残らず頭上やキッチン横の荷物入れにしまい、しっかり蓋をする。緊張感が漂うなか、慌ただしく通路を行き交い、乗客のシートベルト装着やテーブルの格納、座席の背もたれが垂直に戻っているかなどを確認する。

乗客は呆然とし、ラガーマンたちの歌声も止んだ。一方、スリランカの女性たちの大半はまだ眠っている。そもそもあまり英語もわからないのか、重大な事態に陥っているという認識もないようで、目覚めている女性たちも、ぼんやりとクルーの動きを眺めている。それをみて、こういうときはなにも知らないほうが幸せかなと思う。

「はい、そこの人たち、ちょっとこちらにきて下さい」

ＣＡのリーダーらしいアラブ人男性が、わたしと、隣の英国人の男性と、すぐ後ろのインド人男性の三人をギャレーのそばにある非常出口の前にくるよう呼んだ。

「いいですか。これから非常出口の開け方を教えます。非常出口は我々クルーが開ける予定ですが、胴体着陸のショックで我々が怪我をした場合は、あなたがたに開けてもらわなくてはなりません」

三人で彼の前に行くと、四十歳くらいのアラブ人の男性ＣＡは、緊張感を漂わせながらも、落ち着いた口調でいった。アラブ人は怠け者だという話は現地でよく聞くが、この男性ＣＡは驚くほどきびきびしており、こんなアラブ人もいるんだなあと感心する。

「これがレバーです」

肌が浅黒い中背の男性ＣＡは、非常出口の扉の右上に付いているレバーを指さす。

「このプラスチック・カバーを取り外し、なかのレバーをぐいっと引き下ろして下さい。そしてドアを押し開けるとシューターが自動的に出ます。万一、外の風などでシューターが機内に押し戻されてきたときは、足で蹴り出して下さい」

次に、非常出口を押し開けてからの行動を細かく指示された。わたしは、後方から乗客たちが押し寄せてきた場合、混乱を防ぐため、押し戻す役目を与えられた。

(上手くできるといいんだけど……)

子どもの頃から要領が悪く、何事も最初のときは上手くできないたちである。

説明を聴き終え、席に戻ると左隣の英国人の男が話しかけてきた。

「俺の名前はジョンだ。あんたの名前は？　……カナヤーマか。そうか、カナヤーマ。頑張ろうな、カナヤーマ！」

カナヤーマを連呼しながら右手を差し出してきた。まだ三十歳くらいの気のよさそうな男だった。

欧米では、ファースト・ネームで呼び合って、親密なコミュニケーションをとる。わたしの本名の下の名前は雅之で、英語ふうにするなら「マサ」とか「マイク」だろうが、わざわざそんなことをするのも迎合しているようで嫌なので、名前を訊かれたらいつも「金山だ」と答えている。相手はたいてい「ヤ」にアクセントを置き、「カナヤーマ」と呼ぶ。

「いやー、それにしても大変なことになったなあ。でもこんなのは何回もやってるぜ、かっかっか」

英国人の男性は、沈みがちな雰囲気を盛り上げようとする。

(えっ、何回も!?　結構若そうにみえるけど、そんなに緊急着陸を経験してるの？)

こちらが訝(いぶか)っていると、しばらくしていった。

「カナヤーマ、あんたこういうのやったことあるか？」

「いや、ない」

わたしが答えると、しょんぼりして自分の前の床をみつめた。

「俺も初めてだよ。……参ったなあ」

（なーんだ、カラ元気だったか）

普段なら苦笑するところだが、残念ながら、今はそんな元気もない。

自分の書類鞄からノートを取り出し、遺書でも書こうかと思う。しかし、なんとなく最悪の場合でも怪我くらいで済みそうな予感がして止めた。

トライスター機はゴーッという唸りを上げ、真っ暗闇のなかを飛び続けていた。時々機体がぎしぎし軋むが、大きく揺れることもなく、真っすぐに飛び続けている。もしダッチロールでもしているのなら、観念して遺書でも書くところだが、飛び方はまったく正常で、少なくともアブダビ空港まで戻って、胴体着陸をトライするところまではいけそうだ。機長のアナウンスはナチュラル・スピードのネイティブの英語で、一部聞き取れない箇所もあったが、車輪が出ないのが問題らしい。

二十分ほど飛ぶと、地上に光がみえてきた。

アブダビに近づいたようだ。この先どうなるかわからないが、地上に光がみえただけで気分が少し楽になる。

さあいよいよ胴体着陸かと思っていると、機長からアナウンスがあった。

「乗客の皆様にグッド・ニューズです！　車輪が出たようです」

機内で「オオーッ！」と、歓喜のどよめきが湧き起こる。

わたしと向き合ってジャンプシートにすわったアラブ人男性ＣＡやヨーロッパ人の女性ＣＡも目

を輝かせた。

（助かった……！）

半信半疑だったが、クラッカーでもパンパンパンと打ち鳴らしたい心境だ。隣の英国人男性も喜んでいた。

ところが五分ほどして機長から再びアナウンス。

「やっぱり駄目のようです」

その言葉に全員ががっくりした。目の前のアラブ人男性ＣＡは「もういい加減にしてくれ！」といいたげな表情。

機はアブダビ空港の近くまでくると旋回を始め、炎上・爆発防止のために翼の先端から燃料を空中に捨てる。暗い滑走路には消火剤が撒かれ、付近に何台もの消防車と救急車が赤いランプを点滅させ、待機していた。

胴体着陸の態勢に入り、乗客たちはクルーの指示に従って緊急着陸用の姿勢をとる。

わたしは頭を膝の近くまで下げ、後頭部で両手を組んだ。その姿勢で左隣のジョンを一瞥すると、彼は両手で両足首を摑んでいた。

（あれっ、間違ったかな？）

なにが正しいのかわからないが、ジョンと同じ姿勢にした。

機が高度を下げるなか、着陸二分くらい前になると、クルーが大きな声で一斉に唱和を始めた。

「ブレース・ダウン・ティル・ザ・プレイン・ストップス！（機が停まるまで緊急着陸姿勢！）」

「ブレース・ダウン・ティル・ザ・プレイン・ストップス！」

目の前のジャンプシートのヨーロッパ人やインド人のクルーも、アラブ人男性ＣＡにリードされながら、あらん限りの声で繰り返す。

（うわー、こんなふうにやるんだ！　凄いなあ！）

エンジン音を背景にクルーの声が響き渡る機内は緊張感に満ち、生きるも死ぬもあと一、二分で決まるのだと、わたしは自分の革靴のつま先と床をみつめ、覚悟を決めた。

ふいにガタンという音がして翼の下の車輪が地面に接触し、ゴゴーッという轟音を立てながら滑走して行く。大きな衝撃もなく、普通の着陸だった。

（無事でありますように！）

祈りながら頭を下げたままの姿勢で辛抱する。

三十秒くらいするとクルーの「ブレース・ダウン」の唱和が止んだ。

顔を上げると、飛行機は何事もなかったかのように滑走を続けていた。窓の外を輝くような銀色の照明を浴びるアブダビ空港の夜景が流れていく。

機内の様子は先ほどとまったく変わらず、どこも壊れていない。完全に普通の着陸だったようだ。

大きな拍手が湧き起こり、わたしは隣のジョンとがっちり握手をした。クルーたちも心底ほっとした表情。スリランカの女性たちも、細かい事情までは理解していないようだが、いいことがあったと感じているらしく、皆、嬉しそうにしている。結局、車輪は出たようだ。

やがて降機が始まり、タラップで地上に降り、ついさっきまで乗っていたトライスターを振り返ると、検査のための印として前輪に赤いテープが巻かれていた。

アブダビ空港内で、マスカット行きの代替機が用意できるまで二時間ほど待った。

（ああ、助かったんだなあ！）

カフェテリアでコーヒーを飲みながら、生きている喜びをしみじみ噛みしめた。

他の乗客たちも嬉しそうに談笑したり、ビールを飲んだりしていた。


それから約半年後の翌年五月中旬、ジェッダからマスカットに行くガルフ・エアーのボーイング７６７に乗ると、あのアラブ人の男性ＣＡが乗務していた。同僚のクルーにてきぱきと指示を出し、緊急着陸のための態勢をつくり、最後は「ブレース・ダウン」の唱和の音頭取りをした彼のリーダーシップには感銘を受けたので、顔はよく憶えていた。

「ハーイ、ドゥ・ユー・リメンバー・ミー？」

そばに近寄って声をかけると、相手は怪訝そうな顔つきになった。

「ほら、去年、オマーンからアブダビに戻って、緊急着陸したとき、あなたの前にすわっていたのが僕だよ」

そういうと、ぱっと満面の笑顔になった。

「オオーッ、ナイス・トゥ・スィー・ユー・アゲーン！」

そういって、わたしの右手を強く握ってきた。

## 第四章　メイク・アンバンカブルズ・バンカブル

### 1

ロンドンに赴任して二年がたとうとする頃、国際金融課のボスのロスが突然銀行を辞めた。実績が上がらなかったので、居づらさを感じていたのは間違いない。カラ元気を装いつつも空回りしている感じで、半年以上も前から用もないのに外出が多かったので、ずっと職探しをしていたようだ。

転職先はチェース・マンハッタン銀行の香港法人で、シンジケーションの担当だという。わたしが手がけたトルコ・中近東の主幹事やアルジェリアの貿易金融などを、自分の実績としてアピールしたことは想像に難くない。

邦銀よりは業界ステータスが高い一流米銀への転職だが、肩書はバイス・プレジデント（課長級）なので、現在のデピュティ・ゼネラル・マネージャー（次長級）からは格落ちだ。米銀は邦銀以上に社内が分業体制になっているので、これまでのように顧客に会って案件を発掘したり、いろいろなタイプの取引を創意工夫しながらつくったり、新たな分野を開拓したりしていく面白さもない。

営業の担当者が獲得してきた案件を売るだけの仕事である。

ロスの退職は子分たちにとって青天の霹靂で、皆暴風雨に襲われたネズミのような恐慌状態に陥った。

北欧担当のヴィンスはすぐに辞めた。どこの金融機関にも拾ってもらえず、真偽のほどは不明だが、友人と二人でスポーツジムかなにかのビジネスを始めるという。ロス一派の契約書類作成をやっていた年輩の女性、彼らの稟議書を書いたり、事務手続きをやったりしていた三十歳くらいのアシスタントの女性、秘書の中年女性もすぐに辞めた。親亀こけたら皆こけるで、英米の組織のあり方を目の当たりにした思いがした。

そうしたなか、南欧担当のパトリックだけが違っていた。辞めるどころか、ロスの後任の次長になろうと、猛然とアピールを開始したのだ。眼鏡にちょび髭の、ぬぼっとした感じの大男で、ロスの退職は自分にとって大いなるチャンスだと思ったようだ。しかし、実績はさっぱりだったし、自分の案件獲得状況や収益に関する報告書をごまかしたりするような男だったので、信頼はまったくなかった。

それでもなんとかチャンスをものにしようと、二、三ヶ月粘った。直接訴えられた国際金融担当の副支店長は「パトリックはタバコのヤニみたいに辞めねえんだよ」とぼやいていた。英国では、業績不振や組織改編など、きちんとした理由がないと、従業員を簡単にクビにはできず、本人が解雇の理由に納得せずに会社を訴えるのは日常茶飯事なので、銀行側も対応に苦慮していた。

パトリックは「ロスは無能な男だった。あいつには仕事の邪魔をされた。あいつがヘッドだったので、国際金融課の実績は上がらなかった。自分は業界では引く手あまたの有能なバンカーだ。自分をヘッドにすれば、素晴らしい課にして、驚異的な実績を上げてみせる」と猛烈に売り込んだという。それを聞いて、あの男は、日本人なんか簡単に騙せると考えているんじゃないかと思った。欧米の白人には、アジア人を舐めてかかるような人間がしばしばおり、パトリックも前々からそういう言動があった。

その一方で、パトリックは外出が多くなり、懸命にヘッドハンターの面接を受けている様子だった。まもなくロスの後任として、わたしより七年次上の人事部出身の日本人が着任したので、ようやく自分の目はないと悟ったらしかった。その後は、自分の退職を会社都合による退職（リダンダンシー）にして、少しでも多く退職金を手に入れる方向へと闘争方針を転換し、やがて辞めていった。ヴィンス同様、拾ってくれる銀行はなく、金融業界からは完全に姿を消した。

国際金融課では、二年前にわたしが着任して以降も、新たなスタッフを何人も採用しており、ロス一派はたいして仕事もしていなかったので、彼らが辞めても支障はなかった。

北欧の担当には、ヴィンスの下で稟議書を書いたりしていたキースというオーストラリア人の男が昇格し、南欧はパトリックの下にいたステファンというイタリア人の男が担当になった。アダムという英国人、翌年くらいにリカルドという英国育ちのイタリア人もアシスタントとして入社してきた。この二人は特に優秀で、アダムのほうは一、二年後に野村証券に高給で引き抜かれた。

わたしは国際金融課のナンバーツーになり、担当は以前同様、中近東・アフリカだったが、それ以外の地域の案件もスーパーバイザー的にサポートするようになった。

三年目のシーズンは、例年同様、トルコの葉タバコ輸出前貸しで幕を開けた。中近東・アフリカは、原油の採掘以外は農業が主要産業なので、春先から案件が出てきて、夏から秋にかけて活発になり、冬の到来とともに静かになる。

春先のファイナンス・シーズンの口火を切るのが、トルコの葉タバコ輸出前貸しである。葉タバコの担保が付くので、銀行の間で人気があった。この年は、エムラク銀行が「去年より一千万ドル増やして、二千五百万ドルでやりたい」といってきたので、富士銀行（現・みずほ銀行）、安田信託銀行（現・みずほ信託銀行）、北海道銀行の三行を呼んで、オールジャパンのクラブディールを四月に取りまとめた。

トルコの葉タバコ輸出前貸しを国際金融市場に持ち込んだのは米系のバンカース・トラスト銀行である。ロンドンにきてまもなく、同行がつくったインフォメーション・メモランダムを読むと、大学生の論文のようにタバコの生産・輸出についてわかりやすく解説してあり、こういうことをやるバンカーがいるんだなあと感心した。国内支店にいた頃は、業務量やノルマに追い立てられるだけで、周囲にモラルが高い人もあまりおらず、こういう知的好奇心をかき立てるような仕事にはなかなかお目にかかれなかった。当時、バンカース・トラストはデリバティブ（金融派生商品）でも世界トップクラスで、創意工夫を貴（たっと）ぶ企業文化を持っていた。

同行ではジョン・オングという、わたしより二歳くらい若く（この時点で三十歳くらい）、落ち着いた感じの米国人男性がイスタンブール事務所長を務めていて、彼がトルコのタバコ産業について調べ、メモランダムを書いたらしかった。金髪にそばかすという一つの典型的な米国人の風貌で、トルコの銀行が主催したボスポラス海峡クルーズ・パーティーなどで何度か会ったが、思考が柔軟そうだった。バンカース・トラストで十八年間働いたあとは、仏系のBNPパリバ銀行やオランダ系のABNアムロ銀行のハイイールド（ハイリスク・ハイリターン）部門などの幹部を務めた。

中近東・アフリカでは、ボロワーの信用力が低く、なんらかの担保がないとなかなか融資はできない。わたしはいつも「メイク・アンバンカブルズ・バンカブル（銀行取引に適さないものを、適するように変える）」と呪文のように唱えながら仕事をしていた。バンカース・トラストが考案したトルコの葉タバコ輸出前貸しは、まさに「アンバンカブル」な案件を「バンカブル」に変える、優れた仕組み（ストラクチャー）だった。

## 2

葉タバコとは、収穫して乾かしたタバコの葉のことだ。

トルコで生産されている種類は「ターキッシュ・タバコ」である（「オリエンタル・タバコ」とも呼ばれる）。葉が小さく、天日干しされ、香りが強く、紙巻タバコやパイプ用に使われる。

当時、トルコは葉タバコの世界六大輸出国の一つだった。当時の輸出量でみると、一位は米国（二二三万トン）、二位はブラジル（一九万五〇〇〇トン）で、三位から六位に、ジンバブエ、ギリシャ、イタリア、トルコが十一万トンから一二万トンで肩を並べている。輸出先は、米国向けが四五パーセントで、そのほか日本やヨーロッパに輸出されている。日本のバイヤーはJT（日本たばこ産業）である。

トルコの葉タバコの約七割がエーゲ海沿いの地域で生産されている。生産と輸出のサイクルは二年間にわたり、毎年三月頃、小さな緑色の苗が畑に植えられる。このときトルコのタバコとアルコール飲料の専売公社であるTEKEL（テケル）が各生産者（農家）に対し、作付面積や見込み収穫量の証明書を発行する。八月から九月にかけ、生産者は葉タバコを収穫し、天日で乾燥し、梱包の準備をする。それが終わると、TEKELが検査し、重量と等級を確定し、証明書を発行する。十月になると、政府が葉タバコの最低価格を発表し、十一月から十二月にかけ、外国のバイヤーからトルコの葉タバコ商社に仮注文が入り始める。トルコの商社は生産者から直接買い付け、TEKELの証明書とともに所有権が移転する。このときTEKEL自身も生産量全体の三分の一を買い付ける。商社が生産者に前払金を払った場合は、TEKELの証明書にその内容が記載され、生産者がTCジラート銀行（国営農業銀行）などから生産資金の融資を受けた場合も記載される。翌年一月から三月にかけ、生産者は葉タバコを商社に納め、代金の支払いを受け、銀行などからの借金を返す。

このあたりのことは、明治生まれの祖父が農家をやっていた頃の話を聞いていたので、実感をもって理解できた。屯田兵二世である祖父は、わたしも生まれ育った北海道雨竜郡秩父別町（うりゅうぐんちっぷべつ）で農家をやっていて、秋になって作物を収穫し、それを売った金を腹巻に入れ、春先につけで買った商店や農協に金を返済して歩いていたそうである。そうするといくらも残らず、「これでは食べていけない」と隣町の役場の職員になり、その後「金山さん、神主の資格をとったらいいよ」と勧めてくれる人がいて、戦前に資格をとって神主になった人だった。

話をトルコの葉タバコに戻すと、葉タバコ輸出商社は農家から買い付ける際に、たいてい地元の銀行から融資を受ける。倉庫にある葉タバコは銀行の担保となり、担保（抵当権）設定契約書は公正証書にされ、TEKELにも登録される。

十月になると、政府が葉タバコの最低輸出価格を発表し、翌年一月から三月頃まで順次船積みされる。その際、TEKELの輸出許可が必要なので、葉タバコを担保にとったトルコの銀行は、船積みを許可する通知をTEKELに送り、船荷証券をはじめとする船積書類や為替手形と引き換えに、担保を解除する。その後、トルコの銀行は、海外のバイヤーの支払い銀行に船積書類や為替手形を送り、代金を取り立て、その資金で商社に対する融資の返済を受ける。

このように生産と輸出のサイクルに常にTEKELが関与し、葉タバコの所有権はTEKELが発行する証明書によって明らかになるので、担保にとりやすい。国によって厳格な管理がおこなわれているのは、葉タバコが貴重な外貨獲得源だからだろう。

トルコの銀行が葉タバコ商社へ融資をするための資金を提供するのが、我々外国銀行が葉タバコ輸出前貸しとして組成するシンジケートローンだ。その際外国銀行は、トルコの銀行が葉タバコの在庫に設定した担保（抵当権）の譲渡（アサインメント）を受け、必要に応じて担保関係書類や実際の在庫をチェックする。

万一なんらかの理由や事故で、トルコの商社から返済がなされない場合でも、トルコの銀行は我々外国銀行に対して返済義務を負う（すなわちフルリコース）。外国銀行からみれば、基本はトルコの銀行リスクの融資だが、それだけでなく、タバコの在庫を担保にとれるという信用補完機能が付いている。ただし抵当権の譲渡は契約書上だけで、航空機や不動産のようにどこかに登記（登録）したりできるわけではないので、効力はやや弱い。この仕組みは、日露戦争の戦費調達のため日本政府が一九〇四年（明治三十七年）五月、ロンドンとニューヨークで総額一千万ポンド（約九千六百四十八億円）の外債を発行したときに関税収入を担保にしたやり方に似ている。

審査部門の承認もとりやすく、人気の葉タバコ輸出前貸しであるが、わたしは痛い目にも遭っていた。この前年、トルコの中規模銀行であるイクティサット銀行向けに二千万ドルのシンジケートローンを組成したときのことだ。太陽神戸銀行（現・三井住友銀行）が三分の一くらいを引き受けてくれ、いい形で市場に出したところ、売れ行き好調で三千万ドルくらい集まった。

しかし、契約書類作成作業（ドキュメンテーション）に入ると、突然イクティサット銀行が「ほかの融資契約書のなかにネガティブプレッジ条項があるので、葉タバコの担保の譲渡はできない」といってきた。ネガティブプレッジとは、債務者が自分の資産を勝手にほかの債権者に担保として差し入れてはいけないという取り決めで、たいていの融資契約書に入っている。

「いや、ちょっと待って下さい。それではシンジケーションの大前提が崩れてしまう。そもそも葉タバコの担保というのは、ネガティブプレッジで差し入れを禁止されている『資産』にあたるんですか？　仮に『資産』にあたるとしても、ネガティブプレッジは新規に取得する資産は普通除外しているでしょう？」と反論したが、「弁護士がそういっているので、我々にはどうしようもない」という。

埒（らち）が明かないので、急遽（きゅうきょ）イスタンブールに行って、先方の国際部長や弁護士と数日間話し合った。弁護士はホワイト&ケースという米系法律事務所のイスタンブール・オフィスに勤務するわたしと同年配の米国人の男だった。わたしは「本件はもうすでにシンジケーションが出来上がっている。今さら、担保の譲渡ができないといわれても困る。ほかのトルコの銀行は皆そうしているでしょう？

ネガティブプレッジ条項の規定からいって、そちらの主張はおかしい。そんなことをいったら、航空機ファイナンスやプロジェクトファイナンスもできなくなる」と説明したが、米国人弁護士は「少しでも顧客（イクティサット銀行）にリスクのあることは俺は認めない」、イクティサット銀行は「弁護士がいっているので、わたしたちはできない」の一点張りだった。トクゴズという女の国際部長は英国で教育を受けたらしく、「ウイ・カーント（我々はできない）」「アイ・カーント」と英国流で繰り返した。はらわたが煮えくり返る思いだったが、すでに市場でローンチしており、調印できなければこちらにとっても大恥である。また契約書作成のためにすでに七千ポンド（約百五十七万円）くらい使っていた。原因をつくったのはイクティサット銀行なので、案件が駄目になった場合、経費は当然彼らが支払うべきだが、この調子ではそちらも拒否してきそうだった。

交渉が物別れに終わってロンドンに戻ると、吉澤副支店長に「おい、無理するなよ。敵地で交渉すると引っ張られるからな。駄目だったら諦めてもいいから」といわれた。

こうなったら、葉タバコの担保権の譲渡なしでやるしかないが、そうなると信用力が低くなるので、プライス（金利と手数料の合計）を上げないと理屈に合わない。トクゴズ国際部長にそのことを話すと、再び「ウイ・カーント」「アイ・カーント」である。「イクティサット銀行は国際金融市場で信頼が高いので、そのようなプライスの引き上げは必要ない」と臆面もなくいう。当時、同行の頭取はエロル・アクソイという有名なワンマンだったので、彼女は頭取を恐れ、プライスの引き上げを簡単にいい出せなかったようだ。契約書のドラフトを作成したアレン・アンド・オーヴェリー法律事務所のホースフォール＝ターナーというパートナーに「イクティサット銀行がこんなことをいっている」と話すと、「けっ、そんな理屈がどこにある！」と吐き捨てた。参加をコミットした銀行からは、いつになったら契約書のドラフトを送ってくるのかと問い合わせが入るようになった。

頭から湯気が出そうなのをこらえ、同行のロンドン駐在員事務所の英国人所長ウィルキンソン氏を交え、しばらくすったもんだの話し合いの末、ようやく先方が金利スプレッド（利鞘）の引き上げに同意した。また①葉タバコ商社に対する個々の融資についての報告義務、②イクティサット銀行の信託口座（エスクロウアカウント）をわたしの銀行に開設し、そこに葉タバコ輸出代金を振り込むこと、③個別の融資案件やイクティサット銀行に対する銀行団の調査権限など、通常の葉タバコ輸出前貸しにはない仕組みも加えた。

国際審査部に融資条件の変更を申請して承認をもらい、まず引受銀行の太陽神戸銀行（現・三井住友銀行）に説明に出向いた。同行のロンドン支店は同じコマーシャル・ユニオン・ビルの上の階に入っていた。応接室で馴染みの今野さんという国際金融担当次長にことの次第と新たな融資条件を説明すると「金山さん、申し訳ないんですが、うちは担保が前提で承認をもらっています。このストラクチャーでは、引受けも参加もできません」といわれた。もっともなことで、「申し訳ありません。これに懲りず、今後ともよろしくお願い致します」と頭を下げるしかなかった。

引受銀行が降りるというのは一大事で、案件の信用が大きく揺らぐ。しかし、もはや選択肢はない。慎重に説明のテレックスを作成し、袋叩きを覚悟で全参加銀行に送った。

銀行団が崩壊するかと思ったが、集まった約三千万ドルのうち千八百万ドルくらいが残った。一方、イクティサット銀行からは「もう千二百万ドルでいい」といってきた。すでに葉タバコのファイナンス・シーズンがすぎ、資金需要がなくなったのだ。

四月初旬にローンチした案件だったので、本来なら五月中旬には調印できたはずだが、二ヶ月以上遅れた。参加銀行は、アル・アハリ銀行（クウェート）、アラブ・バンキング・コーポレーション（バーレーン）、バコブ貯蓄銀行（ベルギー）、オーストラリア・コモンウェルス銀行、ノルドバンケン（ノルウェー）など九行だった。これらの銀行には助けられた。調印式はわたしの銀行の会議室でおこなった。小さな額で、ケチのついたひどい案件だったが、とにかくクローズできてほっとした。

以後、イクティサット銀行との付き合いは一切断った。一度、トクゴズの部下のマネージャーの男が電話をかけてきて「おたくの東京本部にLCを送ったけれど、コンファームできないといわれた。なんとか東京本部にかけあってくれないか」と頼まれたが、「イクティサット銀行には与信枠を設定していない」と一蹴した。わたしが呪ったせいではないが、二〇〇〇年から二〇〇一年にかけてトルコで金融危機が起きたとき、同行は別の中堅銀行であるデミール銀行とともに倒産した。

トルコの葉タバコの集散地はエーゲ海沿いの港町イズミールである。イスタンブール、アンカラに次ぐトルコ第三の都市で、当時の人口は百七十四万人。歴史家ヘロドトスによると、紀元前一〇〇〇年頃に古代ギリシャを構成していた三大集団の一つ、アイオリス人たちによって建設された。

その後、同じ古代ギリシャ系のイオニア人の支配をへて、リュディア、アケメネス朝ペルシャ、アレクサンドロス大王、ローマ帝国、東ローマ帝国、オスマン帝国など、様々な勢力が興亡し、国際商業都市として栄えた。トロイア戦争などを詠った長編叙事詩『イーリアス』と『オデュッセイア』の作者とされる紀元前の吟遊詩人ホメーロスはイオニア時代にここで暮らし、二十世紀の海運王アリストテレス・オナシスは、オスマン帝国時代にこの町のギリシャ人家庭に生まれた。

冬でも日差しが明るく、風光明媚な町である。海岸通りには、瀟洒なアパルトマンが建ち並び、南フランスかイタリアの海辺のリゾートのようだ。夏になると、ヨーロッパを中心に世界中から観光客が訪れ、ここを拠点に、古代遺跡で有名なエフェソスやトロイアへと足を延ばす。

イズミールには当時数十社の葉タバコ商社が集まっており、訪問したことがあった。葉タバコの買い付けや輸出のやり方がバンカース・トラストの情報どおりか確認し、もし可能ならトルコの銀行をとおさずに直接融資ができないか検討するためだった。訪れたのは、米国系のフェレメンク・テュルク・テュテュン社（テュルクはトルコ語でトルコ、テュテュンはタバコを意味する）、スピーラー・テュテュン社、家族経営のアナドル・フラナ・テュテュン社、オーストリア系のオーストロ・テュルク社、ドイツ系のテュテュンテックス社などだ。どの会社もオフィスに入ると、葉巻に似た甘い葉タバコの香りが濃厚に漂っていて、その芳香に感嘆させられた。ＪＴに輸出している会社も多く、各社とも取引額は円貨換算で年間数億円だという。ＪＴは三菱商事と三井物産をつうじて買い付けていて、二社くらいから「おたくの銀行のロンドン支店からＬＣを受け取ることもあるよ」といわれた。

イズミールにはＪＴの駐在員事務所もあり、日本人の駐在員がいたので、トルコの個々の葉タバコ商社の評判や、世界的なタバコの生産・消費動向について意見を聴いた。同氏によると、タバコの引き合いは世界的に強くなっているという。要因の一つが、この翌年に崩壊するソ連の経済的苦境である。自国のタバコ産業に対する保護政策を続けられなくなり、生産量が激減し、それに代わってソ連以外の葉タバコに対する需要が高まっているという。その恩恵でトルコの低い等級のタバコも在庫が一掃されたそうだ。

イズミールには、エーゲ海地方の主要な葉タバコ生産地であるアクヒサルを発祥の地とする、その名もテュテュン（タバコ）銀行という地方銀行の本店もあった。

葉タバコ商社によると、外国の銀行でもユナイテッド・オーバーシーズ・スイス銀行（ドイツのドレスナー銀行とフランスのＢＮＰ〈パリ国立銀行〉の合弁子会社）、バンカース・トラスト銀行のチューリヒ法人、インドスエズ銀行のベルギー法人などが、直接葉タバコ商社に融資をしているという。もしわたしの銀行がやるとしたらどのような手続きになるか、特に担保設定や輸出関係書類の受渡方法などについて細かく話し合ったが、一件あたりの融資のサイズ（百万〜三百万ドル）のわりに手続きが煩雑で、ペイしないと感じて見送った。

また、葉タバコ商社は、葉タバコ価格が上昇すると予想したときは、在庫を抱え込んで相場を張ったり、農家にはトルコリラで払うが輸出で入ってくるのはドルなので、外国為替で相場を張ったりしている会社があるという話もあった。やはり現地に支店か事務所を持っていないと、リスクを摑み切れないと思った。

実際、この数年後、かなりの数の葉タバコ商社が、相場の博打に失敗して倒産したと聞かされたので驚いた。

## 3

トルコの葉タバコ輸出前貸しが佳境に入る三月の最後の日曜日の午前二時、英国はサマータイムに変わる。

　この頃、ローマ帝国支配下のエルサレムにおいて、ユダヤ暦で大麦の収穫の始まりを祝うニサン月の十四日の金曜日（西暦三〇年四月七日）に十字架で磔になったキリストが、三日目に復活したことを祝うイースターがめぐってくる。欧米では珍しく太陰暦を用いる祝祭日で、年によって三月下旬になったり、四月上旬から中旬になったりする。

　松任谷由実の初期の作品に『ベルベット・イースター』という曲がある。「〽小雨の朝　光るしずく　窓にいっぱい」「〽空がとってもひくい　天使が降りて来そうなほど」という歌詞は、英国のイースターの空気感そのものだ。明るい日差しが降り注ぐ、日本のぽかぽかした春と違い、英国の春は曇りや小雨の日が多い。まだ冬の名残があり、底冷えのする日も少なくない。イースターの休みの朝はそこはかとなく厳かで、物音一つせず、ときおり鳩がデデッポーと低く鳴くのが聞こえるくらいである。『ベルベット・イースター』は、メロディもどこかひそやかな感じのする英国のイースターによく合っていて、この季節になると思い出す。

　英国では金曜日の「グッド・フライデー」から月曜日の「イースター・マンデー」まで四連休になる。

　この時季が近づくと、スーパーでは、昔、教会で子どもたちに配っていたカラフルな模様を描いた「イースター・エッグ」（当時、卵は貴重品だった）を模したチョコレートや、十字架を描いたパン「ホット・クロス・バン」が売られる。

　祭のクライマックスは日曜日の「イースター・サンデー」である。どこの教会でも午前中、ミサがおこなわれ、普段教会に行っていない人々も詰めかける。ミサが終わって、教会から出てくる人々をみると、欧米系白人、アジア系、アフリカ系と、人種も年齢も性別も様々で、日本の正月の初詣のような感じである。むろんインド、アラブ、ペルシャ、ユダヤ系はいない。この日は、スーパーや商店のほとんどは営業しない。

テレビでは、午前中、カンタベリー大聖堂の荘厳なミサの様子やローマ教皇のメッセージがテレビ中継され、午後は、テームズ川でおこなわれるオックスフォード大学とケンブリッジ大学の対校ボートレースが中継されたりする。

英国でキリスト教関係の休みは、春のイースターと冬のクリスマスしかなく、この二つは宗教的に最も重要な行事である。

イースターの休暇は四日間なので、英国内や近場のヨーロッパに旅行をすることが多い。

ロンドンにきて間もない頃、初めてのイースターは、同じ時期にカイロに語学留学していた東海銀行の飯塚さんという人が、アムステルダムの駐在員になっていたので訪ねた。少し寒い空気のなか、車でアムステルダムの街や近郊の村を案内してもらい、風車や運河やアンネ・フランクの家をみたり、チューリップの名所、キューケンホフ公園や、ユーロポート（世界最大の石油化学工業製品の集積地）があるロッテルダムに連れて行ってもらったりした。

二年目は、英国北部、ニューカッスル近郊にある昔の銀行家の邸宅だったホテルに宿泊し、散策や食事を楽しんだ。

英国には、「マナーハウス」と呼ばれる、貴族や金持ちの屋敷をホテルにしたクラシックで贅沢な宿がある。こちらは「ホール（hall）」という名前が付いたものが多い。カズオ・イシグロの『日の名残り』に出てくる（架空の）ダーリントン・ホールも、そうしたマナーハウスだ。食事は邸内のきちんとしたレストランでコース料理を食べる。服装は今でこそスマート・カジュアルでもよいが、以前は、夕食のときはタイ&ジャケットが推奨されていた。夕食のあと、暖炉がある大きな居間で、コーヒーやブランデーを楽しんだりもできる。邸内をみて歩き、昔のお金持ちの暮らしぶりを知る楽しみもある。宿泊料金は現在の値段で、一室あたり一泊二百〜三百ポンド（約三万二千円〜四万八千円）である。

三年目はスペインのバルセロナに三泊四日の旅行をした。このときは、初日に、トルコの大手銀行の国際協調融資案件にビッド（融資提案）するための稟議書がなかなかとおらず、グッド・フライデーで人気のないオフィスに出て、東京の国際審査部とやり取りをしたり、追加の説明書を送ったりした（日本は平日で、皆仕事をしていた）。そのため予約していた飛行機に乗れず、夜遅くの便でロンドンを発った。

少し疲れもあったので、バルセロナでは、食事で外出する以外は、ホテルで城山三郎の『雄気堂々』や渡辺淳一の『まひる野』などの文庫本を読んでのんびりした。

食事は、スペイン名物のアングーラス（ウナギの稚魚）の塩、ニンニク、オリーブ・オイル炒めをよく食べた。これは銀行の一年後輩の高野君というマドリード支店の行員が、仕事をしないことで有名な副頭取について、「あの人、スペインにくるとあればっかり食べてるんですよ」と教えてくれた料理だ。値段は結構高いが、ほかの国にはあまりなく、確かに美味である。カタツムリ料理で有名な「ロス・カラコーレス（カタツムリ）」という店もあるが、カタツムリは目が飛び出たままだったりして、みた目がちょっとグロテスクで、大して美味しくもないので、もしかすると救荒食物だったのかな、と想像したりした。

このときの旅では、あるレストランで、青年海外協力隊でタンザニアに行っていたことがある岩手県の建設会社の人と知り合い、意気投合して一緒にバルめぐりをした。古い石畳の道の両側に、立ち飲みバルが軒を連ねている通りがあり、ビールもつまみも安くて美味しく、何軒もはしごした。いろいろな国でビールを飲んだが、味がくっきりとしてコクがあるスペインのビールが一番美味いと思う。


仕事が忙しかったりして、旅に出られないイースターもあった。

五年目のときは、金曜日に、ジンバブエ最大の銀行であるジムバンクのLCコンファメーション案件に関し、自宅から東京の外国事務部に電話をかけて事務手続きなどについて確認し、ブランチを食べて居間でのんびりしていたら、日本人の上司からチェコ航空の件で電話があり、国際審査部あての追加説明書を書くため、オフィスに出勤した。午後八時頃まで仕事をし、夜遅くに自宅近くの「景福茶寮」という中華レストランで家内と夕食をとった。ここは香港からきたと思しい夫婦がやっていて、点心が美味しかった。単身赴任中は毎日のように持ち帰りで利用していたので、わたしが店に入ると若い男の店員が「ホット・アンド・サワー・スープ、牛肉と生姜と分葱の黒豆ソース炒め、特製炒飯でしょ?」と訊くので、注文する手間が省けた。母の日になると、背がすらりと高い大学生と思しい店主夫婦の娘が、親孝行でウェイトレスをやっていたりした。

翌土曜日は、ケンジントンのイタリアン・レストラン「ポンテ・ヴェッキオ」で、家内を交え、エジプト系米国人バンカーのムラード・メガッリ、彼の二卵性双生児のシスターで、ジャーナリストのモナ・メガッリと昼食。ハロッズを見物して帰宅後、ロンドン支店で航空機ファイナンスを担当している一年先輩の日本人行員にチェコ航空の件で電話。日曜日は、自宅で三週間前に行ったイスラエル旅行の写真を整理。月曜日は、朝からオフィスに出勤し、アテネとウィーンへの出張準備をしたあと、十日前にＩＲＡ（アイルランド共和国軍）のテロで爆破されたコマーシャル・ユニオン・ビルに同僚たちとヘルメットをかぶって入り、午後五時頃まで瓦礫のなかに埋もれた書類などを搬出し、午後八時頃まで臨時オフィスの設置作業をした。結局、この年のイースターはほぼ仕事でつぶれた。

　六年目は、初日は自宅で、北海道の両親に手紙を書いたり、仕事のために購読していたトルコの英字日刊紙「ターキッシュ・デイリー・ニューズ」を読んだりした。土曜日は、午後、オフィスに出勤して仕事をしたあと、ソーホーにあるラーメン店「波美音（はみね）」でラーメンと炒飯を食べて帰宅。三日目は、自宅で「ターキッシュ・デイリー・ニューズ」や「ＭＥＥＤ（Middle East Economic Digest）」を読んだあと、オフィスに出勤し、午後四時半頃から三時間ほど仕事をし、再び「波美音」で夕食をとり、帰宅後、再び「ターキッシュ・デイリー・ニューズ」を読んだ。この新聞は、毎日トルコから航空便で送られてくるので、出張などに出ているとすぐたまり、読むのが大変だった。しかし、読んでいれば、日々のトルコ情勢やトルコという国への理解が深まり、顧客への食い込みや国際審査部との議論で非常に役に立った。あるとき国際金融情報センターというカントリーリスクの調査をやっている大蔵省（現・財務省）系の研究機関に、国際審査部の副審査役がトルコについて意見を聴きに行ったら、「おたくの銀行には金山さんという有名な専門家がいるじゃないですか。どうしてうちに聴きにくるんですか？」といわれたそうである。四日目は午後に出勤し、午後八時頃まで焦げ付いたイランとアルジェリア向け債権の管理表などを作成した。

休日出勤は、人の少ない静かなオフィスで落ち着いて仕事をしたり、じっくり考え事をしたりできるので、嫌いではなかった。もちろん誰かに強制されていたわけでもないし、役付者（支店長代理）だったので残業代や手当もつかない（自宅からの往復のタクシー代だけは出してもらえた）。

当時を振り返ると、家内には寂しい思いをさせて申し訳なかったが、若い頃の暮らしというのはそんなものかもしれないし、夫婦で一生働きづめというケースも世のなかにはざらにある。あの徳川家康でさえ「人の一生は重荷を負うて遠き道を行くがごとし。（中略）不自由を常と思えば不足なし」といっているくらいだから、いろいろな制約や不自由が常にあるのが人の一生ではないだろうか。無理をせず、自分に心地よいペースで仕事をして、なにかを成し遂げられるはずもない。


旅に出るとしても、案件の状況をみながら、いつも数日前にフライトやホテルを予約していた。当然、行き先の選択肢は限られ、航空券代も高めだった。しかし、作家になってからは、仕事の進行は自分でコントロールできるので、数ヶ月前から予約し、行きたいところに、比較的安く出かけられている。特に、二〇〇〇年前後から、ライアンエアーとイージージェットという欧州の二大LCC（格安航空会社）が台頭し、以前では考えられないような安い料金で欧州・中近東へ空の旅ができるようになった。またホテルの予約なども、ブッキング・ドット・コムやホテルズ・ドット・コムなど、国際的な予約サイトができ、じっくり選べるようになった。それまでは、ガイドブックをみて事前に電話で予約したり、着いた日にツーリスト・インフォメーションで、宿を紹介してもらったりしていた。家内と一緒にいろいろな土地のツーリスト・インフォメーションに、お上りさんよろしく訪ねて行ったのは、懐かしい思い出である。

旅に出るときは申請中の案件で、国際審査部から追加説明書の提出を求められそうなものの資料をスポーツバッグ一杯分くらい持って出かけていた。休暇でも案件の進行は待ってくれないので、追加説明の要請があれば、すぐに書いて提出しなくてはならない。中近東やアフリカは、リスクの高い案件が多いので、ボロワーやその国の事情を一番よく知っているわたしが全力を傾けて書かないと、とおるはずの案件もとおらない。そのため旅行中に、追加説明書を書くのに一日くらい費やすのは当たり前で、休暇中でも臨戦態勢の「ゴルゴ13」状態だった。白濁したような青い地中海が美しい南仏のニースの海辺のホテルに泊まったときも、部屋で半日かけて追加説明書を書いてファックスで東京に送り、その間、家内には外で一人で遊んでもらった。

旅先で銀行の看板をみたりすると、「ああ、この銀行はあの案件をデクライン（辞退）した銀行だなあ」とか、「あの案件に入ってくれた銀行の本店は、ここにあったのか」と思ったりした。

今、振り返ると、金融マン時代は、休暇中でも心と身体が完全に休まることはなかった。

英国でイースターの次の祝日は五月の「バンク・ホリデー」で、最初と最後の月曜日が休みになり、それぞれ土曜日から三連休になる。

この頃になると、朝四時頃から明るくなり、発情期の鳥が窓の外でチュンチュン鳴き、週末でもゆっくり寝られないので閉口する。朝、家を出ると、空気はひんやりと爽やかで、北海道の初夏の空気そのままである。生まれ育った秩父別町の神社の境内で、夏の間じゅう鎌で雑草を刈っていた作業着姿の祖父と父の姿がよみがえったりする。

八月の終わりにもう一度バンク・ホリデーがあり、それが過ぎて秋になると、徐々に日が短く、日の出も遅くなる。

十月の最後の日曜日の午前二時に冬時間になり、時間が一時間元に戻る（それまで朝六時だったのが五時になる）ので、かなりゆっくり寝られるようになる。紅葉が美しい季節で、公園や近所の木々で暮らしているリスの毛が、夏の茶色から冬に備えた白に変わり、丸々と太りだす。やがて道に落ち葉が降り積もって黄色と茶色の絨毯をつくり、日によってはあたり一帯に朝靄がかかる。

十二月に入ると、朝方の気温が氷点下の日がちらほら出てきて、地上に白い霜が降りる。日没の時刻が急速に早まり、午後三時半頃には暗くなって、オフィスではその時刻になると今日の仕事はもう終わり、あとはパブで飲むだけという雰囲気が漂う。街のあちらこちらでクリスマスソングが流れるのは日本と同じである。

ロンドンは冬はそれほど寒くならず、雪が降るのは年に数回しかない。付近を北大西洋海流という暖流が流れていて、その上空の湿った暖かい空気を偏西風が運んでくるからだ。そのため雪に対する備えがあまりできておらず、五センチ積もっただけで公共交通機関は大混乱に陥り、下手に外出すると帰宅できずに遭難する可能性すらある。そんなときでも日本人は雪のなかを歩いて出勤してくるが、英国人は急用でもない限り会社を休む。

当時、ロンドン支店から申請している重要案件に関しては、吉澤副支店長が夜、自宅から日本に電話して、国際審査部長や副部長に説明していた。朝、支店に出勤すると、吉澤副支店長のところに行って「どうでしたか?」「まあいけると思うよ。弦間さん（国際審査部長）も、だいたい納得してくれたから」というような会話をしていた。吉澤副支店長は、冬時間になると「時差が九時間になったから、だいぶ身体が楽だよ」とほっとしたように話していた。それまでは朝九時の日本に電話をかけるには、夜中の一時に起きていなくてはならなかったが、十二時で済むようになる。

その頃、血気盛んな若者だったわたしは、「どうして案件を一番よく知っている自分が説明できないのか？　うちの銀行は官僚的すぎるんじゃないか」などと不満を持っていた。しかし、振り返ってみると、融資というものには絶対大丈夫という正解がないので、経験のあるほかの人の目がとおるのはいいことだった思う。どんなに金融技術やＡＩ（人工知能）が発達しようと、融資には正解がない。そこが面白さでもある。

クリスマスは、イブの十二月二十四日からオフィスは休みモードに入り、皆、午後三時くらいには帰宅する。十二月二十五日と二十六日は休みで、クリスマス当日の二十五日は、バス、地下鉄など公共交通機関が全面的にストップし、商店やレストランも閉まる。ただし、インド人、パキスタン人、アラブ人など、非キリスト教徒が経営する店は営業しており、なんとなく「自分たちはキリスト教徒ではないから、キリスト教の習慣には従わないのである」と、普段より張り切っている雰囲気がある。

クリスマスを挟んで二、三週間休暇をとる英国人も多いが、我が家は、イースターと違い、この時季はあまり旅行に出かけないようにしている。理由は二つあって、旅行代金が高いことと、空き巣が多いことである。

クリスマス・シーズンは、旅行だけでなく、家族や親族での外食も多いので、その隙に空き巣が入る。ロンドン支店のローン管理課にいたジョーという英国人女性スタッフは、家族でクリスマス・ディナーに出かけた二、三時間の隙に入られたと嘆いていた。こういうケースは、家のすぐそばに空き巣が住んでいて、ターゲットの行動を窺っていることが多い。今、我が家の庭の手入れに月に一回きてくれている鈴木さんという庭師の人も、空き巣が取り押さえられた現場に遭遇したことがあり、犯人は同じ通りに住んでいた男だったという。

クリスマスでは一度だけ、五年目に家内とニューヨークに四日間旅行した。ロンドンからは約七時間半のフライトである。米国はそのときが初めてで、世界金融の一大センター、ウォール街があるマンハッタンは、心ときめくものがあった。真冬で、路面のあちらこちらから白い蒸気が噴き出していた。厳しい寒さに震えながら、ロックフェラー・センターやサックス・フィフス・アヴェニュー（有名百貨店）をみたり、エンパイア・ステート・ビルに上ったり、リトル・イタリーのレストランや「どさん子ラーメン」や「HAMA」（居酒屋）で食事をしたり、ブルックス ブラザーズで買い物をしたりした。リトル・イタリーのレストランで食べたシーフードのフライは、がりがりに硬く揚げられていて、不味（まず）かった。ニューヨークで美味しいのは、やはりステーキで、オススメの店はグランド・セントラル駅の近くにある「スパークス」である。ここは『巨大投資銀行』の前半で、主人公が妻と食事をする場面に使った。

ニューヨーク滞在中も案件は進行していたので、ホテルからトルコのエムラク銀行やパムック銀行に電話したり、アルジェリアに関してフランスのクレディ・リヨネ銀行に電話をかけて意見を聴き、その結果をファックスで東京の国際審査部に報告したりした。

泊まったホテルは、マディソン街にあったオムニ・バークシャー・プレイスである。ここは勤務先の銀行のニューヨーク支店に近く、コーポレート・レート（企業割引料金）が使え、部屋のテレビで日本語放送もみられたので、その後もニューヨークに出張したとき二回くらい泊まった。茶色い煉瓦づくりの外装で、落ち着いた雰囲気のいいホテルだったが、二〇二〇年六月、新型コロナ禍による業績不振で廃業した。

# 第五章　中東のサソリ

## 1

　ロンドンに赴任して三年目の六月上旬――

　わたしは国際金融課の一角にある次長のガラス張りの執務室で、デスクの電話をスピーカー式にして、東京の国際審査部と話していた。

　ロンドンは朝九時すぎで、日本は夕方の五時すぎだった。

「……まあ、イランのカントリーリスクについては、あなたがたの説明でいろいろわかったけどねえ」

　国際審査部の審査役がいった。東大卒の年輩のおじさんで、ちょっと変わった人だった。

　イランの四大銀行のうちの二つ、バンク・メリとバンク・メラートが発行する二件のＬＣ、総額約六千二十二万スウェーデン・クローナ（約十五億三千二百九万円）をコンファームする案件だった。

「このサイレント・コンファメーションって、大丈夫なのかね？」

（またこれを訊くのか……！　もうあなたの部下の副審査役にさんざん説明したでしょうが）

一九七九年のイスラム革命で、厳格なイスラム国家になったイランは、外国への警戒心が強く、自国の銀行が発行したLCを外国の銀行が表立ってコンファームすることを認めていない。そのためLCの支払い保証は、商品の輸出者に対し直接おこなわれる「サイレント・コンファメーション」という形式をとる。

「はい、これについては、追加説明書に書きましたとおり、どこの銀行もサイレント・コンファメーションという形式でやっておりまして、万一LC付き手形が払われなかった場合は、我々が保証を履行し、輸出者から輸出債権の譲渡を受け、イランの発行銀行に請求して、お金を支払ってもらうことになります」

わたしはオフホワイトの電話機に向かってかがみこむようにして話し、それをデスクにすわった日本人の次長が聞いていた。

「うーん、本当に大丈夫なの？」

「はい、イランはイスラム国家ではありますけど、つい十年ちょっと前まで、中東では最も親欧米的な国でしたから、欧米のビジネス慣行はよく理解していて、きちんと国際的な対応をしています」

首都のテヘランはかつて中東のパリといわれ、開放的で、欧米的な雰囲気が漂う街だった。

わたしは新たな貿易金融の対象国としてイランに目を付け、現地にも何度か出張し、実情を確かめていた。

同国は、主要な輸出品である原油価格がここのところ十五ドル前後と低迷し、八年間にも及んだイラン・イラク戦争が終わってまだ二年もたっていないため、国の経済も財政も疲弊している。

一方で、対外債務の支払いはしっかりしている。これはイラン国民の真面目な性格と、外国（特に欧米）に経済的に支配されたくないという気持ちからきている。万一支払いを遅延するようなことがあっても、最後はきちんと支払ってくることが期待できた。

「審査役、いかがでしょうか？　本件は、ボルボの案件でもありますし、なんとかご承認いただけないでしょうか？」

日本人次長が電話機に向かっていった。

本件の輸出取引は、スウェーデンの世界的自動車メーカー、ボルボ・グループがイランに大型トラックを輸出するためのものだった。我々に入る手数料は、アルジェリア並みの数パーセントという高収益案件である。

この日、電話会議をおこなったのは、そろそろ稟議書の決着をつけたかったからだ。

一方、初めてのイラン案件なので、審査役としては、上席審査役や部長に突っ込まれないか心配していた。

しばらくやり取りをしたあと、相手がおもむろにいった。

「きみたち、こういう話を知ってるか？　……ある日、一匹のサソリが川へやってきた。川を渡りたかったけれど、泳ぎを知らないので、そばにいたカエルに『俺を背中に乗せて、向こう岸に運んでくれないか』といった。そうしたらカエルは『あんたはおいらを刺すから嫌だよ』と断った」

（はあー、いったいなんの話だ⁉）

突然イランやＬＣコンファメーションとはなんの関係もない寓話が始まったので、次長と顔を見合わせた。

「『馬鹿だなあ、お前』とサソリは笑った。『あんたを刺したら、俺も溺れて死んじまうじゃないか』。カエルは『なるほど、それはそうだ』といって、サソリを背中に乗せて、川を渡り始めた」

あっけにとられた我々の目の前の電話機のスピーカーから、審査役の声がよどみなく流れてくる。

「川のなかほどまできたとき、サソリがいきなりカエルを刺した。カエルは死にかけながら、『なんだってこんなことをするんだ⁉　あんたも死ぬじゃないか⁉』と叫んだ。サソリは水に溺れながら答えた。『だって、ここは中東だからさ』。……じゃあ、今日はもう遅いから、僕は家に帰らせてもらうよ」

審査役は一方的に電話を切り、わたしと次長は唖然となった。

「今の、どういう意味なんですかね?」

「うーん、中東はなにが起こるかわからないっていいたいのかねえ?」

あとで調べてみると、元々は一九三三年のロシアの小説のなかに出てくる話で、中東とは関係がなく、理屈ではない殺人衝動を表す寓話だったようだ。それを作家の開高健が『ベトナム戦記』の冒頭で、東南アジアの話として紹介し、審査役はそれを自分流で中東の話に変えたようだった。

(このおじさん、相当変人だなあ!)

三ヶ月後に、そのものずばりの事態に直面するとは夢にも思っていなかった。

## 2

約二週間後の六月十九日——

「よし、ローンチしよう」

国際金融課のオフィスで、わたしは秘書のヘレンにいった。

ヘレンがパソコンのマウスをクリックすると、背後の壁際にある二台のテレックス・マシンが、ダダダッ、ダダダダッと小気味よい音とともに、インビテーションを打ち出し始めた。

トルコのエムラク銀行向けに、一年ぶりで五千万ドルのシンジケートローンを組成する。マンデートは二週間ほど前に獲得し、ロイズ、富士、三菱、安田信託の四行を引受銀行（アンダーライター）に呼び、五行でフルアンダーライトといういい形でマーケットに出すことができた。最低半分を市場で集め、残りを五つの引受銀行で負担するのが目標である。

「ミスター金山、ちょっといいですか？」

ヘレンの前にすわっているサリーに声をかけられた。

申請していたイランのＬＣのサイレント・コンファメーション案件は先日ようやく承認になり、彼女はボルボ社と文言について交渉しながら、保証書を作成していた。

「保証履行の時期なんですけど、グレースはどうしますか？」

グレースというのは猶予期間のことだ。イランの銀行が支払いに遅延した場合でも、事務ミスによる可能性などもあるので、即日デフォルトにせず、二週間程度の猶予期間を設けるものだ。

「ボルボは、なんていってるの？」

「当然、短いほうがいいということで……」

近くの席にすわっているボルボ担当のキースというオーストラリア人男性もやってきて、話し合いに加わる。ボルボは大事なお客さんなので、キースも気を使っていた。

ヘレンは、エムラク銀行のインフォメーション・メモランダムをタイプしている。今日、インビテーションを二百五十本ほど打つので、たぶん二十くらいはインフォメーション・メモランダムの請求がくるだろうと予想していた。

翌日——

エムラク銀行のインフォメーション・メモランダムを完成させるため、まだ真っ暗な朝四時にオフィスに出勤した。

テレックスやファックスを確認すると、インフォメーション・メモランダムの請求は三つくらいしか入っていなかった。

（ずいぶん少ないなあ……）

その日、もう少し請求があるかと期待していたが、夕方までに入ってきた追加の請求は四件だけだった。

（これはまずいぞ……。こんなに反応が悪いのか⁉）

慌てて追加でインビテーションを送る銀行のリストアップを始めた。

夕方、「セカンド・ウェーブ」の約百五十通のインビテーションを発信した。インビテーションの第一陣を「ファースト・ウェーブ（最初の波）」、第二陣を「セカンド・ウェーブ」と呼ぶ。よく売れる案件はファースト・ウェーブだけで完売になるが、サード・ウェーブ、フォース・ウェーブにまでなると、断末魔のあがきだ。

その晩、ヘレンが帰ったあと、「バンカーズ・アルマナック」（世界中の銀行の詳細が記された二、三分冊の、辞書のような分厚いダイレクトリー）などから、さらに参加招へいする銀行を選び出し、ファックスのインビテーションに自分で宛先、担当者名、ファックス番号などをタイプし、午前二時頃までかかって、約百五十通のインビテーションを「セカンド・ウェーブ」の追加分としてファックス送信した。

かくしてこの日は二十二時間も働いた。

二日後（六月二十二日）――

朝、なかなか売れないエムラク銀行のシンジケーションに気をもみながら出勤すると、国際審査部の若い副審査役から電話がかかってきた。

「あのう、金山さん、例のイランＬＣのサイレント・コンファメーションなんですが、ちょっと最終承認が難しくなってまして……」

「ええーっ、そんな！　今頃なにいってんの!?」

まったく予期せぬ言葉に、驚き、怒った。

「あの案件は、もうボルボにコミット（確約）して、ＬＣも発行されて、ドキュメンテーションも進んでるんだよ」

すでに案件は承認されていたが、実際に発行されたＬＣの額や期日を入れ、あらためて最終版の稟議書を提出してあった。基本的にとるリスクは当初の稟議書で申請したものと変わらず、形式的なものだった。

「昨日、イランで地震があったじゃないですか。それで部長がどういう影響が出るのか、調べろっていってるんです」

昨日、イラン北西部でマグニチュード七・三の地震があり、ＢＢＣやフィナンシャル・タイムズでも報じられていた。震源地はテヘランの北西二〇〇キロメートルほどのザンジャンという町で、倒壊した建物の下敷きになるなどして千九百人以上が死亡したという。

「イランは昔から地震が多い国だから、そんなふうに地震が起きるたんびに騒いでたら、仕事なんかできないじゃない」

「はい、ですから、そのへんのことをご説明していただけないでしょうか？」

「はあーっ、そうなのかい」

げんなりしたが、相手の不安もわからなくはない。

（まったく、泣く子と国際審査部には勝てないね）

内心ぼやきながら、サリーとキースを呼んで、事の次第を説明し、主だった外国の銀行に電話し、今回の地震がイランの支払い能力にどんな影響を与えるか、手分けしてヒヤリングするように頼んだ。わたしも邦銀やテヘランの日本大使館に電話して、彼らの意見を聴いた。

夕方、十人くらいのコメントが集まり、話を聞いた人たちは、ほとんど全員が、国際的な支払い能力には影響はなく、イランは今後もＬＣをきちんと払い続けていくだろうという意見だった。それをレポートにまとめ、次長の印鑑をもらい、国際審査部にファックスした。


週明けの月曜日（六月二十五日）――

朝、イランのＬＣのサイレント・コンファメーション案件と、別途申請していたトルコのヤプ・

ヴェ・クレディ銀行向け七千五百万ドルのシンジケートローン（主幹事・ガルフ・インターナショナル銀行）に一千万ドル参加する案件の稟議書があっさり承認になった。後者はトルコで五番目くらいの大手の銀行で、その名（Yapı ve Kredi＝建設と信用）のとおり、建設・不動産セクターとの取引が多い。

エムラク銀行向けシンジケーションのほうは相変わらず売れ行きが芳しくなく、「サード・ウェーブ」のインビテーションの準備を進めていた。

不安を感じながら仕事をしていると、イスタンブールのエムラク銀行のセマ・トゥールル国際部長（女性）から電話がかかってきた。

「ミスター金山、シンジケーションのほうはどうですか？　オーバーサブスクリプションになりそうですか？」

彼女は、メリ・ユルトクラン氏の後任で、今回のシンジケートローンを是非ともオーバーサブスクリプション（応募超過）で飾りたいと思っていて、二言目には「オーバーサブスクリプションは？」と訊いてくるので閉口していた。

（それどころじゃなくて、このままだと、アンダーサブスクリプション確実なんですけどね……）

カリカリする気持ちを抑え、「まだそこまではいってませんが、今、なんとかオーバーサブスクリプションになるよう努力してます」と答える。

二日後（六月二十七日）――

二日ほどかけてつくったエムラク銀行向けローンの「サード・ウェーブ」のインビテーション約

百三十通を発信した。これで累計約六百八十通で、どぶさらいのようなシンジケーションになってしまった。

同時に、インフォメーション・メモランダムを要請してきた銀行などを中心に個別に電話をかけ、「参加を検討するにあたって、なにか引っかかっている点はありませんか？」と訊いたりしてセールスに努めた。この日は、バーレーンのガルフ・リヤド銀行とバーレーン・アンド・クウェート銀行がそれぞれ百万ドルと二百万ドルという少額のコミットをしてくれた。しかし、まだまだ目標にはほど遠く、声を嗄らして電話をかけ続けた。

六月二十九日――

朝、テレックス・マシンに打ち込まれていた一通のテレックスをみて歓喜した。

（おおっ、ミスターY・S・リー！）

韓国長期信用銀行（Korea Long Term Credit Bank、略称・KLB）の香港現地法人のマネージャーで、案件によく入ってくれるお得意さんだ。

エムラク銀行向けローンに五百万ドルというまとまった額の参加をするという連絡だった。

「マイワード・イズ・マイボンド」でどんどん案件が進んでいく国際金融市場では、一度も会わずに声しか知らない相手も少なくない。そういう人たちのなかで、KLB香港のY・S・リー氏は、忘れられない名前である。

この日、ようやく参加コミットが千四百万ドル、別途確実なのが七百万ドルの合計二千百万ドルになり、組成の目途が立ってきた。

その日以降、韓国インターナショナル・マーチャントバンク、韓国マーチャントバンク、サエハン・マーチャントバンクなど、韓国勢が続々と参加してきた。どうやら資金調達を終え、投資案件を探していたところらしかった。彼らは世界のトップクラスの銀行に比べ、資金調達コストが若干高いので、トルコのようなハイイールド案件を好む。

結局、一般参加銀行から四千三百万ドルのコミットが集まり、五つの引受銀行の参加分と合わせ、融資額は六千万ドルに増額された。参加希望額のカットバック（削減）もなく、皆に喜ばれた。

融資団には全部で二十三の銀行が参加し、見栄えのするツームストーンができた。オーストリアのチロル貯蓄銀行、インドネシアのダガング・ネガラ銀行、サエハン・マーチャントバンクなど、普段シンジケートローン市場でみかけない銀行が結構入っていたので、富士銀行の担当者に「ツームストーンをみると、金山さんのご苦労が偲ばれますねえ」と苦笑された。

調印式は、七月十八日にロンドン支店でおこなった。

その晩、イスタンブールからやってきたトゥールル国際部長と、彼女の上司で役員のターリク・アチカリン氏をソーホーにある「ウィーラーズ」という老舗のシーフード・レストランに招き、関係者一同で美酒に酔いしれた。

## 3

トルコ・エムラク銀行向け六千万ドルのシンジケートローンを無事調印して一週間ほどがたった

七月下旬、国際審査部の上席審査役から電話がかかってきた。

「おい、金山君、イラク軍がクウェートの国境地帯に大部隊を集結させてるそうじゃないか。あれ大丈夫なのか？」

四十代後半の上席審査役は懸念もあらわにいった。上智大学のポルトガル語学科出身で、一ヶ店目は神戸の大型店である三宮支店の外国為替課という生粋の国際畑の人だ。若い頃、マンデート・ハンターとしてアルゼンチンやブラジルを駆けめぐったが、一九八〇年代に発生した中南米の債務危機で、手がけた案件のほとんどがリスケジューリング（債務削減および繰り延べ）になり、「お前の名前はもう利助（りすけ）に変えろ」といわれた人だ。カントリーリスクに対する見方は鋭く、わたしがやっていたようなソブリン（国家リスク）や準ソブリン（国営企業など）案件の可否は実質的にこの人が決めていた。

話し方はべらんめえ調で、すぐ頭に血を上らせるタイプだが（ラテン的な演技の部分もある）、こちらが電話でなにかを説明するとき、無言でじっと耳を傾けるので、真空に向かって話しているような錯覚に陥る。こういうタイプは、長年の友人で、チェース・マンハッタン銀行の中央アジア・トルコ・中東地区のＣＥＯ（最高経営責任者）などを務めたエジプト系米国人バンカー、ムラード・メガッリなど、数えるほどしかおらず、皆、仕事のできる人たちだった。

「イラクの部隊集結は、クウェートとＵＡＥ（アラブ首長国連邦）に対する脅しだと思います。クウェートに侵攻するつもりはないと思います」

エジプト留学時代から、最初は大きく出るアラブ流交渉術に慣れ親しんでいたわたしはいった。

上席審査役が心配したのは、イラクがクウェートとの国境地帯に、戦車、対空火器、架橋部隊などを従えた二機甲師団、三万人の兵力を集結させていたことだ。

　イラクは八年間にわたるイラン・イラク戦争をようやく二年前に終わらせたが、大量の兵器購入のため、クウェートをはじめとする湾岸諸国から借金をし、対外債務が七、八百億ドル（千二十二億～千百六十八億円）という莫大な額に膨らんでいた。その返済のため、主要輸出品目である原油を一ドルでも高く売りたいと思っている。しかし、クウェートとＵＡＥがＯＰＥＣ（石油輸出国機構）の生産割当（クオータ）を守っていないので、サダム・フセイン大統領は、両国が原油価格を下落させていると非難し始めていた。またルメイラ油田がイラクとクウェートの国境をまたいでいるため、クウェートがイラクの原油を盗掘していると非難していた。

「きみの見解は一応わかったけどさあ、研究機関や欧米の銀行はどうみているのかね？　調べて報告してくれないか」

　例によって、べらんめえ調での指示である。

（やれやれ、サダム・フセインも面倒なことをしてくれる……。侵攻することはないんだろうが、国際審査部が心配するのは無理もないか）

　わたしはサリーと手分けして、欧米日の銀行、研究機関、新聞記者などに電話をして、彼らの見解を聴いた。その結果、イラクがクウェートに侵攻すると考えている人はほぼ皆無で、七月二十五日からスイスのジュネーブで開催されるＯＰＥＣの閣僚会議の場で、クウェートとＵＡＥから減産（原油価格は上がる）の約束などを引き出そうと目論んでいる可能性があり、また湾岸諸国に負っている債務の帳消しを狙っての脅しだろうという見方がほとんどだった。

八月三日――

三日前からトルコに出張し、イスタンブールで地元の銀行やＪＥＴＲＯ（日本貿易振興機構）の事務所を訪問し、地元の有力弁護士であるアハメド・ペキン氏とランチをしたり、エムラク銀行国際部長からターキッシュ銀行取締役に転じたメリ・ユルトクラン氏とディナーをしたりしたあと、この日の早朝、トルコ航空の国内線で首都のアンカラに移動し、定宿のアンカラヒルトンに向かった。アンカラ市街南寄りの小高い場所にある、十六階建ての五つ星ホテルだ。

日本と違って、外国のホテルは部屋があれば、早朝でもチェックインさせてくれる。この日もすぐに部屋に入れた。

スーツに着替えて書類鞄を提げ、エレベーターで再びロビーに降りた。フロアーの一角にあるレセプションカウンターには、宿泊客用に英字紙「ターキッシュ・デイリー・ニューズ」の主な記事をＡ４サイズでコピーし、八ページほどにしてホチキスで留めたものが置いてある。

いつもの習慣でそれを一部とると、一ページ目に大きな写真が白黒のコピーで載っているのが目にとまった。

（なんだ、この戦車は？）

焦点がぼけた写真は、どこかの交差点に戦車が停まっている様子を撮影したものだった。

記事の見出しをみた瞬間、頭を一撃されたような衝撃を受けた。

「IRAQ INVADES KUWAIT（イラクがクウェートに侵攻）」

（ななな、なんだこれは⁉　こんな馬鹿な！　クウェートに侵攻して、イラクになんのメリットがあるっていうんだ⁉）

めまいで足元の床がぐらぐらしているような気がした。

クウェートでは、準国営の消費者（主に自動車）金融会社、コマーシャル・ファシリティーズ社や、大手商業銀行であるアル・アハリ銀行向けに、総額三千万ドルのエクスポージャー（融資）がある。

（とにかく、アポイントメントに行かなくては……）

ロビーの回転ドアを出て、夏のトルコらしく明るい日差しのなかで客待ちをしていた黄色いタクシーを拾った。

脳裏で、サソリとカエルの寓話の「だって、ここは中東だからさ」という言葉がよみがえった。

ロンドンに戻ったのは八月六日の晩だった。

イラクは十万人の兵力と三百五十台の戦車でクウェート全土を制圧し、クウェートのジャービル・アッ・サバーハ首長はサウジアラビアに亡命した。一方、国連は、イラクに対して即時無条件での撤退を求める安保理決議と、全加盟国に対してイラクへの全面禁輸を求める決議を採択した。

原油価格（ＷＴＩ）は七月三十日のバレルあたり二十ドル二十一セントから、一気に三八パーセント跳ね上がり、八月六日には二十八ドル五セントになった。

チェース・マンハッタン銀行とガルフ・インターナショナル銀行が組成していたトルコの大手銀行、ヴァクフラール銀行向け五千万ドルのシンジケートローンは、「マーケット・チェンジ」を理由に市場からプルアウト（引き揚げ）された。「マーケット・チェンジ」は、市場に予測不可能な状況が生じたときは引受け義務はなくなるという条項で、通常シンジケートローンの提案書に盛り込まれている。

わたしも国際審査部に提出していたトルコの三年物のローンや、クウェートのアル・アハリ銀行向けの新たなローンの稟議書をいったん取り下げた。

ロンドンに戻ると、今般の湾岸紛争がトルコ経済に与える影響についてのレポートを書き始めた。

七月に、マニュファクチャラーズ・ハノーバー銀行が組成した、トルコのTMO（Toprak Mahsulleri Ofisi＝トルコ穀物公社）向けの五億ドルのシンジケートローンに引受銀行として参加したので、調印式が八月十三日に予定されていた。国際審査部が、調印前にトルコは大丈夫なのか確認したがっており、わたし自身も、一度しっかりリスクを見直しておくことが必要だと考えた。

サリーやヘレンと手分けして資料を集めたり、あちらこちらに電話をかけてヒヤリングをしたりし、それにもとづいて、トルコの国際収支の変化をシミュレーションした。

マイナス要因は、①原油価格上昇による原油輸入額の増加が年間八億五千万ドル、②イラク原油のトルコ領内のパイプライン通過収入の減少や、クロスボーダーの運送業の減少による収入減が五億七千万ドル、③観光収入の減少が四億ドル、④中東諸国で建設工事を請け負っているトルコの建設業者の収入減が六億一千万ドル、⑤イラク向け債権の焦げ付きが七億六千万ドル、そのほかと合計して総額四十三億一千万ドルの収入減になると考えられた。

これに対してプラス要因は、①サウジアラビアからの原油供与の形での援助が十一億六千万ドル、②クウェートからの贈与が九億ドル、③日本からの円借款が（ドル換算で）六億千八百万ドル、④EC委員会からの借款が二億四千三百万ドル、そのほかと合計して総額三十七億四千百万ドルの収入増になると考えられた。

差し引き五億六千九百万ドルの軽微な収入減で、国の信用状態はほとんど変わらないと予想された。

さらに米国が取りまとめる予定の「湾岸危機周辺国支援ファンド」からの援助、サウジアラビアから防衛力整備の目的で、今後五年間で総額十億ドル程度の援助（やはり原油供与の形で）、米国やＥＣへの繊維製品輸出枠の拡大、百六十機におよぶF16戦闘機のトルコにおけるノックダウン生産等が打ち出されており、これらを考慮すれば、湾岸紛争におけるトルコの損得勘定はプラスになるのはほぼ間違いがない。

なおトルコは、イラクの三倍の五千二百万人あまりの人口と男子皆兵制による六十五万人の兵力を擁する軍事大国で、ＮＡＴＯ（北大西洋条約機構）の加盟国でもあるので、イラクがトルコと戦争を始めることは、ほぼ一〇〇パーセントないといえる。

（うーん、やっぱりトルコは大丈夫そうだなあ……）

書き上げたレポートをみながら、考えた。

不幸中の幸いで、トルコは「焼け太り」しそうだ。

（むしろこれは、ビジネスにつなげられるんじゃないか？）

前向きの考えが頭をもたげる。

（このレポートをインフォメモのなかに取り入れて、トルコの信用力に問題がないことをきちんと説明すれば、新たな案件を組成できるんじゃないだろうか……）

中東・アフリカ担当になって以来、火中の栗を拾うのが自分のスタイルになっていた。

（期間は二年までで、ちゃんとしたプライスを付ければ、今でもトルコ物は十分売れるんじゃないだろうか？）

マニハニのTMO向けローンは、総額五億ドルで、四億ドルが一年物、一億ドルが二年物だった。一年物は、トップティアー（一番高いステータス）の参加で、参加手数料〇・一五パーセント、金利はLIBOR＋〇・四パーセントで、オールインがLIBOR＋〇・五五パーセント、二年物が同〇・二二五パーセント、金利がLIBOR＋〇・六パーセントで、オールインがLIBOR＋〇・七一二五パーセントと低かった。これでは売れないだろうなと思ったので、国際審査部には、あらかじめ引受額と同額程度のファイナル・テークをする前提で申請をしてあった。

シンジケーションの結果、売れたのは総額の一五パーセントにすぎず、二千四百八十万ドル引き受けた銀行は、二千八十万ドルを抱え込む羽目になった。

スタンダードチャータード（英）、バンク・インターナショナル・ド・コマース（仏）、バネスト（西）、ラボバンク（蘭）、エフィバンカ（伊）、東海銀行など、引受銀行がブーブー文句をいい、チャールズ・ペルハムらシンジケーションの担当者たちは、平謝りに謝っていた。

わたしにもペルハムから電話があり「ミスター金山、誠に申し訳ない！　案件が売れなくて、アンダーライター（引受銀行）に大量に抱えてもらうことになってしまって」というので、「チャールズ、このプライスじゃあ、さすがに売れないと思って、抱え込む前提で行内の承認をとっておいたよ。うちのことは気にしなくていいから、ほかのアンダーライターを慰めてやるんだね」と答えた。わたしが怒っていなかったので、ペルハムはほっとしたようだった。

降ってわいたような湾岸紛争で、仕事のみならず、日常生活も一変した。

イラクに味方するテロリストが爆弾を仕掛けるのではないかという懸念から、ロンドン市内の駅のゴミ箱がすべて撤去され、不便になった。航空機テロも懸念されたので、出張は行き先にかかわらず全面禁止になり、一ヶ月ほどして、ようやく中近東以外は行ってよいことになった。

一番の問題は、三千万ドルのクウェート向け融資の焦げ付きである。それに関する資料をつくったり、回収方法について国際審査部と協議したりするようになった。アル・アハリ銀行向けの五千万ドルのローンは、主幹事として組成したものだったので、参加銀行である住友銀行や協和銀行（現・りそな銀行）などと債権者会議を開いた。この時点で、回収のために打てる手はなかったが、欧米諸国がクウェートからイラクを追い出せば、元々世界で指折りの富裕な産油国なので、融資は返ってくるだろうと思っていた。

ディーリングルーム（資金為替部）でも、クウェートの銀行に一億ドルを超える資金を預けていたので、それが返ってこなくなっていた。同時に、クウェートの政府機関や銀行から十億ドル前後の預金を受け入れており、それを返すことができなくて困っていた。

幸いイラク向けの融資はなかった。イラクには前年六月に出張し、中央銀行、地元の商業銀行、イラク航空、日本の総合商社の事務所などを回ったが、信用状態があまりにも悪く、とても取引できるような国ではなかった。サダム・フセイン政権下では市民に対する監視も厳しく、人心は殺伐としていて、緊張感を強いられた。エジプト留学時代に親しくしていた日本大使館勤務の人に招かれて家へ食事に行くと、電力不足で建物のなかは薄暗く、奥さんの頭に大きなハゲが二つくらいできていて、この国で暮らすストレスの深刻さを垣間みた思いがした。

新規の案件は、主にアフリカ方面の開拓に力を注ぎ、モザンビーク航空向け融資を検討したり、ジンバブエのジムバンク向け葉タバコ輸出ファイナンスをやったりした。

そのほか、他行の担当者とランチをして情報交換をしたり、ロンドンに出張してきた各国からの取引先の人たちに会ったり、九月に予定されている本店の考査（検査）のための資料づくりや、ローン契約書の現物をチェックしたり、新たなスタッフの採用面接をしたりした。

家では毎晩、湾岸紛争関係のニュースをみて、状況をフォローした。


八月下旬になると、連絡がつかなくなっていたクウェートの消費者金融会社、コマーシャル・ファシリティーズ社の財務部長、ケネス・スミス氏から連絡が入った。てっきりクウェートで拘束でもされていると思っていたので、驚いた。

同社に一千万ドルの融資をしたのは、サウジアラビア航空と融資契約書交渉をしていた頃で、自分自身で開拓した最初の顧客である。

スミス氏は、公認会計士の資格を持つ年輩の英国人で、初めてクウェートのオフィスで会ったとき、「この国に駐在する外国人が最初におぼえなくてはならないのは、酒のつくり方だよ」と、にやりとして教えてくれた（クウェートは厳格な禁酒国）。氏は、イラクが侵攻してきたとき、夏休みをとって英国に帰省していたので、難を逃れたという。

それから半月ほどすると、同社のクウェート人社長、アブダッラー・アル・フマイディ氏もロンドンにきてスミス氏と一緒にわたしのオフィスを訪ねてくれた。イラクが侵攻したとき、スイスで休暇をとっていて、今は家族でスイスに滞在しているという。気温が摂氏五十度という灼熱のクウェート市の商業地区にあるオフィスで会ったときは、いつもグトゥラと呼ばれる両頬が隠れるほどの白い布を頭にかぶり、足首近くまであるゆったりとしたダシュダーシャと呼ばれる白い布の民族衣装姿だったが、この日は仕立てのよいダークスーツを着てネクタイを締め、ヨーロッパのビジネスマンのようにこざっぱりとしていた。サバーハ首長家の親戚筋で、年齢はまだ四十歳そこそこ。聡明で品のある面差しは相変わらずだったが、一ヶ月半におよぶ将来の見通しのない避難生活はさすがにこたえているようで、表情や話し方に疲労感がにじんでいた。

フマイディ氏らはクウェートに残っている社員たちとコンタクトをとり、融資契約書などの重要書類を紛失しないよう、会社から市内数ヶ所に移し、分散保管させたという。こういう大変なときに、よくやっているなあと感心した。当然のことながら、今はクウェートに戻ることはできず、それ以上のことはなにもできないので、むしろこちらから、なにか力になれることがあったらいってほしいと励ました。

## 4

その頃、湾岸紛争発生後に国際審査部に申請した、トルコ・エムラク銀行向け五千万ドル・期間二年のシンジケートローンの稟議書が承認になった。当初、国際審査部には、湾岸紛争の最中にこういう案件を申請してくるとはどういう神経をしているのかという反応をされたが、「トルコ焼け太り説」をじっくり説明し、引受け五千万ドル、ファイナル・テーク一千万ドルで、なんとか承認をもらった。

ただ本当に案件が売れるのかどうかはわからないので、あちらこちらの銀行に電話をかけ、彼らの参加意欲(アペタイト)を探る「サウンディング」をおこなった。

サウンディングの難しさは、ボロワーの名前は明かさずに、おおよその融資条件を示し、相手の考えを訊かなくてはならないことだ。ボロワーの名前がわかってしまうと、他の競争相手の銀行にマンデートをさらわれてしまうリスクがある。当然のことながら、しょっちゅうマンデート獲得争いをやっている米銀、一部の欧州銀、東京銀行、住友銀行などには電話しない。訊き方は「今、トルコのグッド・クレジットのボロワー向けに、期間一年か二年のローンをアレンジしようかと考えているんですが、ご意見をお聞かせ願えませんか？　情勢にかんがみて、プライスはマニハニのTMOよりかなり高めにする予定です」といった感じである。

数十行に電話をかけたところ、ある程度予想していたが、「トルコ、中東向け融資は当面様子見」という銀行が多かった。一方で、条件次第ではやるという前向きな銀行も少なからずあった。

ラボバンク（蘭）〈トルコ向けは今もやっている。案件次第で一年超の案件も可能。ただ戦争に巻き込まれると面倒なことになるので、二年は難しい。ボロワーの名前が知りたい〉
ナショナル・ウエストミンスター銀行（英）〈トルコ向けをやるかどうか、今迷っている。イラク原油のパイプラインを閉めて通過手数料が入らなくなったので、国際収支が二億ドル悪化する。一年物ができれば御の字〉
ウェストドイチェ・ランデス銀行（独）〈今、トルコ向け案件の稟議書を二件、審査部に出している。中長期は無理だが、期間一年以下のものはやっていくつもり。トルコは資金不足に陥るだろうが、米欧日が支援するといっているので、大丈夫だろうと思っている〉

バンク・ブリュッセル・ランベール（ベルギー）〈プライス次第。湾岸紛争という状況を考えれば、L＋一・二五パーセント程度はほしい〉

バンコ・デ・フォメント・ナショナル（葡）〈トルコ向けはむしろ増やすつもり。プライス水準もL＋〇・九パーセント程度あればよい〉

ファースト・ガルフ銀行（UAE）〈トルコはプライス次第。最低L＋一パーセント程度で、一年まではやる〉

ハビブ銀行（パキスタン）〈トルコ向けはカントリー枠がきついので、L＋一パーセント以上はほしい〉

サンパオロ・ラリアーノ銀行（伊）〈カントリーリスクは高いと思うが、L＋一パーセントあればたぶんできる。返済原資となる外貨収入が得られる輸出前貸しならやりやすい〉

サウンディングに続き、各銀行のコメントを分析し、少なくとも一年物で、L＋〇・九から一パーセントのプライスを付ければ、三千五百万ドルから四千万ドル程度は集められるのではないかと予想した。不安はあったが「いけるはずだ」と自分を奮い立たせた。

案件の仕組(ストラクチャリング)みづくりにあたっては、いくつか工夫した。

①金利は一年物、二年物ともL＋十六分の九（〇・五六二五）パーセントにするが、参加手数料を一年物〇・三七五パーセント、二年物〇・七五パーセントとする。銀行はどこも四半期ないし半期ごとの収益目標があるので、最初に入ってくる参加手数料が大きい案件を好む。特に二年物はマニハニがやったTMOの〇・二二五パーセントより思い切り厚くした。これでオールインのプライ

スは一年物がL＋〇・九パーセント、二年物が同〇・九三七五パーセントになる。②参加銀行は自分の好みで、一年物と二年物のどちらにも参加できる（TMOは、一年物と二年物の両方に四対一の比率で参加することが義務付けられていたので、国別与信枠が一年までしかない銀行は参加できなかった）。③インフォメーション・メモランダムには、今後三年間のトルコの国際収支予測、西側と湾岸産油諸国が表明している援助の一覧、NATOの集団的自衛権の説明とNATO憲章の該当箇所などを盛り込み、「トルコ焼け太り説」を理解してもらうようにした。

エムラク銀行とは九月の終わりから十月上旬にかけ、二週間ほど交渉し、十月九日に、引受け五千万ドルでマンデートを獲得した。

十月十五日、シンジケーションをローンチした。

初日は、約五百通のインビテーションを発信し、いよいよ火中の栗を拾いに踏み出した。インビテーションには、今後のトルコのカントリーリスクに関する詳細な分析がインフォメーション・メモランダムに入れてあると明記し、少しでも興味を持ってもらうようにした。

インフォメモの請求は、初日に十五、二日目に七つあった。普通の案件なら、これだけ強い反応があれば、成功間違いなしだが、状況が状況だけに楽観できない。十月十六日の日記には「全部が全部参加する気ではないだろう」、翌日は「どれだけの銀行が本気なのだろうか？」と書いた。

ローンチ四日後、インフォメモの請求が三十五に達し、さすがにこれだけくれば、売れるだろうと多少安心した。

あとはコミットメントが入ってくるのを待つだけだと思い、十月二十日から二十三日までジンバブエに出張した。ハラレの英国航空のオフィスには、たまたまクウェート到着便に乗っていたため人質になり、イラクで「人間の盾」にされている乗員や乗客たちの無事を祈る黄色いリボンが飾られていた。イラクでは、やはりクウェート到着便に乗っていた日本航空の乗員や乗客たちも「人間の盾」にされていた。

十月二十九日、ローンチから二週間がたったが、エムラク銀行への参加コミットメントはゼロだった。

（これはおかしい。なにか問題があるのか？）

インフォメモの請求は四十以上きていたので、通常であれば、楽々オーバーサブスクリプションになっているはずだ。インフォメモを請求してきた銀行が三行あれば、そのうち一行か二行は入ってくるからだ。

異変に青ざめ、原因を確かめるために、インフォメモを請求してきた銀行に軒並み電話をして事情を聴いた。

彼らのいい分は、まったく予想していないものだった。

〈やはり湾岸紛争が解決するまで、トルコは様子見しろと審査部にいわれた〉

〈こういう状況なので、カントリー枠が絞られていて、シンジケーションに参加するより、トルコの顧客との直接のビジネスに使う〉

〈トルコは六ヶ月までしかやらない〉

〈紛争が起きているのに、プライスが低すぎる〉

トルコはむしろ増やすつもりといっていたバンコ・デ・フォメント・ナショナルにいたっては〈カントリー枠がいっぱいで無理〉という、前言とはまったく整合性のない理由で断ってきた。

（読み違えた……！）

襲いかかってくる絶望感のなかで頭を冷やして考えてみると、二つの読み違いがあった。

一つは、サウンディングをした相手は営業やシンジケーションの担当者で、審査の担当者とは相当な温度差があったこと。

もう一つは、トルコの分析レポートがほしいだけの理由で、インフォメモを請求してきた銀行がかなりあったことだ。最初から参加する意思がないのにインフォメモを請求するのは、業界のプロフェッショナリズムに反するが、こういう異常事態のときは、仁義もへったくれもないということのようで、世間の冷たい風にさらされた気分だった。

この日、追加のインビテーションを発信したが、敗色は濃厚だった。

十月三十一日、検討中だったスコップバンク（フィンランド）やフォレニングス・バンケルナス銀行（スウェーデン）などからデクライン（参加辞退）の連絡が入った。

残るは住宅金融専門会社の日本住宅金融など、数えるだけになった。

数日間、あちらこちらの銀行に電話をかけたり、どうするべきか頭を悩ませて苦しんだりした末、十一月二日、シンジケーションをいったんストップすることにした。

悔しさや無念の思いとは裏腹に、気分は楽になった。犯罪者が自首したとき、あるいは金策で駆けずり回っていた債務者が破産を決断したときの気持ちに似ていたかもしれない。

ただ、いったん引き受けてローンチした案件なので、なんらかの始末をつける必要があり、引き続き頭を悩ませた。

## 5

十一月七日——

オフィスで仕事をしていると、ディーリングルームの相川君という後輩から内線電話がかかってきた。

銀行のなかで一番早く情報を摑むのがディーリングルームなので、彼らとはしょっちゅう連絡をとっていた。

「金山さん、知ってますか？　今日、加州（カリフォルニア州）の取引先が、ウハウハいってうちの銀行にきて、ペンタゴン（米国防総省）から一万二千個の棺桶の注文があったっていってたそうですよ。こりゃー、いよいよ戦争ですかねえ？」

「えっ、それ、本当の話⁉」

湾岸地区には、イラクの侵攻後、陸海空三軍に海兵隊を合わせた約二十万人の米軍部隊が派遣されている。これに米軍の予備役と欧州駐屯部隊、英仏を中心とする多国籍軍、エジプト、シリアなどのアラブ軍そのほかが加わり、まもなく三十五万〜四十万人規模の対イラク軍事包囲網が出来上がる。戦争がいつ始まってもおかしくない状況だ。

「いやー、ガセかもしれません、ははは」

相川君も半信半疑の様子。

こちらとしては、多国籍軍がイラクをクウェートから追い出してくれれば、トルコのシンジケーションだけでなく、クウェート向け債権の焦げ付きも解消するはずなので、早いところ結着をつけてほしかった。

エムラク銀行のシンジケーションのほうは、十一月二十二日になって、バンク・ブリュッセル・ランベールが参加コミット。その後、日住金、トランス・アラビアン投資銀行（バーレーン）、トルコのイシュバンクのロンドン支店が参加コミットし、かろうじて一年物のトランシェ（部分）に一千万ドルが集まった。

エムラク銀行と話し合い、結局、「マーケット・チェンジ」ということで、五千万ドルの引受け義務は勘弁してもらい、一年物一千万ドル、二年物一千万ドル（わたしの銀行のファイナル・テーク）、残り三千万ドルはアンコミッテド（貸し手の銀行は引出しに応じる義務はない）ということにして、見た目は総額五千万ドルの契約で年明けに調印することにした。

湾岸紛争はシンジケーションをローンチしたときすでに起きていたことであり、本当は「マーケット・チェンジ」とはいえなかったが、温厚な担当役員のターリク・アチカリン氏は、まあしょうがないね、という感じで赦（ゆる）してくれた。去る六月に同行からマネージャークラスの女性幹部を一週間、国際金融課でトレーニーとして受け入れたことがあり、今度はアチカリン氏がくるという話が出ていたので、それも理由だったのかもしれない。

（赦してはもらったが、これでエムラク銀行からの信頼は失ったな……）

自己嫌悪にさいなまれたが、背に腹は代えられなかった。

シンジケーションに失敗し、承認されていたファイナル・テークをオーバーして案件を抱え込むことになった場合、その案件が完済になるか、セカンダリー（流通市場）で売却できるまで、ほかの引受けは一切禁止という行内ルールがあった。当然シンジケーションもできなくなり、手足をもがれたような状態になる。また抱え込んだ分から上がる収益は支店収益から差し引かれる。米銀などは、駄目なときはあっさり抱え込み、それをセカンダリーで売りながら、ほかのマンデートもどんどん獲っていくスタイルなので羨ましかった。

十二月中旬――

意気消沈しているまもなく、トルコに出張した。

アンカラ、イズミール、イスタンブールで五日間、財務貿易庁、地元の銀行、財閥企業、フレンチフライ輸出会社、葉タバコ輸出商社などを回ってビジネス・チャンスを探り、フィナンシャル・タイムズ、日本大使館、ＩＦＣ（International Finance Corporation＝国際金融公社）、日本たばこ産業（ＪＴ）の事務所などでトルコの状況や個別企業について情報収集をした。

トルコは国際収支が悪化しているものの、外国から多額の資金援助を得て、対外債務の返済を続けていた。多国籍軍とイラクの戦争が始まれば、短期間で決着が付くと予想されており、ビジネスは早くも湾岸紛争後に向けて動き出していた。

イズミールでは、ロンドンに赴任して間もない頃からの付き合いのトルコ人金融ブローカー、フェウジー・チャックマック氏の紹介で、シンプロット＆ベシクチオール社のフレンチフライ工場を見学した。米国アイダホ州の冷凍野菜・果物メーカー、J・R・シンプロット社（三九パーセント出資）と、地元でイチジクなどを輸出しているアルパスラン・ベシクチオール社（五八パーセント出資。残り三パーセントは個人株主）の合弁で五年前に設立され、トルコで生産したラセット・バーバンクというフレンチフライに適したジャガイモを加工し、輸出しているという。従業員数は本社と工場で約三百人、年商は約千九百万ドル（約二十五億八千万円）だが、今後五年間で三倍にする計画だという。

工場を見学させてもらうと、シンプロット社から派遣されてきた二人の米国人が技術指導にあたっており、青いヘルメット姿の作業員たちが三交替制で働いていた。生産したジャガイモをフレンチフライ・サイズにカットし、一度油で揚げ、その後、冷凍・袋詰めをして出荷していた。

生産量の九〇～九五パーセントを輸出しており、七〇～八〇パーセントが欧州のマクドナルド向けだという。湾岸紛争が発生してからは、サウジアラビアに派遣された米兵が食べるので、同国向け輸出が増えているという。

「ここはＩＦＣも融資しているくらいだから、いい会社だ。しかも、ベシクチオール（アルパスラン・ベシクチオール氏のこと）の娘がオザル大統領の息子と来年結婚するんだ。五百万ドルファイナンスしないか？」

チャックマック氏はそういって、財務データや融資のタームシート（条件書）をくれた。ＩＦＣは世界銀行グループの民間セクターへの投融資会社だ。確かに、生産・輸出さえできれば、返済のための外貨は確実に手に入り、ＩＦＣのお墨付きもあるので、筋のよさそうな案件に思えた。

念のため、トルコの大手銀行、イシュバンクに、同行のイズミール支店長を紹介してもらい、話を聞きにいった。シンプロット&ベシクチオール社に融資をしようかと考えているが、どう思うかと訊くと、「止めたほうがいい。ベシクチオール社は、短期の借入れが膨らんでいて、資金繰りが相当苦しい」といわれた。「でも、社長の娘がオザル大統領の息子と結婚するんですよね？　トルコの銀行がそのへんに配慮したりしませんか？」と訊くと、「それは逆だ。オザルの親戚になるから、返済しなくなる」といわれ、なるほどそうなるのかと驚きとともに納得した。

イスタンブールでＩＦＣのセティというインド人の代表に会って同じ質問をしたら「ベシクチオール社は、短期の借入れのロールオーバー（借り換え）に必死だ。うちにも融資の打診があったが、断った」という。結局、案件は見送った。

## 6

年明けの一月十六日、午後三時半からロンドン支店でエムラク銀行向け総額五千万ドル（しかし実際に使えるのは二千万ドルだけ）のシンジケートローンの調印式をやった。その晩はまた、アチカリン氏とトゥールル国際部長をソーホーの「ウィーラーズ」に招いて夕食をともにした。

翌朝、ゴールダーズ・グリーンのフラットで、テレビをつけると、無数の曳光弾と対空砲火の光で輝くバグダッドの夜空の映像が目に飛び込んできた。

空爆が開始されたのだ。

（うーん、ついにやったか！）

戦争が決着すれば、再びトルコ物の需要が高まるのは確実だ。湾岸紛争発生後、トルコは新規の借入れがほとんどできず、一方的に対外債務の返済を続けているので、各銀行ともトルコ向けのカントリー枠に相当余裕ができている。

すぐに新たな案件の稟議書を国際審査部に提出した。トルコの上位行（総資産ベースで同国九位）であるパムック銀行向け、三千万ドルのシンジケートローンである。

稟議書はすぐに承認になり、パムック銀行と融資条件について交渉を開始した。先方も約半年間、外国から資金調達ができずにいたので乗り気だった。

イラクで多国籍軍の猛爆が続くなか、サウンディングをおこなった。最初の頃は、多くの銀行が「戦争の行方がわからないので」と及び腰だったが、一月二十七日に、米中央軍司令官ノーマン・シュワルツコフ大将が「絶対航空優勢」を宣言し、多国籍軍の圧倒的な優位が明らかになった頃から反応に変化が出てきた。

二月六日、パムック銀行から、金利はL＋一パーセント、手数料は〇・六二五パーセントという以前の倍以上の水準で、しかも引受けなしのベストエフォート・ベースでマンデートを獲得した。

（オーケー、ここからが腕の見せどころだ）

案件の見栄えをよくするため、ローンチ前に、引受けなしのリード・マネージャーを引っ張り込むことにした。

声をかけると、ナショナル・ウエストミンスター銀行（英）、ノヴァ・スコシア銀行（カナダ）、ビクベン貯蓄銀行（デンマーク）、太陽神戸三井銀行（現・三井住友銀行）の四行があっさり入った。プライスも銀行側にとって見違えるほど改善していたので、どこも飛びついてきた。これほどの手ごたえは久しぶりだった。

二月二十四日午前四時（クウェート時間）、クウェートではついに地上戦の幕が開いた。多国籍軍は地上部隊をはじめ、空・海も含めた全軍が、アラビア半島の砂嵐のように、一斉にクウェート市を目指して進撃を開始した。

二日後、米海兵隊がクウェート市に突入し、同市を解放。

二月二十八日に戦闘が終わり、三月三日に暫定停戦協定が結ばれた。

この間、パムック銀行のインフォメモを準備しながら、トルコのタバコ輸出前貸しの稟議書二件の承認をとり、ボロワーと交渉を始めた。

三月五日からは、南アフリカ、ボツワナ、ジンバブエへの九日間の出張に出かけ、ケープタウンのホテルからパムック銀行のゼネラル・シンジケーションのローンチを指示した。

翌週、国際金融誌ＩＦＲが「Pamukbank is go」という見出しで、シンジケーションの開始を報じた。

案件は快調に売れ、十六の銀行が参加し、オーバーサブスクリプションで三千五百万ドルに増額された。

四月十八日の調印式では、挨拶に立った同行のシェンバー頭取が「湾岸紛争後、初めてのトルコ向けシンジケーションをパムック銀行がオーバーサブスクリプションで飾れたことを誇りに思う」とご満悦の様子で話した。

パムック銀行からは別途一千万ドルの葉タバコ輸出前貸し、エムラク銀行からは三千万ドルの葉タバコ輸出前貸しのマンデートを獲得し、それぞれ四月と六月に調印した。エムラク銀行との関係を修復できたので、ほっとした。

## 7

パムック銀行向け三千五百万ドルのシンジケートローンの調印式から八日後の四月二十六日金曜日、出張でイスタンブールを訪れた。この日は、インペックス銀行やパンゲア・パートナーズ・リミテッドなど、四社とミーティングをした。

パンゲアは、元シティバンク東京のエリック・ポステルが、シティ時代の同僚のエジプト系米国人、ムラード・メガッリと一緒に始めた金融コンサルティング会社だ。わたしの「カラ売り屋シリーズ」に登場するカラ売りファンド、パンゲア&カンパニーは彼らの社名を拝借した。

夕食は、「キョルフェズ」という有名なレストランでとった。

第二ボスポラス橋のたもとから小舟で海峡をアジア側に渡ったところにあり、スズキの塩釜焼きが名物である。焼き上がると、客が、分厚い塩の衣を木づちとノミでカチンカチンと叩いて割る。夕暮れの海峡を眺めながら、湯気の立つ、白くてやわらかいスズキを味わう贅沢な料理である。

夕食後、宿泊先のヒルトンホテルに戻った。新市街の高台にあり、部屋のベランダから青いボスポラス海峡を一望できる眺望抜群の宿だ。夜になると、対岸のアジア側が家々の灯が暗い陸地を背景に無数の鬼火のようにまたたく。

その日、ベランダに続くガラス扉を開けると、遠くからなにやらドンチャカ、ドンチャカ、にぎやかな音楽が聞こえてきた。高台の中腹に最近できたスイス・ホテルの宴会場からのようだった。

（ああ、今日は、オザル大統領の息子とベシクチオール氏の娘の結婚式か……）

結婚式のことは、「ターキッシュ・デイリー・ニューズ」の記事で知っていた。オザル家は四百通、ベシクチオール家は三百通の招待状を出したそうで、トルコの政財界の著名人はもとより、米国のジョージ・ブッシュ大統領（父親のほう）や英国のサッチャー前首相にも送られたという。

週末をイスタンブールですごし、週明けの四月二十九日月曜日、トルコ開発銀行やガランティ銀行など三社を訪問し、翌火曜日の朝、ブリティッシュ・エアウェイズの便でロンドンに戻った。

オフィスに出勤し、出張中に送られてきた郵便物をあらためると、トルコからのものがあった。

開けてみると、なんとオザル家とベシクチオール家からの結婚式への招待状だった。

縦一六センチ、横二〇センチほどのグレーの厚紙に銀色の文字で印刷されており、下にオザル夫妻とベシクチオール夫妻の名前があり、中央にわたしの名前が黒のインクで手書きされていた。

（うわー、自分も招待されてたのか⁉　惜しいことをした！）

ベシクチオール氏と会ったのは一回こっきりだが、イスラム圏などでは祝い事に外国人がくるのはめでたいと考える傾向があり、それで招待してくれたのだろう。

結婚式には行けなかったが、珍しいものなので、記念にとっておくことにした。

五月、六月は、チェース・マンハッタン銀行が組成していたトルコのイシュバンク向け一億二千五百万ドルのシンジケートローン（オーバーサブスクリプションで一億五千万ドルに増額）に引受銀行（アンダーライター）として参加したり、トルコのＴＭＯ（穀物公社）向け一億五千万ドルのシンジケートローンの主幹事をドイツのコメルツ銀行や太陽神戸三井銀行と共同で獲得したりした。また三菱商事がイランに紙を輸出するため、同国のバンク・セパが発行するＬＣのサイレント・コンファメーションの打診があり、検討を始めた。

# 第六章　二重マンデート

## 1

六月上旬から中旬にかけ、トルコの黒海沿岸地方にヘーゼルナッツの輸出前貸しの可能性を探りに出張した。

トルコは当時で世界の生産シェアの約六割、現在は約七割を占めるヘーゼルナッツ大国である（第二位はイタリア、三位はアゼルバイジャン）。小売店の店頭では、ヘーゼルナッツ入りチョコレート、同ターキッシュデライト、パンに塗るヘーゼルナッツ・ペーストなど、数多くの関連商品が並んでいる。

出張はまず、アンカラ発の国内線でグルジア（現・ジョージア）との国境に近いトラブゾンまで飛んだ。

トルコ東北部・黒海沿岸の中心都市で、人口は約三十万人である。

紀元前七世紀頃にまで歴史がさかのぼり、ペルシャ、ローマ、ビザンチン、オスマン・トルコなど、様々な帝国の支配を受けながら東西交易の要衝として栄えてきた町だ。

宿泊したウスタ・パーク・ホテルの目の前には、鉛色に凪いだ黒海が広がり、すぐ背後に山が迫っていた。雨が多い地方で、空気も湿っていて、最高で標高三三七四メートルの山々は濃く、深い緑に覆われていた。石畳の坂道が多く、チャイハネやビラハネ（ビールを出す居酒屋）、モスクがあるのは他のトルコの町と同じだが、「ロシアン・バザール」があり、国境を越えてやってきたロシア人やグルジア人たちが、衣類、食料品、家電製品、日用雑貨などを商っていた。町のいろいろな場所に、ロシア語やグルジア語の案内や注意書きの紙が貼ってあった。辺境という言葉を実感させる街で、普通では簡単にこられない土地を訪れ、空気を感じられるのは、国際金融マン冥利に尽きる。

着いた翌日、トルコの優良銀行、ガランティ銀行で黒海地区のエリアマネージャーを務めるアクンジテュルク氏、同行トラブゾン支店長のトゥラン氏、ヘーゼルナッツ加工輸出会社役員のオルタン氏がホテルにやってきた。アクンジテュルク氏は五十歳前後で、茶色いフレームの眼鏡をかけた温厚そうな人物、トゥラン氏は口髭を生やした四十歳くらいの明るい感じの人である。

ホテルのレストランで昼食を一緒にとりながら、三人からヘーゼルナッツ産業の話を聞いた。

その後、ガランティ銀行トラブゾン支店に行くと、ドイツのドレスナー銀行のハンブルグ支店とイスタンブール事務所から人が出張できていた。ドイツのダールアワー社というのが、トルコのヘーゼルナッツの世界三大バイヤーの一つだそうで、その関連の仕事らしかった。「ああ、やっぱりドイツの銀行はトルコに食い込んでいるなあ」と感心する。ドイツとトルコは第一次世界大戦の同盟国で、約百二十万人のトルコ系移民がドイツに住んでいる。二〇二〇年に米国ファイザー社と共同で新型コロナワクチンを開発したビオンテック社（マインツ市）の創業者、ウウル・シャヒン、ウズレム・テュレジ夫妻もトルコ系だ。

ガランティ銀行の車で町をあとにし、約一三〇キロメートル東にある黒海沿岸のギレスンへと向かった。黒海に沿って東へ東へと延びる一本道で、ときおりトラックなどがすれ違う。

視界の前方から左手にかけ、グルジアからイスタンブール付近まで続くポントス山脈（最高峰三九四二メートル）の山々が、幾重もの薄墨色のグラデーションになって横たわっている。右手の間近には、鉛色の黒海が白く低い波を岸辺に打ち寄せている。キャビアが採れるチョウザメの生息で有名な海だが、ロシア、ウクライナ、東欧諸国などから流れ込む排水や放射性廃棄物質で高度に汚染されており、見た目も荒涼としていた。

途中、オルタン社（トラブゾン郊外）やバシュカン社（ギレスン市）のヘーゼルナッツ加工工場を見学させてもらった。

両社とも二百人ほどの作業員が働く、そこそこの規模だった。食品関連の施設らしく清潔で、機械類も銀色のステンレス製で新しかった。

工程は、①機械で小石を除去、②手作業で殻や傷んだ豆を選別、③機械で豆をロースト、④皮を除去するためブラッシング、⑤二回目の選別、⑥磁石で金属片を除去。そこからの工程は豆で出荷するものとペーストにして出荷するものに分かれ、前者は、チョッピング（分割）、磁石で再チェック、サイズごとに袋詰め、後者は、機械でペースト状にし、ポンプで輸送用トラックの容器に送り込む。トルコ政府は外貨獲得のためにヘーゼルナッツの輸出を奨励しており、設備投資の四〜五割に相当する税金の戻しや減価償却のメリットを与えているという。手作業による選別工程では、頭に色とりどりのスカーフをかぶった制服姿の女性たちが作業台に向き合って二列にすわり、黙々と働いていた。トルコでは黙々と働く女性たちの姿をよくみる。

バシュカン社の少し先の道沿いにヘーゼルナッツの木々が林のように生えており、車を停め、見学した。紫蘇（しそ）の葉に似た形の緑の葉が濃い密度で折り重なるようにして茂り、そのなかに白い殻にくるまれたヘーゼルナッツの実が薄緑色の萼（がく）に保護されるようにして生（な）っていた。

その晩は、ギレスンからさらに東約四八キロメートルのところの黒海沿岸の町、オルドゥに泊まった。紀元前八世紀に古代ギリシャ人によってつくられた町で、ヘーゼルナッツの一大産地である。ホテルはベルデ・ホテルという、黒海の水際に建つ立派なホテルだった。

夕食はホテルのレストランで、アクンジテュルク夫妻、ガランティ銀行の地元の支店長夫妻などが、スズキの塩釜焼きがメインの豪華な料理でもてなしてくれた。地元の支店長は三十代後半くらいのがっちりした体形の男性で、野心的な目つきをしていたので、ああ、日本もトルコもこの年代のビジネスマンは似ているなあと思った。

夕食のあと、三人の年輩の楽師が、ウード（琵琶に似た中近東の弦楽器）、バイオリン、鼓を奏で、トルコの古い民謡を何曲も聴かせてくれた。歴史を感じさせる旋律で、はるばる遠い黒海沿岸にきたのだという旅情をかき立てられた。

トルコの人たちのホスピタリティは世界屈指である。いろいろな土地でいろいろなもてなしを受けたが、この日のアクンジテュルク氏の歓待は、もったいないほどだった。おそらく損得を超越し、自分の国の素晴らしいところをみていってほしいという思いがあったのだろう。しかし、こういうもてなしを受けて案件ができなかったりすると、そのときの写真を眺めてため息が出たりする。

## 2

この頃、金融ブローカー、ハルーク・アルパジオールから、トルコの砂糖公社向け大型案件の話が持ち込まれた。

わたしより一歳下で、マンチェスター大学に留学してMBAをとり、英国人の女性と結婚し、英国籍を取得したトルコ人だ。身長は一八〇センチ近く、顎のあたりに力を感じさせる精力的な風貌をしていた。初めて会ったのは、わたしがロンドンに赴任して間もない頃で、米系のファースト・シカゴ銀行のバイスプレジデント（課長級）としてトルコや中・東欧案件で実績を上げ、肩で風を切るようにして歩いていた。名刺を交換するとき、「邦銀の力でなにができるのかねえ」という気配でこちらを一瞥した。

出身はトルコ中北部の黒海の近くにあるアマスヤという、川が流れる谷あいの町で、親しくなってからは、子ども時代に畑でサトウダイコン抜きの手伝いをしたことなどを話してくれた。

奥さんはマンチェスター時代に知り合った人で、夏の休暇などは家族でスペインに出かけたりしていて、「金山サン、スペインで一番楽しくすごす方法はなにか知ってるかい？　アパートを借りて、のんびりすることだよ。唯一のマイナス点（ドゥローバック）は、酒を飲むと車で帰れなくなることだね」と教えてくれたりした。幼い子どもを事故で亡くしたことがあって、お悔やみの電話をかけたら「アイム・コゥピング（I'm coping. ＝自分はなんとか耐えている）」と苦しげにいっていた。

彼と出会った年、ファースト・シカゴは発展途上国向け不良債権処理のため、欧州の業務を縮小した。ハルークは退職し、ロンドンにCEFインターナショナルという自分の会社をつくった。CEFはCentral European Financeの略で、ファースト・シカゴ時代に担当していた中東欧・トルコの案件を発掘し、銀行などに持ち込んでファイナンスをアレンジする仕事である。トルコや中近東では、ファイナンスをお膳立てしたブローカーに成功報酬を払うのは当たり前なので、ボロワーと金融機関の両方から手数料をとれることも多く、腕がよければ儲かる商売だ。

当時、わたしが案件発掘のために付き合っていたトルコ人ブローカーは、シンプロット&ベシクチオール社を紹介してくれたチャックマック氏とハルークの二人だった。

チャックマック氏のほうは人懐こく、しょっちゅう冗談もいうので、付き合っていると愉快なのだけれど、金融のバックグラウンドがなく（若い頃は貨物飛行機の乗組員などをやっていたらしい）、生煮えの状態で案件を持ち込んでくるので、なかなか成約しなかった。一方、ハルークはさすがに頭がよく、保守的な邦銀でもやりやすいように「バンカブル」な形にして持ち込んでくるので、案件が成立しやすかった。

「金山サン。トルコの砂糖公社の案件があるんだけど、興味があるかい？　期間は一年で、金額は一億ドルだ。あなたにマンデートをあげられると思う」

電話がかかってきたとき、冗談で時間を無駄に費やしたりしない男なので、ここまでいうのは相当確信があるのだろうなと思った。

トルコ砂糖公社（Türkiye Şeker Fabrikaları A.Ş.）は国営企業で、前年六月にバンク・インターナショナル・ド・コマースというパリにあるトルコ系の銀行が主幹事で、一億五百万ドルのシンジケートローンを組成していたので、実質的にその借り換えである。

「政府保証は付くの？」

「いや、付かない。……付かないと難しいかい？」

「いや、そんなことはないよ。念のために訊いただけだ」

　去年の一億五百万ドルのシンジケートローンも政府保証はなかった。

「案件の内容をディスクローズ（開示）する前に一つ頼みたいことがある。……我々にフィー（手数料）を払うことを書面で約束してほしい」

「いいよ。どんな文章の書面が必要なの？」

　案件の紹介者に手数料を支払うことは違法ではない。ただこういうレターを出すことを上司に報告したりすると、ごちゃごちゃいわれるので、自分で判断してサインするだけだ。

「これからドラフトをファックスで送るから、問題がなければそのとおりの文面で送ってほしい」

　まもなくファックスが送られてきた。

　みると、パナマにあるトルコっぽい名前の会社あてに、案件調印後三十日以内または最初の引出し日のどちらか早い日に一パーセントの手数料を払うという内容だった。パナマの会社の郵便用の住所はスイスのチューリヒで、手数料の支払い口座もスイスの銀行になっていた。

（ははあ、これはハルークか誰かのペーパーカンパニーで、要は税金を払わないってことだな）

　スイスの銀行は厳格な守秘義務で名高く、情報が簡単に漏れないので、脱税、犯罪、権力者の蓄財などによく使われる。

　チャックマック氏も、「俺は、スイスの銀行口座でフィーを受け取っている。スイスで受け取れば、誰にもわからないだろ？　でもイギリスで所得を全然申告しないと疑われるから、一割だけ申告してるんだ。うっしっし」とよく話していた。しかし彼の場合、この二十年後くらいにそれが英国の税務当局にばれ、大変な騒ぎになった。一緒にやっていたライーフ・ジフナーリというトルコ人の男はドバイに逃亡し、「俺はライーフのどじのおかげで、とんでもない目に遭った！」と不満をぶちまけていた。幸い刑務所には入らずに済んだようで、今も半ば趣味で金融ブローカーをやっている。新型コロナ禍の直前にロンドンで会ったが、八十歳になってもタバコを吸っており、悪童っぽい雰囲気は健在だった。数年前に奥さんを亡くしたそうで、「カナヤマ、人生で一番つらいことはなにか知ってるか？　それはロンリネス（孤独）だ。朝起きて、誰も話す相手がいないのは、本当につらいものだ」としみじみ語っていた。ただ息子一家が近所に住んでいて、よく会っているということだった。

ちなみに彼はフリーメーソンのメンバーで、よく「次の会合の儀式でやらないといけないんだ」といって手帳をみながら、ぶつぶつセリフの練習をしていた。「ミスター金山は最初に会ったとき、フリーメーソンじゃないとわかった」というので、どうやって見分けるのか訊いたら、握手をするとき自分の親指で相手の人さし指と親指の付け値あたりに触れるのがメーソンのサインなのだという。シティには結構フリーメーソンがいて、「あの人はメーソンだよ」という話を時々聞いた。

シティには貴族も結構働いていた。ナショナル・ウエストミンスター銀行で中近東を担当していたイアン・メイトランド氏はスコットランドのヴァイカウント（子爵）だったが、瓶底眼鏡をかけた太めのおじさんで、ワイシャツやスーツもくたびれていた。わたしが組成したトルコ向けシンジケートローンに入ってくれたり、「こんなの買わないか？」と自分のところの既存のローン案件を持ち込んできたりしていた。お金持ちにはみえなかったが、穏やかで不器用そうな印象があり、あれが貴族の片鱗だったのかなとも思う。今は銀行を退き、メイトランド一族の長で伯爵になり、ネットで検索すると、蝶ネクタイに黒の上着、スカートのようなタータンのキルト、腰に貴重品入れのスポーランという、スコットランドの正装姿の写真が現れる。

話をトルコの砂糖公社に戻すと、ハルークに、案件が成立した場合は手数料を払うというレターを送り、砂糖公社に関して必要な情報のリストを送ると、イスタンブールにいるセルダルという、ハルークの相棒らしい男から、ファックスで情報が送られてきた。彼の所属先はトルコ・セメント・石灰会社（Türk Çimentosu ve Kireci A.Ş.）となっていたので、アルバイトで本件に関わっているらしかった。電話で話すと英語は達者で、ストリート・スマートな（すなわち抜け目がない）感じで、印象は悪くなかった。

送られてきた資料はトルコ語のものが多かったので、チャックマック氏に「誰かトルコ語から英語への翻訳ができる人を知らないか？」と訊くと、「ちょうどいいのがいる」といって紹介してくれた。やってきたのはどこにでもいるトルコ人のおばさんで、翻訳の経験などはなく、ただ英国に住んでいるというだけのようだった。（まったく、なにが『ちょうどいいのがいる』だよ！）と思ったが、別の人を探す時間もなかったので（当時はインターネットも普及していなかった）、試しにやらせてみた。おばさんはトルコ語と英語の辞書を引き引き、必死で訳し始めたが、経済用語を知らないので苦戦していた。わたしが丸テーブルに一緒にすわり、資料と彼女の訳を比べながら「これはこういう意味か？」「そうそう、そういう意味です」「ここに並んでいる数字は、マラーセズ（molasses＝糖蜜）の販売額？」「マ、マラーセズっていうのは……？」といった、頼りないやり取りをしながら、少しずつ訳が進んでいった。

わからないところはハルークやセルダルに訊いたりしながら、なんとか訳し終え、稟議書を作成した。資金の使途は、農民からサトウダイコンを買い付けるためのもの。引受け一億ドル、ファイナル・テーク八百万ドルで申請した。融資契約書のなかに「オーナーシップ・メンテナンス・クローズ」を入れ、政府の出資が引き下げられた場合、ローンを繰り上げ返済することを条件にした。

国際審査部とは数日間やり取りや追加の説明をし、ボロワーの信用リスクはとれると理解してもらったが、引受け額を二千五百万ドル削られ、七千五百万ドルにされた。

ハルークに稟議が承認になったと伝えると、「俺たちのフィーを上乗せして、砂糖公社にオファーを送ってくれ」という。

彼らの手数料はあれから砂糖公社と話し合ったのか、一パーセントではなく、〇・五パーセントでいいという。金利はＬＩＢＯＲ＋八分の七（〇・八七五）パーセント、手数料は八分の五（〇・六二五）パーセントだが、ハルークらの分の〇・五パーセントを乗せると一・一二五パーセント。オールインではＬ＋二パーセントという、結構な数字になる。

ハルークに「本当にこんな高いプライスで送っていいの？」と訊くと、「大丈夫だから」という。

オファーを出してから四日後、トルコの対外借入れを管理している財務貿易庁のギュルヌル・ユチョクさん（女性）から電話がかかってきた。外国のバンカーたちとの交渉を一手に引き受けている資本市場課長だ。見た目からして迫力があり、相手の話を聴くときは目をかっと見開き、どんな些細な事実も見逃すまいとするかのような表情になる。

彼女は、子ども時代にイタリアで暮らしたことがあり、イスタンブール大学の経済学部とロンドン・スクール・オブ・エコノミクスの大学院を卒業し、ロンドンのトルコ大使館で経済担当参事官を務めた経験もある。英語のほか、イタリア語やドイツ語にも堪能で（おそらくフランス語も）、ドイツのバンカーとはドイツ語で話していた。

祖父は、ケマル・アタチュルク（一八八一〜一九三八年）の右腕として、近代トルコ建国にあたって、国語改革や歴史教育などの分野で指導的役割を果たし、アンカラ大学法学部を創設し、イスタンブール大学で教鞭を執ったサドリ・マクスーディー・アーサル、母親はトルコ初の女性職業外交官で、ローマのトルコ大使館に勤務したのを契機にエトルリア学（ローマ帝政末期に衰退した先住民族エトルリア人に関する学問）の学者になり、国会議員も務めたアディーレ・アイダである。

「ミスター金山、貴行の砂糖公社向けのオファーをみました」

アンカラの女傑は、いつものように単刀直入にいった。

「最近のトルコの国営企業向けローンに比べて、プライスが高すぎます。ＴＤＣＩ（Türkiye Demir ve Çelik İşletmeleri A.Ş.　国営製鉄会社）のプライスはオールインでＬ＋一五〇ベーシス（一・五パーセント）でした」

ＴＤＣＩはつい先日、ユーロ市場で二千五百万ドルの資金を調達した。

「お言葉ですが、その数字は、参加銀行に払われるプライスで、バンク・インターナショナル・ド・コマースの主幹事手数料や、ハルクバンクなどの保証料を含まない数字だと思います」

同案件には、ハルク銀行などトルコの複数の銀行の保証が付けられていた。

「それらを含めると、オールインで最低でもＬ＋二六〇（二・六パーセント）にはなると思います」

大事な相手なので、気分を害さないよう丁寧にいった。

「そうですか。いずれにせよ、我々はあのプライスには満足していません。これからファックスを送りますから、それをみて再考して下さい」

送られてきたファックスは、彼女の上司である対外経済関係局次長、パヤスロール氏のサインがあり、砂糖公社は重要な国営企業で、ファイナンスのオファーには感謝するが、手数料を引き下げてほしいと書かれていた。

今回の借入れは、トルコ政府の保証は付かないので、財務貿易庁は直接の当事者ではない。しかし、国営企業の対外借入れには目を光らせており、なにか問題が起きたときは助けてくれることもあるので、無視はできない。

ハルークに相談すると、「我々の報酬を少し削っていいから、手数料を一〇七・五（一・〇七五パーセント）に下げると回答してくれ」というので、二日後にそのとおりにした。

ユチョクさんからまた電話があり「我々としては、案件にインターミディアリー・ピープル（仲介者たち）が関わっているのが気に入りません。トルコ政府が保証を出しますから、彼らを排除して下さい」という。

勘の鋭い彼女は（あるいはどこかから聞いて）、手数料が高いのは仲介者がいるせいだと理解したようだ。

ただ本件は、元々ハルークが持ち込んできた案件なので、彼らを外すのは仁義に反する。

「ユチョクさん、申し訳ないのですが、それはできません。政府保証があると、こないだのトップラシュ（国営石油会社）やＴＭＯの案件のように、スロート・カッティング（喉をかき切るような）

プライスになるので、気乗りがしません」

政府保証案件は、ユチョクさんが交渉当事者になり、住友銀行のようにマーケットのプライス水準をぶち壊してでもマンデートを獲りにいくような銀行を上手く利用するので、たいてい貸し手にとってろくでもないプライス（トルコ側にとってはいいプライス）になる。

「もしプライスが気に入らないというのであれば、砂糖公社にオファー（提案）を断るようにいって下さい。その場合は、我々は案件から撤退します」

彼女がやろうと思えば、いろいろな銀行からオファーをもらって、ひっくり返すことは可能だ。それをやられると、こちらは手の打ちようがなく、諦めることも覚悟した。

電話を終えたあと、ハルークに状況を説明した。

ハルークは「わかった。少し時間をくれ」という。

その週末は家内と一緒にウェールズに旅行し、スノードン山（標高一〇八五メートル）を登山鉄道で登り、翌週は、国際審査部の若い副審査役を連れてトルコとイランに出張した。


七月下旬になって、ハルークから電話があった。

「金山サン、これからいうことをよく聞いてほしい。砂糖公社からそちらに、オールインでL＋一六〇（一・六パーセント）にプライスを下げてほしいという依頼がいく。それに対して、一六〇は無理だけれど、手数料を八一・五（〇・八一五パーセント）にして、オールインでL＋一六九に下げると回答してほしい」

セルダルと二人で工作をして、関係各方面と話をつけ、銀行とプライスの交渉をしたという記録を残し、財務貿易庁を納得させようということのようだ。

すぐに砂糖公社から、プライスを下げてほしいというファックスが届き、ハルークのいったとおりに回答した。こちらは元々最低限のプライスを提示しているので、引き下げ分はハルークらのフィーを削った。ハルークは「俺たちのフィーは一九（〇・一九パーセント）ぽっちになっちゃったよ」とぼやいていた。

翌日、砂糖公社からマンデートがファックスで送られてきた。どうやらこれで決まりらしい。

ほっとすると同時に、いよいよかという緊張感を覚えた。

ハルークに「ユチョクさんは、なんといってるの？」と訊くと「シーズ・スティル・グランブリング（彼女はまだぶつぶついってる）」と苦笑いしていた。

ハルークたちは、どうやら政治家を動かして、財務貿易庁を抑えつけたらしかった。砂糖公社のエルタン・ユレク会長は、国家計画庁の局長やオザル大統領の主席顧問を務めた経験があり、この四年後に国会議員になる人物だ。政治力は持っており、トルコのことなので、裏で金が動いている可能性もあった。

なんとなく悪の一味になったようで、多少後ろめたかったが、世のなか、きれいなディールばかりでもない。

この頃、外国貿易に強いドゥシュバンク（Türk Dıs Ticaret Bankası A.Ş.＝トルコ外国貿易銀行）から三千五百万ドルの資金調達をしたいので、ファイナンス案がほしいと要請があった。

（ほおー、ドゥシュバンクがマーケットに出てくるのか）

規模こそトルコ十七位だが、同国屈指の企業集団イシュバンク（トルコ実業銀行）グループに属し、高収益の優良銀行として知られている。三年前、ＪＰモルガンを主幹事としてＩＦＣ（国際金融公社）と民間の協調融資で期間五年の資金を調達したが、それ以来、マーケットには出てきていない。

（レア・ネームだなあ。獲れるもんなら、獲りたいなあ）

すぐにインディカティブ・オファーを送り、稟議書の作成にとりかかった。

インディカティブ・オファー（indicative offer）というのは、融資の仮条件の提示で、銀行・ボロワー双方にとってnon-binding（法律的な拘束力なし）である。あくまで案件への興味表明と交渉の叩き台であり、マンデートが与えられるのはインディカティブではない正式なオファーに対してだ。

稟議書は最初に国際審査部の副審査役がみたが、ドゥシュバンクの規模が小さいといって、非常に否定的な反応をされ、こちらは頭に血が上った。説得するため、追加の資料を送っただけでなく、トルコの中央銀行の局長やワシントンＤＣの世銀の担当者に電話して意見をもらったところ、トルコ中銀の局長がドゥシュバンクを非常に高く評価するコメントをくれて、副審査役も見解をあらためた。

彼に限らず、副審査役たちは、シンジケートローンでは百戦錬磨の「利助」上席審査役や、必要以上に厳しい国際審査部長がいるので、がちがちに内容を固めないと、上に上げられず苦労していた。彼らの初歩的な質問などはうっとうしかったが、こちらの勉強にもなり、自分の力も付けられるので、手を抜かずに真正面から取り組んでいた。なお国際審査部長は、ジムバンクのツンバ頭取の友人で、わたしが横浜支店に勤務していたとき次長だった人物が、めぐりめぐって務めていた。

その後、国際審査部からいくつか質問がきて、それに対する回答や説明書を送り、稟議書は承認になった。ただ同部は引受けリスクが大きくなることを警戒していて、「トルコ砂糖公社をセルダウン（目標額まで販売）するまで引受けをしないこと」という条件を付けられた。

仕方がないので、正式なオファーは出さず、インディカティブ・オファーをベースに、先方と交渉しながら、時間をかせぐことにした。

## 3

八月上旬――

砂糖公社とドゥシュバンクの案件を進める合間をぬって、エジプトのカイロに出張した。目的は、新たなビジネス・チャンスの発掘と、エジプト航空向け融資債権管理のための、カントリーリスクのモニタリングである。二日間で、地場の銀行、日本の商社、邦銀、日本大使館など、九ヶ所を訪問した。

カイロ空港のそばに本社があるエジプト航空では、バダウィ財務部長から最近の業況などを聴いた。去る六月期の決算は、湾岸紛争による航空需要減で悪かったが、今は順調に回復しているということ。エジプトからはサウジアラビアだけで四万人が教師として出稼ぎにいっているなど、百万人を優に超える海外出稼ぎ労働者がおり、また世界各国から敬虔なイスラム教徒がメッカに巡礼（ハッジ）にやってくるので、それらが同社の安定収益源になっている。

ミスル・インターナショナル銀行やエジプシャン・アメリカン銀行など、地場銀行四行を訪問したときは、LCコンファメーションをやってくれないかと打診され、バンク・ド・カイロなどは、アト・サイト（一覧払い）のLC（期間が短く、リスクが少ない）でも結構だから、という申し出だったが、引っかかりそうで怖かった。

　東京銀行のカイロ事務所長に話を聴くと、同行がやったエジプトのLCコンファメーションの大半はセカンダリー（流通市場）で損切り（損失を出して売却処分）したが、まだ焦げ付き案件が一部残っているという。エジプトの銀行は、LCを発行しても、中央銀行から、金を払うなといわれれば従うしかなく、特に国営銀行はそういうケースが多いそうだ。住友銀行のカイロ事務所長は、エジプト向けの焦げ付き債権は、中長期のものも含め、主にUBAF（Union de Banques Arabes et Francaises＝パリ近郊に本店があるフランスとアラブの合弁銀行）に損切りで売却し、きれいにしたと話していた。

　夕方、仕事が終わったあと、カイロの街を歩いてみた。

わたしがカイロに留学したのは、二十七歳と二十八歳の約一年十ヶ月である。昔から、金で手に入るものや、手近にあるものには価値がないと思っていたので、最初に海外にいくときはなにかに選ばれていこうと思っていた。それまで日本の外に一歩も出たことはなく、パスポートもエジプト留学が決まってから初めて申請した。

　初めての海外生活は刺激と思い出に満ち、生涯忘れることができない日々となった。一番嬉しかったのは、時間がたっぷりあることだった。仕事に追いまくられる生活から離れ、目の前に時間という水を満々とたたえた青い大海が忽然と現れたようだった。アラビア語や大学院での勉強は楽ではなかったが、それは望むところだった。この天の恵みのような期間に、掴める限りのものを掴んで帰るのだと、強い意気込みとともに二年弱をすごした。

　あれから五年がたち、今回、カイロに着いたとき、国際線のターミナルビルは真新しくなり、昔の面影はなくなっていて、カイロも遠い存在になったのかなあと、ガラスの向こうの風景をみているような気持ちになった。しかし、この街独特の臭いと暑さのなかで二日間をすごすうちに、生活していた頃の気持ちが少しずつよみがえってきて、「ああ、この埃（ほこり）だらけの街の片隅に住んでいたのだなあ」と、懐かしさで胸がいっぱいになった。

　カイロの街は留学時代からあまり変わっていなかった。街のどこでも、汗と埃が入り混じったような饐えた臭いに満ちていた。それはエジプト副王イスマイール・パシャの宮殿を改装した絢爛豪華なカイロ・マリオット・ホテルでも、アラブ・インターナショナル銀行の近代的なオフィスでも変わることなく、この街にいることを実感させた。コーヒーは、昔から豆を挽いて淹れたものは一切なく、ナイル・ヒルトン（現・ザ・リッツ・カールトンカイロ）のような高級ホテルでも、インスタントのネスカフェが出てきて、ああ、エジプトにいるのだなあと思わされる。

　留学時代に住んでいたのは、ナイル川の中州にあるザマレク地区を南北に延びるアフマド・ヘシュマット通り三十三番地の高層マンションで、月の家賃は日本円に換算して十万円位だった。そばまで行き、十五階付近をみあげて、住んでいた五号室は、あのあたりかなあ、と懐かしい日々を追憶した。広さが八〇平米くらいある二ＬＤＫのフラットで、それまで住んでいた東横線の菊名の狭いアパートからみると、夢のようだった。

　カイロでの暮らしは、すべてが新鮮な驚きで、ささいな出来事にも一喜一憂していた。勉強は大変だったが、時間はたっぷりあり、砂時計の砂がゆっくりと落下していくような時の流れのなかで、夜遅くまで物思いにふけったり、明け方近くまで人と話し込んだりした。かつて住んだ場所をみると、そんな当時の暮らしが昨日のことのように瞼(まぶた)によみがえる。建物の地上階と一階にあった「スピーナス」というスーパーや、よく食事をしたホルス・ホテルのレストランでは、顔見知りの従業員がいて、挨拶をしたり、握手をしたりした。よく国際電話をかけたり、数日間の断水のときに部屋をとってシャワーを浴びたりしたプレジデント・ホテルも、昔のままだった。同ホテルのロビーには、カイロでは珍しい甘さ控えめのパティスリーがあり、友人の家に行くときなど、よく土産に買って持参した。

日本食が恋しくなると、餃子や蕎麦やかつ丼を食べにいったザマレク地区の「レストラン東京」は昔のままだったが、太っていた料理人の山田さんは一三キロも痩せ、若くて美人のエジプト人の奥さんと結婚していた。

カイロにきてまもない頃、エジプト口語を習うのにかよったダウンタウンのベルリッツ・スクールも訪れ、古いビルの蜘蛛の巣と埃とゴミで汚れ放題の暗い階段を上がり、教室が並ぶ廊下も歩いてみた。わたしが習った、よくも悪くも典型的なエジプト人のマダム・シャマアという初老の先生は、もう教えてはいないけれど、元気にしていると学校の人が教えてくれた。

カイロ・マリオット・ホテルの二十階には「THE VIEW」という、広々とした書斎のようなバーがあり、そこでカイロの街を眺めながら、ビールを飲んだ。同ホテルには日本人会の事務局もあり、留学時代はそこで友人たちと『金曜日の妻たちへⅢ 恋に落ちて』のビデオなどをみたりしていた。当時はインターネットもなく、とにかく日本語に飢えていた。

この出張の後、一九九七年に一度家内とカイロを訪れ、二〇一六年に十九年ぶりに再訪したら、レストランでごく当たり前に豆を挽いたコーヒーが出てくるので、エジプトも変わったのだなあと思わされた。カイロ・マリオット・ホテル最上階のバー、「ＴＨＥ ＶＩＥＷ」はなくなり、日本人会事務局も在留邦人数の減少で予算が減ったため、近所のフラットに移転していた。留学時代、国の人口は約四千七百万人だったが、ほぼ倍の九千百万人になり、街はごみごみし、空気も恐ろしく汚染されていた。貧富の差が一段と増し、金持ちが犬を飼うようになったけれど、糞の始末をしないので、かつて休日にそぞろ歩きを楽しんだザマレク地区の道は糞だらけだった。夕方、ナイルから吹いてくる川風だけは昔のように涼しかったが。

## 4

ロンドンに戻ると、ドゥシュバンクと並行して、砂糖公社の引受（アンダーライティング）グループづくりを進めた。中進国や発展途上国の国営企業はトルコに限らず内容が不透明でリスクもわかりづらいので、一億ドルの大型案件を組成するには、見栄えのする引受銀行を入れ、信用力を持たせる必要があった。声をかけるとスタンダードチャータード銀行（英）がすんなり二千万ドル引受けをコミットしてくれて、幸先のよいスタートを切った。

「あのう、金山さん、砂糖公社のリスクウェイトって、なんパーセントなんですか？」

別の引受銀行候補として声をかけていた東海銀行ロンドン支店の高橋君から電話がかかってきた。銀行派遣でミシガン州立大学に二年間の留学経験がある真面目でソフトな感じの青年である。

「えっ、リスクウェイト⁉」

なんのことかわからず、面食らった。

ところがやはり声をかけていた安田信託銀行の担当者からも同じ質問があった。

「砂糖公社って、リスクウェイトはゼロですか？　それとも百ですか？　審査部から訊かれてまして」

慌てて調べると、G10諸国の中央銀行総裁会議が設立した国際的な銀行監督機関「バーゼル銀行監督委員会」が銀行の自己資本規制（略称・BIS規制）を定め、すでに日本も同意し、国際銀行業務をやるためには、来年度末までに八パーセントの自己資本比率をクリアする必要があるという。

（げーっ、そんな話になってるの⁉）

リスクウェイトは、自己資本比率を算出するために導入された、種類ごとの資産のカウントの仕方だった。OECD政府向けエクスポージャー（融資等）は〇パーセント、同銀行向けは二〇パーセント、住宅ローンは五〇パーセント、それ以外は一〇〇パーセントと定められた。

したがって、米国債や日本国債を保有してもリスクウェイトはゼロなので、その分に見合う自己資本を持つ必要はない。OECDの銀行に百の融資をした場合、リスクウェイトは二十とカウントされ、持たなくてはならない自己資本はその八パーセントの一・六となる。リスクウェイトが一〇〇パーセントの場合、融資額百に対し、八の自己資本を持つ必要がある。リスクウェイトが高ければ高いほどコストがかさむので、案件のリターンも大きくないといけないという理屈になる。

東海銀行や安田信託銀行は、BIS規制クリアに向けて準備を始めていたが、わたしの銀行は恥ずかしながら出遅れていた。

（これでは、砂糖公社のリスクウェイトを明らかにしないと、シンジケーションを始められないぞ）

砂糖公社が政府そのものであればリスクウェイトはゼロとなって万々歳だ。同社はトルコ財務省が九九・八八パーセント、トルコ最大の国営銀行TCジラート銀行が〇・一パーセント、残りをイシュバンクやシュメールバンクなどが出資している。しかし調べてみると出資比率だけでは決められないようだった。

東京の国際部や国際審査部に依頼し、大蔵省や日銀にも問い合わせてもらったが、「日本の政府系機関などのリスクウェイトはわかるが、トルコの国営企業のことはわからない」という回答だった。ただ、なにかあった場合、トルコ政府が支援するというような法律や定款上の定めがあれば、政府リスクとみなせるのではないかという。

そこで砂糖公社の定款を再度読んだり、ハルークとセルダルに情報収集をしてもらったり、イスタンブールの法律事務所、ペキン&ペキンなどに関連する法律を調べてもらったりした。

ペキン&ペキンによると、法律二百三十三号第三十五条で、国営企業の製品価格が閣僚会議（Council of Ministers）によって定められていて、それが製造原価より低い場合は、翌年の政府予算で赤字分が補填されると規定されており、トルコの砂糖の価格は閣僚会議で決められているので、この規定は砂糖公社にも当てはまるという。また実際に砂糖公社は毎年政府から補助金を受け取っていた。

（これで政府リスクとみなせないだろうか？）

一縷の望みを抱いたが、いったい誰にお墨付きをもらえばいいのかがわからない。

国際金融課の英国人スタッフが、「それはバンク・オブ・イングランドに訊いたらいいんじゃないか」といい、照会したが、「こちらではわからない」といわれた。

前例のない新しい制度なので、あちらにぶつかり、こちらにぶつかりし、「リスクウェイトはゼロじゃないか?」「いや、やっぱり百かもしれない」と一喜一憂しながら、二週間以上ばたばたした。

そんなある日、一通のテレックスが入電した。

「ミスター金山、ドゥシュバンクからマンデートがきてます」

ヘレンが鋏で切ったテレックスを持ってきた。

「はぁー? マンデート⁉ そんな馬鹿な!」

ドゥシュバンクには、インディカティブ・オファーしか出していない。あくまでこちらはコミットしていない叩き台である。

みると確かに、「貴行の何月何日付テレックスの条件どおり、三千五百万ドルのファイナンスのマンデートを与える」と書いてあった。

(インディカティブ・オファーに対してマンデート⁉ 嘘だろ!)

法律的にはコミットしていないので、断ろうと思えば断れる。しかし、当然関係はぎくしゃくするし、ドゥシュバンクほどのグッド・ネームのマンデートをむざむざ捨てるのはもったいない。

一方で、受諾すれば、即座に「砂糖公社をセルダウンするまで引受けをしないこと」という承認条件違反になってしまう。

こういうときは上に相談するしかないので、国際金融課担当次長と一緒に室町鐘緒支店長のところに行った。

支店長席の前の会議用の丸テーブルにすわり、事態を説明した。二ヶ月ほど前に、国際部長からロンドン支店長になった室町氏は温厚な人柄で、視野が広く、バランス感覚にすぐれていた。わたしはこういうケースで、彼がいったいどういう判断をするのか興味があった。

　話を聴き終えると、室町さんは困った顔をして、「これはもう売るしかないだろう」といった。

（へえ、やらせてくれるんだ……）

　嬉しさと緊張感があい半ばした。

　ドゥシュバンクは、めったにマーケットに出てこないグッド・ネームなので、たぶん売れるだろうと思っていた。インディカティブ・オファーのプライスも、交渉の余地を残すため、ほんの少し高めにしてあった。

　問題は、砂糖公社のほうだ。


　八月二十日――

　砂糖公社のリスクウェイトを判断するのは、トルコ中央銀行であることがようやく判明した。すぐにアンカラにある中央銀行に電話をかけ、担当者につないでもらった。

　名前を名乗り、シンジケーションをやるため、砂糖公社のリスクウェイトが知りたいのだと伝えた。

「シェケル・ファブリカラリ（砂糖公社）のリスクウェイトですか？　それは一〇〇パーセントです」

　担当者はあっさりいった。

「えっ、一〇〇パーセントですか⁉　間違いないですか？　国営企業ですけれど」

絶望で崩れ落ちそうになるのをこらえて訊いた。

「間違いありません。一〇〇パーセントです」

相手の言葉が頭のなかで無情にこだまし、疲れがどっと出た。

すぐにスタンダードチャータードと安田信託銀行に連絡すると、両行とも「引受けについては再考させてほしい」と引き気味になった。


八月二十七日――

トルコ砂糖公社向け一億ドルのシンジケートローンをローンチした。

結局、スタンダードチャータード、安田信託、ラボバンク（蘭）が引受銀行に入ってくれたが、皆引受リスクはとらず、テーク・アンド・ホールド（引受額とファイナル・テークが同じ）で、スタンダードチャータードが一千万ドル、残り二行が各五百万ドルだった。残りの五千五百万ドルはわたしの銀行の一行引受けである。

国際審査部からは七千五百万ドルの引受けの承認をもらっていたので、他の三行の二千万ドルと合わせて九千五百万ドルの引受けでやることもできたが、シンジケーションは一筋縄ではいかなそうだったので、砂糖公社に対する提案書どおり、七千五百万ドルの引受けでやることにした。

精神的重圧を抱えての船出だったが、三行が入ってくれたので、なんとか格好はついた。

金利はL＋〇・八七五パーセント、参加手数料は参加額に応じて〇・三～〇・四二五パーセントとした。トップティアー（一番上のステータスで、参加額五百万ドル以上）でオールインがL＋一・三パーセントになるので、そこそこいいリターンだ。

一つの狙いを日本のノンバンクに定めた。彼らは銀行と違い、ＢＩＳ規制の対象外だ。日本信販ファイナンス、芙蓉総合リース、ダイヤモンドリース、菱信リース、ニチメン・ヨーロッパなどを、特別につくった日本語のインフォメモを持参して、支店の日系企業担当者と一緒に訪問し、ひざ詰めで案件の説明をした。

　またわたしの一年次上の船造（ふなつくり）さんという人が、少し前に、シンジケーションの担当に任命されていたので、彼が日本に出張し、地銀回りをすることになった。この人は、元々企画・総務畑で、パチンコをやりながらゆるゆると東大経済学部を卒業したそうで、えてしてがり勉タイプより、こういう人のほうが仕事ができたりする。

　インビテーション・テレックスは、マーケットを徹底してさらうように、四日間かけて打った。

　国際金融誌ＩＦＲが「Sweet scoop = 甘いひとすくい」という見出しで案件を報じた。ＩＦＲやEuroweekの見出しはなかなか面白く、トルコの葉タバコ輸出前貸しを二件連続でやったときは「Tobacco addict（タバコ中毒）」という見出しを付けられた。もちろん悪いニュアンスはない。

　シンジケーションを始めると、インフォメモの仕上げや、発送、融資契約書類の準備、それ以外の進行中の案件の稟議書作成や事務のため、一週間くらいは目が回るような忙しさになる。昼食は仕事をしながらサンドイッチで、オフィスを出るのは夜の十一時か十二時頃だ。

　ローンチして一週間で、インフォメモの請求が十八きた。

　しかし、フォローアップの電話をかけると、反応はいま一つで、総崩れはないと思うが、楽観もできない状況だった。

次の十日間で、インフォメモの請求がさらに十以上あり、総数で三十を超えた。それなりの手ごたえだ。

この間、ドゥシュバンクのローンの引受グループづくりも進めた。ラボバンクがすぐに五百万ドル引き受けてくれて、幸先のよいスタートになった。九月十一日には、通常他行の下に入らないシティバンクが三百万ドルで入ってくれ、嬉しい驚きだった。たぶんドゥシュバンクとのリレーションシップを重視しての参加だろう。同行のトルコ・中近東担当は、ワグディ・ラッバートという、カイロ・アメリカン大学卒の太った陽気なエジプト人で、親しくしていた。

砂糖公社のほうは、クレディート銀行（ベルギー）やドイツ・ハンガリー銀行（独）などから、二百万ドル、三百万ドルと、少しずつ参加コミットが入り始めた。

九月十二日、ドゥシュバンクのシンジケーションをローンチした。引受銀行はラボ、シティバンク、ガルフ・インターナショナル、スタンダードチャータード、わたしの銀行の五行。ネームも地理的分散も理想的で、ボロワーも満足した。金利はL＋〇・七五パーセント、参加手数料は〇・二七五〜〇・三五パーセントで、オールインで砂糖公社より〇・一五〜〇・二パーセント低くした。

翌十三日、日本に出張中の船造さんから、砂糖公社の案件に池田（現・池田泉州銀行）、せとうち（現・もみじ銀行）、幸福（現・関西みらい銀行）の三地銀が参加を決めたと連絡があった。金額は各行百万ドルから二百万ドルと小さいが、この際、どんな金額でも有難い。

同じ日、スペインの大手銀行、バネスト（El Banco Español de Crédito,S.A.）から八百万ドルの大口コミットが入った。八月にコンタクトしたときは、「うちは九月の頭まで行内のクレジット・コミッティ（審査委員会）を開かない」といっていて、「夏休み？　スペインの銀行って、悠々としたもんだなあ！」と驚いたが、夏休みが明けてコミッティを開いたらしい。

十八日、砂糖公社の案件に東海銀行が五百万ドルコミット。引受銀行以外からの参加コミットは三千四百万ドルになり、目標額まであと一息になった。

一方、ドゥシュバンクのほうは、多少苦戦気味だった。対策として同行から親しいコルレス銀行のリストをもらって、追加のインビテーションを発信した。

十九日、砂糖公社のほうにダイヤモンドリースと菱信リースが五百万ドルずつ入ってくれて、コミット総額が四千四百万ドルに達し、目標達成寸前まできた。

その週末、オフィスに出勤し、ドゥシュバンクの追加インビテーションをファックスで出し、週明けの月曜日までに累計で千通出した。こちらもどぶさらいの様相だ。

週明けに、国際審査部の「利助」上席審査役から電話がかかってきた。

「金山君、ＩＦＲみましたよ。頑張って下さいね、ふっふっふ」

不気味に笑って電話を切った。

（やっぱり、ばれてるなあ……）

月曜日に発売されたＩＦＲの最新号に、砂糖公社とドゥシュバンクのシンジケーションの詳細が掲載されたので、それをみれば、承認条件違反になっているのが一目瞭然である。今回はうちからはプレスリリースをしていないが、もらったインビテーションを記者に渡す銀行がたいていあるので、ゼネラル・シンジケーションをやれば、ほぼ確実に案件の詳細が報道されてしまう。

承認条件違反だが、もう後戻りはできないので、あの手この手を駆使して、売り切るしかない。

砂糖公社が売れ残った場合にそなえ、ファイナル・テークの承認額を引き上げてもらえるよう、似たようなリスクのTMO（トルコ穀物公社）向けローン（残存期間約一年）のうち五百万ドルを北陸銀行に売ったりもした。

二十五日、日本から戻ってきた船造さんをシティの日本料理店「辰宗」で慰労のランチ。砂糖公社への地銀の参加は、四行で総額七百万ドルになった。

二十七日、ドゥシュバンクのほうは、引受銀行以外に六行・九百五十万ドルが入り、多少安心できる状況になってきた。

この頃から、両案件の契約書作成作業（ドキュメンテーション）が始まった。

十月一日、ドゥシュバンク、翌二日に砂糖公社が融資契約書の草案に同意し、参加銀行との契約書作成交渉が始まった。

三日、砂糖公社の契約書に関し、財務貿易庁がコメントしてきてやきもきさせられたが、翌日、ユチョクさんの部下と電話で話し合い、ほぼ決着。

十一日、最後まで残っていたラボバンクがドゥシュバンクの融資契約書に同意。三千五百万ドルの組成ができ、参加銀行は全部で十六行。下のほう（少額参加行）に、アングロ・ルーマニア銀行（英）、バンコ・S・ジェミニャーノ・エ・S・プロスペロ（伊）、コリア・ジャパン・ファイナンス・カンパニー（香港）といった聞きなれない名前があり、組成の苦労がにじみ出ていた。調印に必要な委任状もすべて集まり、ファイナル・アロケーション（参加各行への参加額配分）もおこない、承認条件違反のカド番も脱した。

十四日、午前十一時半から、支店内の会議室で、ドゥシュバンクの調印式をおこなった。

先方からはウウル・オク副頭取と、コレスポンデント・リレーションズ部長のネスリン・スング氏（女性）、こちらからは室町支店長らが出席。参加者への引き出物は、フランスの写真家ロラン＆サブリナ・ミショーが撮影した異国情緒あふれるトルコの写真集『Ｔｕｒｋｅｙ』（一冊二十四ポンド＝約五千四百三十円）で、調印式後のランチにはトルコ産のワインを出した。

夜は、ナイツブリッジのイタリアン・レストラン「モントペリアーノ」にドゥシュバンクの二人を招いて室町支店長主催の夕食会をもった。

十月十七日、砂糖公社向けローンに調印。

総額は八千二百万ドルとなり、目標の一億ドルには届かなかったが、七千五百万ドルの引受額はクリアした。国際金融誌には「絶妙な読み」と評する記事が載った。参加行（社）は全部で十九。日本のノンバンク（リース会社や商社の金融子会社）が全部で四社・総額千八百万ドル参加してくれた。

時間がなかったので調印式はおこなわず、委任状で調印した。記念に砂糖公社のロゴと案件の概要を入れた真ちゅう製のペーパーウェイト（文鎮）を六十五個つくり、砂糖公社や参加行（会社）に配った。費用は一個四・六ポンド（約千四十円）。シティにはこういう調印式の引き出物をつくる会社があり、時々カタログを持ってセールスにやってくる。直径約六センチ、厚さ約二センチの六角柱で、角砂糖っぽい雰囲気もあったので、東海銀行の高橋君が「砂糖をいただきまして、有難うございました」と喜んでいた。四三〇グラムのずしりとした重さがあり、作家になってから重宝している。

ハルークとセルダルへの総額〇・一九パーセント（十五万五千八百ドル）のフィーは、関係書類を社弁護士のライリー氏にチェックしてもらった上で、スイスの銀行口座に支払った。

翌週――

イランの国営銀行、バンク・セパが発行したLCのサイレント・コンファメーション案件が承認になったので、輸出者である英国三菱商事の担当者と事務の打ち合わせをした。イラン・リスクをとる銀行は少ないので、同社の繊維・資材部長が喜んでくれて、メイフェアの「チェッコーニズ」という高級イタリアン・レストランでご馳走してくれた。Tボーン・ステーキを注文したら、巨大で食べきれなかった。この案件は、いったん支払いが遅延し、三菱商事に対して補償をする羽目になったが、ほどなくしてイランが遅延債務を一掃するための石油輸出前貸しをトーメン主導で組成し、その資金で遅延金利を含めて支払われた。当時、トーメンはイランに深く食い込んでおり、同社のエネルギー部門を率いていた武重勇蔵氏（のち専務）は「ジャパンズ・リアル・アンバサダー・トゥ・イラン」とイラン側から呼ばれていた。

この週は、トルコにも出張し、取引先を訪問したり、アンカラの砂糖公社に行って、融資引き出しの前提条件（コンディションズ・プレシデント）の書類（借入れに関する取締役会決議、定款、サインリスト、ボロワー側弁護士の法律意見書など）を受け取って内容をあらためたりした。

イスタンブールでは、金融コンサルティング会社、パンゲア・パートナーズ・リミテッドのパートナーで、元シティバンクのエジプト系米国人、ムラード・メガッリに会い、彼のトルコ人のガールフレンドを交えて夕食をとった。ムラードはわたしと同い年で、年齢のわりに頭髪は薄く、形のよい頭にくるりとした大きな両目が付いている。身長は一八〇センチくらいで、すらりとした体型である。昔から仕事一辺倒でなく、社会、言語、芸術などに幅広く興味を持っており、この日も、流ちょうにトルコ語を話しながら、ヨーロッパ側のベイオール地区という古い街の、ケマル・アタチュルクが行きつけにしていたロシア料理店「レジャンス」や、文化芸術関係の人々が集まる「ヤクップ2」というバーに案内してくれた。ただパンゲアのビジネスはあまり上手くいかなかったようで、ほどなくしてチェース・マンハッタン銀行に入り、ロシア代表となってモスクワに駐在した。その後、イスタンブールに戻り、チェースの中央アジア・トルコ・中東地区のCEOになった。彼の二卵性双生児のシスターで、ジャーナリストのモナががんになったので、彼がイスタンブールのいい病院に入院させ、治療を受けさせていたが、二〇〇七年に亡くなった。二〇一〇年にわたしのデビュー作『トップ・レフト』がトルコ語に翻訳され、「ワタン」という地元の新聞に二面にわたるインタビューが掲載されたとき、担当のトルコ人の出版エージェントがだらしのない人物で、なかなか掲載紙を送ってこなかった。それをムラードに話すと「なんだ、そんなことは俺にいえよ」といって、あっという間に数部を手に入れ、ロンドンに送ってくれた。インベストメント・バンカーっていうのは、こんなふうにすごい実行力で仕事をするんだなあと感心した。そのムラードは、二〇一一年に、北イラクに出張したとき、乗っていた小型ジェット機が墜落して亡くなってしまった。生前、ウズベキスタンのブハラに昔の隊商宿（キャラバン・サライ）を五万ドルで買って、十万ドルかけて別荘に改装したから、一度是非遊びにきてくれと話していたので、二〇一八年に家内とウズベキスタン旅行をしたときに訪れて、彼を偲んだ。ムラードを知る地元の男性によると、土地と建物は、遺族の意思で赤新月社（イスラム圏の赤十字社）に寄贈され、今は事務所として使われているという。

十一月には、勤続十年ごとにもらえる二週間の連続休暇をとって、家内とケニアとカナリア諸島に一週間ずつ出かけた。

ケニアでは東海岸の古い港町モンバサのホテルに泊まり、海で丸木舟に乗ったり、シュノーケリングをしたりした。インド洋はまるで宝石を溶かしたようなエメラルドグリーン色に輝いていた。ツァボ国立公園のサファリにも出かけ、公園内にある「ソルト・リック・ゲーム・ロッジ」に泊まった。夕方、ロッジのテラスで暮れなずむ夕日のなか、草原の野生動物たちをみたりしていると、風が爽やかで気持ちがよかった。

カナリア諸島では、グラン・カナリア島の北と南にあるホテルに泊まり、海やプールで泳いだり、アングーラス（ウナギの稚魚）のガーリックオイル炒めやパエリヤを食べたり、買い物をしたりした。いたるところに咲いている濃いピンクのブーゲンビリアが南国情緒をかき立てた。

旅行中は、日頃忙しくて話す時間がなかった家内ともゆっくり話をすることができた。将来のことについて、自分は国際金融マンと中近東の専門家として生きていきたいと話したりした。できることなら仕事をしながら本を書きたいと思っていたが、三十四歳のこの時点ではまだ淡い夢でしかなかった。


十二月には、クウェートの復興資金として、米国のＪＰモルガンが主幹事となって、期間五年（返済は三年のグレース後分割返済）・総額五十五億ドルのシンジケートローンが組成された。

西側諸国の大手銀行は奉加帳方式で参加を要請されたので、お付き合いで七千五百万ドルの参加をした。金利はＬＩＢＯＲ＋〇・五パーセント、参加手数料は〇・三パーセントだった。額が額だけに、五年間の儲けは約百七十二万ドルで、自分が獲得したわけではないが、エジプト航空以来の百万ドル超えの案件になった。

ＪＰモルガンの主幹事手数料は、仮に〇・一パーセントとすれば、五百五十万ドル（約六億八千七百万円）という莫大なものになる（もっと多い可能性もある）。米国が政治主導で金融案件をやるときは、たいてい米銀に巨額の利益が落ちる形にする。これは合法的な利益供与で、政治と金融資本の癒着ぶりをよく表している。

焦げ付いていたクウェートのコマーシャル・ファシリティーズ社とアル・アハリ銀行向けの融資は返済された。その後、両社への融資はおこなわなかった。おそらく稟議書を上げても、国際審査部も承認してくれなかったと思う。ボロワー側からも特に要請はなかった。ただ振り返ってみると、自分の手で開拓した中近東で最初の顧客であるコマーシャル・ファシリティーズ社との付き合いをやめてしまったのは、寂しい思いがする。羹（あつもの）に懲りて膾（なます）を吹くでは、つまらないサラリーマン・バンカーと同じである。同社は二〇二三年の今も健在で、昔と変わらずファマイディ氏がＣＥＯを務めている。

# 第七章　爆破テロ事件

## 1

翌年三月下旬——

英国は桜、モクレン、チューリップなどが咲く季節になった。

ロンドンの街には桜の木が多く、イースターの前あたりから咲き始める。白っぽいもの、白に近いピンク、ピンク、赤に近いピンク、シンプルな花びら、八重桜など、種類の多さに驚かされる。市内では、サウスケンジントンにあるクロムウェル病院のそばやスイス・コテージなど、見事な桜並木がいくつもできる。わたしが住んでいたゴールダーズ・グリーンのマンションの敷地にもたくさん桜の木が植えられていて、春になると目を楽しませてくれた。桜が散ると、道が桜吹雪で敷き詰められるのも日本と同じである。

この頃、トルコのパムック銀行と新たなシンジケートローンの交渉に入った。

同行に対しては、先日、四千万ドルの葉タバコ輸出前貸し（参加二十三行）を組成し、三月十九日に調印したばかりだったが、新たな案件の交渉が調印前から始まった。

パムック銀行は、トルコのチュクロヴァ財閥に属している。トルコ東南部のチュクロヴァ平原を本拠地としていたカラメフメットとエリイェシルという二つのファミリーが創設した財閥で、綿糸工場買収を手始めに、繊維部門へ進出し、さらに機械、金融、鉄鋼、食品加工、化学、金属といった分野にも手を広げ、今ではコチ、サバンヂュに次ぐ、同国第三位の企業集団になっている。

銀行名の「パムック（pamuk）」は木綿を意味するトルコ語である。その名のとおり、繊維産業との取引が多い地方銀行としてスタートし、一九七〇年代に急成長を遂げ、イスタンブールを本拠地とする全国規模の銀行になった。

同行を本格的にユーロ市場に紹介したのは、三年前にわたしが組成した五千万ドルのシンジケートローンである。不良債権がやや多いという指摘がある一方、ドイツにいるトルコ人労働者の母国への送金を積極的に取り扱っており、外貨のキャッシュフロー（資金繰り）は潤沢である。

今回の案件は、資金使途を特定の品目に限定しない、一般の輸出前貸しである。期間は一年で、金額は三千万ドル程度。実質的に、湾岸紛争直後に組成した三千五百万ドルのシンジケートローンの借り換えである。

同行向けのシンジケーションは、わたしの銀行が単独主幹事で過去四件と、最も多く組成しており、かなりの信頼を得ている。そうはいっても同行の経営陣は積極的かつ抜け目のない人たちなので、そうやすやすとマンデートを与えてはくれない。こちらのプロポーザルを他行のものと比較し、常にベストの条件を求めてくる。今回も、交渉の陣頭指揮をとるセラハッティン・セルベスト副頭取が「オファー（プロポーザル）を四つもらっている。うち一つは三千万ドルのフルアンダーライトで、弁護士費用を含めたオールインのコストはL＋一四〇（一・四パーセント）」といっていた。

一般輸出前貸しの場合、かなり確実な担保がとれる葉タバコ輸出前貸しよりプライスが高くないと理屈に合わない。また葉タバコ輸出前貸しで市場に出たばかりなので、あとどれくらいの銀行がいくらくらいパムック銀行に対するエクスポージャーをとれるのか、なかなか読みづらい。

サウンディングは約八十の銀行に対しておこなった。「オールインでL＋一五〇（一・五パーセント）ほしい」「一〇〇（一パーセント）あればオーケー」「既存案件の返済後の取り組みならオーケー」「トルコは枠がいっぱい」「パムック銀行は枠がいっぱい」「最近トルコの国枠を増やしてもらったので、やれるかもしれない」「葉タバコのようなセルフ・リクイデート（返済原資が確実）なひも付き輸出前貸しでないと駄目」「自行の取引先がらみの案件でないとやらない」「近々大蔵省の検査が入る予定で、その準備のために稟議書を書いている時間がない」など、さまざまなコメントが集まり、少なくとも一定の需要はありそうだった。

またトルコ物を数多く手がけているバンク・オブ・ニューヨーク（略称・BONY〈ボニー〉）、スタンダードチャータード銀行、さくら銀行（現・三井住友銀行）などの担当者に電話をして、ボロワー名は明かさずに、彼らの意見も聞いた。BONYのシンジケーション・マネージャー、ポール・リヴァースは「自分も今トルコのエスバンク（エスキシェヒール銀行）のシンジケーションを考えているが、プライスを付けあぐねている。マーケットは流動的だと思う」という。

以上の情報を踏まえた分析は次のとおりだった。

①トルコ物としては、パムック銀行より小さいが、先進的な銀行として売り出しているインターバンクが四月下旬くらいに市場に出てきそう。しかし、パムック銀行の案件は、四月上旬くらいから

組成するので、ぶつかることはなく、市場は比較的クリアな状態。
②トルコ物に対しては、邦銀に限らず、各行の審査部がかなりの抵抗感を持っている。他方、パムック銀行より小さく、あまりいいネームとはいえないイクティサット銀行が、最近、LIBOR＋一・七五パーセントの金利を払って二千五百万ドルを調達したので、プライス次第では参加行がどっと入ってくる。
③パムック銀行は、直近に葉タバコ輸出前貸しで市場に出ているので、同行に関しては、ぺんぺん草も生えない状態になっている可能性もある。インビテーションをみたとたん、ゴミ箱に捨てる銀行もあるだろう。一方で、サウンディングで声をかけたドーハ・バンク（カタール）やビクベン貯蓄銀行（デンマーク）などはかなり興味を示していた。またトルコのハイイールド（高リターン）案件に対する需要が強そうなドイツとイタリアの銀行は一つの販売ターゲットになる。
④本件は実質的に昨年の案件の更新（ロールオーバー）なので、昨年参加した銀行はそこそこ入ってくる可能性はある。しかし、昨年の葉タバコ輸出前貸しは一千万ドルだったのに対し、今年は四千万ドルも調達したので、そちらですでにクレジットラインを使ったり、別のトルコの銀行に使ったりした銀行もあるはずで、楽観はできない。
⑤葉タバコ輸出前貸しは、金利がLIBOR＋〇・七五パーセント、参加手数料は（参加額に応じて）〇・一五～〇・二五パーセントだった。本件は、担保の付かないクリーンローンで、しかも葉タバコ輸出前貸しに参加しなかった銀行を入れようとするのだから、プライスはかなり高くないといけない。
結論として、引受額は二千五百万ドル、プライスはボトムティアー（最低参加額）の参加銀行に

対してオールインでLIBOR＋一・一五パーセントを払える水準でマンデートを獲る必要があると方針を決めた。

週明けの三月二十三日――

電話でパムック銀行とシンジケートローンの条件につき交渉を始めた。

交渉相手は主に、セルベスト副頭取である。トルコ屈指の名門、中東工科大学（アンカラ）で金属工学の修士と、カリフォルニア大学でMBAを修めた四十代前半の働き盛りだ。細面の男前で、頭はよく、冗談交じりでいいたいことをがんがんいってくるので、油断はできないが、面白い交渉相手である。

国際部のシニア・マネージャー（部長級）のアティラ・チェティナー氏もときおり発言する。大柄で温厚な人で、話していると温かい気持ちになる。わたしがパムック銀行を訪れて交渉し、激しい議論になってかっかした帰り際など、優しくコートを着せてくれたりするので、ああ、自分はまだ子どもだなあ、と反省させられたりする。

もう一人、レフィーク・センチュルクというマネージャー（課長級）がいて、実務はこの人がやる。わたしと同年配で、臼のような顔と身体つきで、口数は多くないが、やはり明るい性格の人である。あるとき彼の腕時計に視線をやったら、時間を三時間早めているのに気付いた。五分とか十分早めている人はときどきみかけるが、三時間というのは初めてだったので驚いた。聞いてみると、仕事はすべて三時間前に片付けているという。確かに、彼の仕事は漏れもなく、非常にきっちりしていた。アポイントメントの時刻などは実際の時間で管理していて、間違えることはなかった。

この日は、午前中に一回、午後に一回交渉したが、相手もさるもので、おいそれとは結論を出してくれそうにない。

交渉を担当する国際部門は、日頃の良好な関係から、ある程度こちらを主幹事に推してくれているようだった。しかし、調達した資金を使う国内営業部門は、ほかに三千万ドルの引受けのオファーを出している銀行があり、プライスもそれほど変わり映えしないので、今一つ満足していない雰囲気である。また、最終的にはシェンバー頭取マターなので、国際部門としても「交渉の結果、いい条件を引き出しました」といえるようにしたい様子が窺えた。

翌日の午前中も再びセルベスト副頭取、チェティナー氏と交渉したが、上手くいかない。

パムック銀行側は、パリにあるバンク・インターナショナル・ド・コマースから期間十八ヶ月のオファーをもらっているという。同行は、トルコ系の銀行で、トルコ案件には強いが、多少胡散臭さがあり、そういう銀行を主幹事に起用すると、ボロワーの評判にもマイナスの影響が及ぶ。

わたしはセルベスト副頭取にいった。

「それはよいオファーだと思います。名実ともにフルアンダーライトのオファーであるならば、迷わずとるべきです。ただわたしとしては、今のマーケット状況からいって、十八ヶ月物が可能だとは、とても思えません。したがって、ローンチしたあとで、バンク・インターナショナル・ド・コマースが『やっぱりできない』といってくる可能性があると思います。そうなったとき、彼らが逃げられないよう、マンデートを与える際に、がっちり引受けをさせておくことが大事だと思います」

「うーん……」

セルベスト副頭取は考え込む。彼自身もバンク・インターナショナル・ド・コマースがどれくらい真剣なのか、疑問に思っている様子である。あるいは同行のオファーになんらかの欠陥があるのかもしれないし、あるいは、そんなオファーはもらっていないのかもしれない。トルコに限らず、ボロワーは交渉するとき、本当のことをいってくるとは限らない。大嘘をつけば当然ばれるが、トルコの人たちはこのへんの駆け引きが非常に上手い。

その日の午後、家内とイスラエルの国営航空会社、エル・アル航空の飛行機で、六泊七日のイスラエル旅行に出かけた。

エル・アル航空は、アラブ・テロリストの最大の標的である。搭乗手続きは非常に厳格だった。係官に「なぜイスラエルに行くのか?」「イスラエルではどこに泊まるのか?」「なぜ出発の五日前という直前に航空券を買ったのか?」「パスポートに中東の国々の入出国スタンプが多いが、どうしてか?」「アラブ人の友人はいるか?」「誰かから荷物を預かったりしていないか?」といった、さまざまな質問をされ、別の場所で同様の質問をされた家内の答えと突き合わされる。「ロンドンではどこに住んでいるのか?」と訊かれ、「ゴールダーズ・グリーン」と答えると、「それは大変結構」とにっこりされた。この質問攻めと荷物検査を搭乗までに二回やられた。以前、アラブ人テロリストが、自分の妻が赤ん坊を乗せて押す乳母車に爆弾を仕掛けた事件も起きており、どんなささいな兆候でも見逃すまいとしていて、さすがにすごいなと思わされた。

飛行機に乗ると、後方の座席に筋骨隆々とした感じの男が、膝の上に大きめのスポーツバッグを乗せてすわっていた。スウェットスーツのような動きやすい服装で、旅行にいくような雰囲気は微塵もなく、午後九時すぎに飛行機がテルアビブのベン・グリオン空港に到着すると、クルーと一緒に最後に降機していった。たぶんエアマーシャルで、膝の上のバッグにはマシンガンかなにかが入っていたのだろう。エル・アル航空は、こうした厳重な対策のおかげで、今までテロの被害に一度も遭ったことがない。二〇〇一年九月十一日に米国で同時多発テロが発生したときは、世界中の航空会社が保安検査のやり方を習いに、同社の門を叩いたそうである。

その晩は、テルアビブのラマダ・ルネッサンス・ホテルに泊まった。青い地中海に面したリゾートの雰囲気もある高層ホテルである。

翌日、ホテルのバスでテルアビブから五四キロメートルほど離れたエルサレムの旧市街に行き、アラブ料理店で、ワラク・エナブ（ピラフのブドウの葉包み）、ファラーフェル（油で揚げたひよこ豆の団子）、オリーブなどの昼食をとる。その後、「キッパ」と呼ばれる小さな帽子を頭に着けて、男女別々に嘆きの壁を見学し、すぐそばにある黄金色のドームを持つ岩のドーム、イエスが十字架を担いで歩いた道「ヴィア・ドロローサ」、その終点にあるイエスが処刑されたゴルゴタの丘に建つ聖墳墓教会などをみて歩いた。ヴィア・ドロローサは、灰色の石造りの家の壁に左右を挟まれた細い石畳の道で、地元の人々や世界中からの観光客であふれていた。聖墳墓教会のなかには、イエスが十字架から降ろされたという場所や、イエスの墓があり、キリスト教徒と思しい女性が祭壇の前にひざまずいて熱心に祈りをささげていた。

二十七歳でエジプトに留学するとき、横浜港のそばにある産業貿易センター内のパスポートセンターで、生まれて初めてパスポートの申請をしたとき、後ろに並んでいた数人の年輩の女性たちの申請書をちらっとみたら、渡航国に、米国やヨーロッパではなく、イスラエルと書いてあったので、意外に思ったことがある。あの婦人たちもたぶんキリスト教徒で、感激しながらこの街を歩いたはずである。

その後、聖墳墓教会から歩いて七、八分のキング・デビッド・ホテルに行き、パムック銀行に電話をかけた。当時は携帯電話などは一般的ではなく、国際電話をするには電話局かホテルに行くしかなかった。ホテルは結構なサーチャージを上乗せして宿泊客向け国際電話料金を設定していて儲かるので、宿泊していなくても、「じゃあ、こちらのブースでかけて下さい」とたいてい電話を使わせてくれた。

交渉のポイントは、パムック銀行との会話のみという限られた情報源から、ほかのどの銀行がどんなオファーを出しているのか、そしてパムック銀行がマンデートを決めるのはどの要因によるのかを聞き出し、それに応じてこちらから魅力的なオファーを出すことだ。

世間話をしたり、角度を変えたり、あるいは突拍子もない質問なども繰り出したりして、相手が置かれている状況の全体像把握に努める。なにやら警察の取り調べのようでもあるが、一つ違うのは、常に丁々発止の威勢のいい掛け合いのなかで交渉が進むことだ。

結局この日は、こちらのプライスを十六分の一（〇・〇六二五）パーセント引き下げたが、引受額は二千五百万ドルのままにした。

その晩は、ホテルのベッドで、プライスとシンジケーション戦略について練り直しながら、眠りについた。

　翌日は、朝、ホテルからパムック銀行に電話をして交渉し、その後、ツアーに加わって、国の中部の砂漠地帯をめぐった。最初にアブラハム、イサク、ヤコブのユダヤ民族の父祖たちが三代にわたって住んだと旧約聖書に書かれているベエル・シェバの町とその青空市場を訪れ、紀元七〇年にローマ軍に追い詰められた千人近いユダヤ人が立てこもった岩山の上のマサダの遺跡を見学し、そばの死海で、本を読みながらぷかり、ぷかりと水に浮かんだ。

　この日も観光をしながら、町の電話局やホテルから三時間おきくらいにパムック銀行に電話して交渉を続けた。

　マンデート決定は大詰めの段階にきており、こういう最終局面では連絡を密にとって、柔軟な対応をしないと案件を取り逃がすことになる。今回はイスラエルの砂漠地帯の観光をしながらこれをやるので、大変忙しい。

　日中はずっと温厚なチェティナー氏が相手だったが、夕方の交渉では再びセルベスト副頭取が登場し、早口でがんがんまくしたててきた。

「ミスター金山、あと一〇ベーシス（〇・一パーセント）プライスが下がらないか？　引受けは、あと五百万ドル大きくしてほしい」

「それでは売れないと思います」

「そんなことはない。きみならできる。貴行ならできる。必ずできる！」

（まったく、きみならできるじゃないでしょうが……）

「You can do it!」の連呼に、内心苦笑する。

「評価していただけるのは光栄ですが、今のマーケット情勢からいって、少し無理があると思います」

相手の迫力に圧倒されそうになりながら、懸命に押し返す。

話していると、パムック銀行側もシンジケーションの能力ではこちらが一番すぐれていると思っているのが読み取れる。

「ミスター・セルベスト、引受額というのは、シンジケーションが上手くいかなかったとき、レンダー（貸し手）がいくらまで出すかという話で、ボロワーである貴行にとっては、二千五百万ドルでも、三千万ドルでも大きな違いはないはずです」

「うーん……」

「今、マーケットの状況が読みづらいので、どの銀行も二千五百万ドルから三千万ドルしか引き受けできません。でも実際にやってみれば、はるかに上手くいく可能性もあります。三千万ドルを軽く超えるかもしれません。もしそういう場合、過去の実績（トラックレコード）もあり、マーケットでも信頼されており、かつパムック銀行のこともよく知っている我々に任せるのが一番いいと思います」

「いくらぐらいいけると思う？」

「率直にいって、四千万ドルくらいは集められると思います。ただしこれは可能性であって、うちとしては二千五百万ドルの引受けでやりたい。マーケットにおけるパムック銀行のイメージづくりという観点からいっても、最初から四千万ドルでやって上手くいかないで、引受銀行に全部出させるより、二千五百万ドルから始めて、三千万ドルでも、三千五百万ドルでも、オーバーサブスクリプションという形で終えるほうが、よっぽどいいと思います」

この日の交渉では、かなり説得することができた。

それでも最後は「プライスであと一〇ベーシス、引受額であと五百万ドル、なんとかしてくれれば、おたくのオファーがかなりいいところまでいくので、もう一度検討してほしい」と、ふりだしに引き戻され、なんとかしてマンデートをとりたいこちらとしては嫌ともいえず、検討を約束して、その日の話し合いを終えた。

ちなみに作家になって、出版社と初版部数の交渉をするとき、編集者は「最初から大きい部数でいくより、千部でも二千部でも増刷にしたほうがイメージがいいと思います」と、こちらに少ない部数を飲ませようとする。それに対して一応反論したりはするが、内心では、あーあ、昔、俺も同じこといってたよな、と苦笑する。

その晩、再びラマダ・ルネッサンス・ホテルのベッドで、プライスと引受額について悶々と悩んだ。

翌朝起きると、全身にじっとり汗をかいており、身体が重かった。肉体を使ったときの疲労は爽やかだが、頭だけを、しかもこんなふうに何度も同じことをぎりぎりの状況で考え、決断しなくてはならないときは、心地よい疲労感は得られない。

一晩考え、やはり引受リスクは大きくしたくないので、二千五百万ドルで踏ん張るが、セルベスト副頭取の顔を立てるため、プライスは七・五ベーシスポイント（〇・〇七五パーセント）だけ下げることにした。

朝、ホテルの部屋からパムック銀行に電話し、チェティナー氏に最終条件を伝えた。最後に「シンジケーションはうちにやらせるのが一番上手くいく」と強調した。もうこれでマンデートが獲れないなら、仕方がない。チェティナー氏も「わかった」という。この日は金曜日で、もうこれ以上こちらからうるさく電話をするのもよくないので、チェティナー氏とお互いに「よい週末を」といって話を終えた。パムック銀行はこの日の午後、シェンバー頭取も出席する会議で結論を出すようだ。現在出ているオファーは三つ。わたしの銀行のほかは、バンク・インターナショナル・ド・コマースと、どうやら富士銀行で、トルコ物の実績からいって、うちとバンク・インターナショナル・ド・コマースの一騎打ちだ（富士銀行は非常に内向きの体質で、外で勝負する力はない）。

その日は、九十ドル払ってタクシーをチャーターし、エルサレムの南一〇キロメートル弱にあるキリスト生誕の地、ベツレヘムとシオンの山を観光した。ベツレヘムは灰褐色の石灰石の箱型の家々が集まっている町で、あちらこちらにキリスト教、イスラム教、アルメニア正教、ギリシャ正教、ユダヤ教などの教会の尖塔がみえ、さまざまな宗教の人々が共存していることがわかる。生誕教会という大きな教会があり、内部にあるキリストが生誕したとされる場所には、東方の三博士を導いた星の形がはめこまれた祭壇があり、キリストのゆりかごもあった。

夕食は地中海のそばのレストランで、セント・ピーターズ・フィッシュ（聖ペテロの魚）という白身の魚のフライをレモンと塩で食べた。その正体は、ガリラヤ湖に棲息する淡水魚ティラピアで、キリストの十二使徒の一人、ピーター（ペテロ）がガリラヤ湖で釣りをしていると、銀貨をくわえたこの魚が釣れたといういい伝えがある。

翌土曜日はバスツアーに参加し、朝七時半にテルアビブを出発。国の北部へと向かった。

ガイドはフランスからイスラエルに移住したというお兄さん。金髪で背が高く、すっきりした風貌で、どうみてもフランス人にしかみえないが、ユダヤ人だという。ユダヤ人であるかどうかは民族的な面と宗教的な面から決められるそうで、イスラエルの帰還法（ユダヤ人としてイスラエルへの移民を認める法律）では、「ユダヤ人の母親から生まれた人とユダヤ教への改宗が認められた人」と規定されているという。

ツアーでは午前中、イエスが両親とともに幼年から青年時代をすごしたナザレと、洗礼を受けたとされるヨルダン川を訪れた。ナザレは中東かトルコの田舎町のような雰囲気だった。土産物店で売られていた絵葉書をみると、ヨルダン川に浸かって洗礼を受け、感激の涙を流している高齢の女性の写真が使われていて、キリスト教徒にとってはこの上なく感激する場所なんだろうなあと思わされた。

昼食をガリラヤ湖畔のティベリアの町でとり、午後は、風でさざなみ立つ灰色のガリラヤ湖を遊覧船で渡り、イエスが病人たちを癒やしたというカペナウムを訪れた。その後、三キロメートルくらい離れた、やはりガリラヤ湖畔のタブハの町で、パンと魚の奇跡の教会を見学した。二匹の魚と五個のパンをイエスが増やし、五千人以上の人々に食べさせた奇跡の場所とされ、教会の床にはパンや魚を描いたビザンチン時代の素朴で美しいモザイク画が残っていた。

翌日曜日は、テルアビブ一の繁華街、アレンビー通りや、ショッピングセンター、カフェ、商店などが軒を連ねるディゼンゴフ通りを歩いたり、ホテルで昼寝をしたりして、少しのんびりした。

しかし、夕方になる頃から、再びパムック銀行のことが気になり出した。プライスを下げすぎた気がして、もしかして、まったく売れないのではと、気持ちが揺らぐ。

一夜明けた月曜日――

不安はピークに達し、これから電話をして、オファーを取り下げようかとまで思う。

午前八時半、半ば放心状態でパムック銀行に電話を入れた。もうどうにでもなれ、という心境だった。

「グッド・モーニング、ミスター金山」

チェティナー氏が電話に出て、晴れ晴れとした感じの声でいった。

「ウィ・ハヴ・グッド・ニューズ・フォー・ユー」

（うわー、きちゃった!?）

一瞬絶句し、冷や汗が流れた。

パムック銀行は、シンジケーションの遂行能力と過去の実績を評価し、今回の案件のマンデートも、わたしの銀行に与えると決めたという。

不安八割、嬉しさ二割の心境だったが、とにかくお礼を述べ、今後のスケジュールを確認して電話を切った。

その後、ロンドン支店でシンジケーションを担当している船造さんに電話をし、「パムック銀行からきちゃいましたよ」というと、「ええっ!?」と彼も一瞬絶句。しかし、引受額、プライスとも、事前に打ち合わせた範囲内であることを伝えると、「ああ、それならなんとかなるね」と安堵した様子。特に、引受額を何度も三千万ドルに増やそうかと考えたけれども、二千五百万ドルで踏みとどまったことは評価してくれた。

休暇明けの火曜日（三月三十一日）――

ロンドン支店に出勤し、パムック銀行向けシンジケーションを金額三千五百万ドル、引受額二千五百万ドルでローンチした。金利はＬＩＢＯＲ＋〇・八七五パーセント、参加手数料はトップティアーで〇・五パーセント、ボトムティアーで〇・三七五パーセントとし、先の葉タバコ輸出前貸しよりオールインで〇・三五〜〇・三七五パーセント高く設定した。

インフォメーション・メモランダムは約六十ページで、今回の案件の詳細、パムック銀行に関する情報（歴史、事業内容、財務内容等）、チュクロヴァ財閥に関する情報（歴史、グループ企業群、財務内容等）などを盛り込んだ。また別途約二十ページのトルコに関する政治経済情勢や国際収支そのほかの最近の統計を入れたカントリー・レポートを準備した。この二つに、パムック銀行の最新のアニュアルレポートを加え、資料を請求してきた銀行に送る。

パムック銀行も我々が主幹事だと安心しているようで、インビテーション・レターやインフォメーション・メモランダムも、即日ドラフトにオーケーをくれた。

最初の週にきたインフォメーション・メモランダムの請求は十五で、まあまあだが、すごくいい反応というわけでもなかった。

しかし、翌週月曜日（四月六日）、請求が四件、翌火曜日は一気に九件の請求がきて、手ごたえを感じた。水曜日にはナショナル・オーストラリア銀行から第一号のコミットメント二百五十万ドルが入り、木曜日にはイタリアのモンテ・パスキ銀行が百万ドルを入れてきた。インフォメーション・メモランダムの請求も金曜日までに四十に達し、パムック銀行が期待する四千万ドルの可能性もみえてきて、明るい雰囲気になった。

その週の金曜日（四月十日）――

日差しが明るく、気持ちが浮き立つような暖かい日だった。

前日に英国の総選挙が実施され、労働党に対する劣勢が伝えられていた保守党が、六百五十一議席中、三百三十六議席の過半数を獲得した。英国資本主義の牙城であるシティでは、この日、お祝いの会がレストランやパブで開かれ、正装をした身分のありそうな年輩の男女の人々を通りで時々みかけた。

その晩、わたしは蛍光灯がともるオフィスで、イラクとイランの軍事衝突の可能性に関するレポートを書いていた。最近、イラク国内にいる反イラン危険分子を掃討するため、イラン軍機八機が越境して爆撃をおこない、そのうち一機がイラク側に撃墜されるという事件が起きていた。ロンドン支店では、イランの銀行が発行したＬＣのサイレント・コンファメーションをやっているため、債権保全への影響が出ないか、国際審査部が気にしていた。

戸外はとっぷり暮れ、コーンヒル通りを挟んだ向かいのロイズ保険組合の銀色のメタリックなビルに照明がともっていた。

そばの席では、アシスタントのイタリア人、リカルド君が、近々予定されている日銀検査に必要な各国別貸出残高表のなかなか合わない検算を一生懸命やっていた。

午後九時二十分すぎ、もうはっきりとは憶えていないが、資料をとりにいくためか、あるいはコピーをとりにいくために、席から立ち上がり、フロアーの中央に向かって歩き始めた。

四メートルくらい歩いたとき、急に停電になり、オフィスが真っ暗になった。

（また停電か？　まったくイギリスって国は……）

心のなかで一瞬ぼやいた次の瞬間、ドワァーンというような轟音と、猛烈な風とともに、オフィス内のありとあらゆるものが、背中に飛んできた。無数のガラス片や書類や文房具や椅子などが、暴風雨のように殺到してくる。

暗闇でわけがわからなかったが、思考の余裕もなく、とっさに近くの机の下に潜り込んだ。暗くてみえなかったが、すでに床一面にじゃりじゃりしたガラス片が飛散しており、あとでみると、てのひらを数ヶ所切っていた。

「オオ、ゴーッド！　ヘルプミー！　グワーッ！　ゴーッド！」

暗闇のなかでリカルド君が絶叫していた。

（外国人は、こういうとき叫ぶんだなあ……）
一、二分すると、あたりが静かになった。
机の下から恐る恐る這い出してみると、室内には蛍光灯が白々ともっていた。自家発電装置が働いたらしい。オフィスは滅茶苦茶で、天井は落ち、窓ガラスは全部吹っ飛び、書棚は倒れ、パソコンのスクリーンは割れ、机の上や床にはガラス片、書類、文具などが散乱していた。

（これは……ロケット弾を撃ち込まれたのか⁉）

オフィスは少し前に八階から九階に引っ越ししていた。天井が高いので、日本のビルだと十三階くらいの高さがある。ちょうどイラン機撃墜のレポートを書いていたこともあり、こんな高さにこんな甚大な被害をもたらすのは、ロケット弾かなにかかと思った。

二発目がくると怖いので、小走りで、フロアー中央にあるエレベーターホールに向かった。壁で囲まれていて頑丈なので、オフィスよりは少しは安全だろうと思った。

すでに十人ほどが集まっていて、リカルド君を含め、三人が頭を切り、床にぽたぽたと血が落ちていた。「救急車を呼ばないと。救急車、救急車……」とうわごとのようにいっている若い日本人行員もいた。全員、なにが起きたのかわからず、茫然自失の体だった。わたしは右の手首の肉がみえるほどざっくり切れており、左ひじも切れ、背中も切れているようで、痺(しび)れていた。

「みんな、こういうときエレベーターは危ないですから、階段で地上まで下りましょう！」

M&Aのセクションにいる吉本君が大きな声でいった。

わたしより二年次下で、ロンドン・ビジネス・スクールへの留学経験（MBA）もある若手である。

「手が切れている人は、手を心臓より上にして歩きましょう」

吉本君にいわれ、わたしを含め、何人かが手を上に上げ、皆でぞろぞろと階段を下り始める。

その場には、国際金融担当の副支店長や二人の次長もいたが、リーダーシップをとったのは吉本君だった。こういう非常事態のとき、人の真価が発揮されるものだが、若いのにしっかりしてるなあと感心した。

地上階まで下りると、入り口ホールの天井の白い化粧合板はあらかた吹っ飛び、鉄骨が剝き出しになっていた。正面玄関はガラスがすべて砕け散り、曲がった鉄の枠だけが残っている。

五〇メートルくらい先のコーンヒル通りに、青いランプをともした救急車が二台停車しているのがみえた。外の路上も割れたガラス片が敷き詰められており、皆でそれをじゃりじゃり踏みしめながら救急車へと向かった。

二十分ほど救急車のなかで待たされ、シティの東のほうにあるロイヤル・ロンドン・トラストという煉瓦造りの大きな病院に連れて行かれ、レントゲンを撮ったあと、手の傷を縫ってもらった。処置が終わったのは午前〇時半頃だった。看護師に「お金を払いたいけれど、着のみ着のままできたので、持っていません。来週払いにくればいいですか？」と訊いたら、「ここはタダなのよ」と笑われてしまった。英国の医療の九割程度は、ＮＨＳ（National Health Services=国営医療サービス）が担っており、治療代はタダである。

「それよりあなた、お金もないのにどうやって家に帰るの？」

「ちょっとお電話を貸していただけますか？」

国際金融課で事務管理をやっている若手の日本人行員の自宅の電話番号を記憶していたので、彼に電話して、迎えにきてもらった。

その頃には、警察官との会話などから、事件はロケット弾ではなく、ＩＲＡ（Irish Republican Army）の爆弾であることがわかった。北アイルランドの独立を目指すカトリック系の過激派集団だ。

ＩＲＡは当初、シティの象徴であるロンドン証券取引所を爆破するつもりだったが、警戒厳重で爆弾を置くことができず、コマーシャル・ユニオン・ビルのそばに五〇〇キログラムくらいの爆発物を置いたらしかった。もし爆発物の量が倍だったら、ビルは倒壊し、全員死んでいたはずだ。

ＩＲＡは、つい二ヶ月前も、ロンドンブリッジ駅に爆弾を仕掛け、二十八人に重軽傷を負わせたばかりである。

ロンドン支店は、室町支店長と総務・企画セクションが中心になって、市内ベルグラーヴィア地区にあるシェラトン・ホテルのなかに復旧対策本部を立ち上げた。我々一般行員も入院中の二人を除き、翌土曜日からそこに出勤した。

仮オフィスは大林組の斡旋で、日本興業銀行（現・みずほ銀行）が以前使っていた「バックラーズベリー・ハウス」というビルの九、十、十二、十三階を借りられることになった。バンク駅のそばにある、十五階建ての古いビルである。

日本興業銀行が出て行ったあとなので、各フロアーはまったくもぬけの殻で、机、椅子、書棚などは分解され、四階の倉庫にしまってあった。倉庫内でロンドン支店の英国人メッセンジャーたちがそれらを組み立て、行員がそれをエレベーターで各階に運び、仕事ができるように並べた。わたしを含め、頭や腕に包帯を巻いたまま作業をしている者も多かった。

東京の国際部やシステム部から八人の応援がきたほか、以前ロンドン支店で総務をやっていたエジンバラ事務所長やマドリード支店次長なども駆け付けていた。船造さんもシンジケーションから離れ、企画・総務セクションに戻った。資金決済、総務、コンピューターの復旧など、決めるべきことは多く、仮オフィスのあちらこちらでミーティングがもたれていた。椅子がないので床にすわっている人間も多い。

英国人の行員は、総務関係の人間と役付者が出勤するよう求められたが、「自分はそんな肉体作業のために雇われたわけじゃない」「事故なんだから、なにも急いで復旧しなくても」という者も少なからずいて、こういうとき全員が肩書に関係なく、懸命に働く日本の文化とは対照的だった。室町地場（英国）企業担当のピーターという英国人副支店長は、作業に消極的だったので、室町支店長に叱責されたようだった。支店長でも英国人スタッフには遠慮する人が多いが、室町さんは温厚にみえて、気骨のある人だなと思った。

日曜日には、ディーリングルームで使用するロイターの情報端末の新品が数十個届き、我々は夜の十一時頃までかかって、約二百五十人分の机や椅子をようやく並べ終えた。外部との通信に必要な電話回線やテレックスも確保された。

翌四月十三日月曜日――

フィナンシャル・タイムズの一面全部を使って「テロの被害に遭いましたが、弊行は通常通り業務をおこなっております（continuing business as usual）」という広告を打ち、仮オフィスの住所や電話・テレックス番号などを掲載した。

心配していたローン管理課も機能する状態になり、外部との連絡に必要な携帯電話も五十台用意された（この頃の携帯電話はハーモニカくらいある、かなり大きくて重たいものだった）。

爆破で、シンジケーション関係のファイルはすべてコマーシャル・ユニオン・ビル九階の瓦礫のなかに埋もれ、今は立ち入ることもできない。パムック銀行のシンジケーションのインフォメーション・メモランダムを請求してきたり、コミットしてきたりした約四十の銀行名は記憶で思い出し、リストを再作成した。メモランダムの要請やコミットがあるたび、一喜一憂して作業をしていたので、すべての銀行名を思い出すことができた。

しかし、担当者名や連絡先まではおぼえていないので、同じバックラーズベリー・ハウスにオフィスをかまえている東洋信託銀行（現・三菱ＵＦＪ信託銀行）からバンカーズ・アルマナックを借り、各銀行に電話をして、パムック銀行の案件を担当している人につないでもらい、事情を説明し、担当者名や連絡先の詳細を教えてもらうという作業を二日間かけてやった。

インフォメーション・メモランダムも吹っ飛んでいたので、すでに送った安田信託銀行に頼んでコピーをとらせてもらい、参加見込み銀行から質問があった場合に備えた。パムック銀行のアニュアルレポートは、さくら銀行にコピーをとらせてもらった。

これでシンジケーションの続行がなんとか可能になった。火曜日にはイタリアのノバラ銀行やUAEのアブダビ商業銀行などが入って、コミットは九百五十万ドルとなり、金曜日にはコミット総額が二千百万ドルに達した。国際審査部からは五百万ドルのファイナル・テークの承認をもらっていたので、二千五百万ドルの引受けはクリアしたことになる。


週明けの月曜日(四月二十日)――

爆破事件から十日がすぎたこの日はイースター・マンデーの休日だったが出勤し、約三十人の同僚と一緒に、ヘルメット、マスク、革手袋、つなぎの作業服という完全武装で、コマーシャル・ユニオン・ビルに入った。

爆破事件後初めての大がかりな作業で、マスコミも取材にきていた。ビルの窓ガラスは全部吹き飛び、白いブラインドが、吹き流しかゴムひものように無残に垂れ下がっていた。

九階に上がると、窓ガラスが全部なくなった広いフロアーに風がビュービュー吹いていて、まるで高山にいるようだった。天井のパネルは上から踏み抜いたように落ち、爆風で砕け散ったガラス片がいたるところに散乱していた。厚さ九ミリの薄墨色の透明なガラス片は、矢じりのように尖っていて、こんなのが飛んできて、よく軽傷で済んだものだと思った。机の上にあった書類の多くは、強風でどこかに飛んでいってしまっており、残ったものは雨で濡れていた。書類や文具を、どんどん搬出用のプラスチック製の箱（クレート）にぶち込んでいった。机は、引き出しが飛び出てこないようにガムテープを張り、押して移動する。

　嫌な気分にさせられたのは、この日以前に現場に入ったコマーシャル・ユニオン・ビルの労働者たちが火事場泥棒を働いたことだった。遮蔽物の陰にあり、無傷であるはずの机の引き出しが開けられ、なかの物が散乱していたりした。机の引き出しに入れていたわたしの腕時計もなくなっていた。幸い、一番心配した机の下に置いてあった書類鞄は手付かずで、なかのパスポートや財布も無事だった。

　その日は、夕暮れまで汗だくで作業をし、搬出作業はこのあと約二週間続いた。

　後日、会社が加入していた損害保険にもとづく保険金請求用リストが回ってきたので、盗まれた腕時計を記入し、補償金を受け取った。中国系シンガポール人の女性は、たぶんなくしていないはずの物まで思い切りリストに書き込んでいたので、なるほど、こういうときはあんなふうに金をぶんどるのかと、生きる知恵に感心した。わたしはといえば、請求できたはずのガラス片で破れたスーツの代金なども書き忘れ、いつもながら要領が悪かった。

　翌日――

　また予想もしない事態が起きた。

「ミスター金山、パムック銀行から、四月十七日デュー（期日）の返済がされていないようなんだけれど……」

朝一番で電話をかけてきたのは、韓国長期信用銀行の担当者だった。

昨年組成したパムック銀行向け三千五百万ドルのシンジケートローンの参加行だ。同案件は、先週金曜日の四月十七日が返済期日だった。

（えっ、そんな馬鹿な⁉）

既存の案件の返済にデフォルト（債務不履行）したりすれば、新規の案件を組成するどころではない。

「本当に、返済されてないいんですか？」

「うん、わたしも確認したし、間違いない」

「うーん、本当ですか……！」

わたしは呻いた。

「ご迷惑をおかけして申し訳ありません。すぐに事情を調べて、ご連絡します」

受話器を置くと、今度はランペ銀行（独）のベルギー法人の担当者から電話がかかってきた。

「ミスター金山、パムック銀行の去年のファシリティ（案件）の返済がされていないんだけど……」

（こっちもか⁉ こりゃ、本当に返済になってないな）

急いで下の階にあるローン管理課へと向かった。

担当のアリソンという、若くて背が高い女性に事情を話すと、ファイルを出してきて、すぐに調べてくれた。

「このパムック銀行の返済は、爆破事件の二日前くらいに、返済金を各銀行に送金するためのペイメント・オーダー（送金指示書）をつくって、机の上に置いておいたんです」

いいたいことをはっきりいう英国人女性のなかでは珍しく、性格も話し方も穏やかで、綾瀬はるかのような、癒やし系のアリソンがいった。

「それを誰かにチェックしてもらって、四月十七日までにニューヨーク支店にファックスする予定だったんですけど、あの爆発で、ペイメント・オーダーがなくなってしまったんだと思います」

実際にドル資金の送金を実行するのは、ニューヨーク支店である。

事情がわかったので、時差が五時間あるニューヨーク支店が開くのを待って電話し、パムック銀行から返済金が入っていることと、参加各行にはそれを送金していないことを確認し、あらためてペイメント・オーダーを四月十七日バリュー（起算）で作成してもらった。

参加銀行にはテレックスで、支払いの遅れはパムック銀行のせいではなく、爆破事件によるものだと説明した。


シンジケーションのほうは、その後も、ナショナル・ウエストミンスター銀行、ノヴァ・スコシア銀行（カナダ）、ポルトガル・ユニオン銀行など、有力行が続々とコミットし、オーバーサブスクリプションで、四千万ドルに増額されることになった。昨年参加した十六行のうち今年も参加したのは七行で、だいたい予想どおりの歩留まり率だった。参加額が大きい銀行ほど歩留まり率が高く、やはり大きく参加してくれる銀行は大事にしないといけないなと感じた。

調印式は五月十八日の午後、バックラーズベリー・ハウスの十二階でおこなわれた。日本興業銀行の投資銀行部門であるＩＢＪインターナショナルが使っていた場所なので、調印式用の部屋は、いかにも投資銀行といった感じの、やたら立派で重厚感のある一室だった。

パムック銀行から出席したのは、シェンバー頭取、チェティナー氏、国際部のアシスタント・マネージャーのアクチャリ氏（女性）の三人。ぎょろりとした目で、黒々とした口髭を生やしたシェンバー頭取はご満悦で、「ユー・ディド・アナザー・グッド・ジョブ（またいい仕事をしたね）」とねぎらってくれた。

## 2

七月九日——

（これはいったい、どういうことだ!?　本気でこんなことをいってるのか!?）

ようやく慣れてきたバックラーズベリー・ハウスの狭い仮オフィスで、わたしはチェース・マンハッタン銀行シンジケーション部からのテレックスを手に、怒りを覚えた。

つい先日、引受銀行として参加したトルコのＴＣジラート銀行（T.C. Ziraat Bankası A.Ş.）に対する期間二年のシンジケートローンのフィーの分配についての連絡だった。

ＴＣジラートは主に農業関連の業務をおこなっている国営銀行で、総資産ベースではトルコの銀行中最大である（ジラートはトルコ語で農業を意味する）。

案件は、わたしの銀行のほか、東京銀行、東海銀行、アラブ・バンキング・コーポレーション（バーレーン）、ラボバンク（蘭）、ウェストドイチェ・ランデス銀行（独）、バンク・ブリュッセル・ランベール（ベルギー）、ナショナル・バンク・オブ・クウェートなど、全部で十の銀行が引き受けていた（うち一行は主幹事のチェース）。

シンジケーションはオーバーサブスクリプションとなり、一億二千五百万ドルから一億五千万ドルに増額され、融資契約書作成作業の最中だった。

引受手数料は〇・三パーセントだった。これは増額分についても支払われるのが市場慣行（マーケット・プラクティス）である。

また引受けのシェアに応じて、「プレシピアム」の配分もある。これは一般参加銀行に支払う参加手数料の残余分で、「プール」とも呼ばれる。ボロワーは融資総額に対して一律の割合でフィーを払うが、参加銀行のフィーは参加額に応じて、〇・九、〇・七五、〇・六二五、〇・五パーセントという具合で差がつけられるため、残余分が生じる。

ところがチェースのテレックスには、引受銀行に対する手数料は、当初の一億二千五百万ドルに対してのみ支払うと書いてあった。

すぐチェースのシンジケーション部に電話をかけた。

「今、テレックスを受け取ったんだけれど、これはなにかの間違いじゃないの？　増額分に対して引受手数料を払うのがマーケット・プラクティスでしょう？　しかも、プレシピアムの配分についてなんの記述もない。プレシピアムのシェアも払わないということですか？」

「引受銀行に対するフィーの支払いは、テレックスに書いたとおりだ」

ジャクソンという英国人のバイスプレジデントの男が平然といった。

「それはマーケット・プラクティスに反すると思うけど」

「チェースはこのマンデート獲得のために長い時間と膨大な労力を費やし、ボロワーと交渉し、案件を成功に導いたのだ。それに対する正当な報酬を受けるのは当然だろう」

まるでこちらのほうがおかしいとでもいうような口調である。

不誠実な開き直りに、怒りが爆発した。

「そうか、わかった。だが我々はあなたがたのやり方にまったく納得がいかない。ほかの引受銀行とも協議して対応させてもらう」

翌日、東京銀行ロンドン支店の次長でシンジケーション部門の責任者である工藤さんに電話をかけた。わたしより二年次くらい上の人で、東京銀行らしく外資に伍して戦おうという気概の持ち主である。

「工藤さん、チェースのＴＣジラートのフィーのテレックスみました？　あり得ないですよね？」

「いや、こっちも怒り心頭に発してるところです。ここまでやるとは」

「あいつら、もう開き直ってて、個別に交渉しても駄目だと思うんで、みんなで一緒にやりましょうよ」

そのあと、東海銀行ロンドン支店で国際金融を担当している小洗（こあらい）さんに連絡した。

カイロ留学時代の研修生仲間で、バーレーン勤務のあとロンドンに転勤してきた。いつも日焼けして明るい性格の人だが、やはり立腹していた。

その日のうちに、わたしがチェース・マンハッタン銀行あての三者連名のファックスをつくった。①ローン増額分の引受手数料を払うこと、②プレシピアムを配分すること、という二点を求める内容である。かなり激しい文面でドラフトをつくったら、工藤さんに「これだと訴訟になるから、ちょっと修正したほうがいいと思います」といわれ、手直しした。それを持って、東京銀行と東海銀行に出向き、二人のサインをもらい、チェースに送った。

邦銀三行だけだと舐められて、取り合ってもらえない可能性もあるので、全引受銀行に対し、チェースのやり方は論外で、我々はチェースとＴＣジラート銀行に抗議し、善処を求めたので、同一歩調をとってほしいと連絡した。

ほとんどの引受銀行から即日反応があった。アラブ・バンキング・コーポレーションは「あなたがたの考えを支持する」、ウェストドイチェ・ランデス銀行は「あなたがたのアクションに感謝する。我々も強くそう思っていることをチェースに伝えてほしい」、ラボバンクは「あなたがたの考えに一〇〇パーセント同意する。ラボバンクの意思をボロワーに伝えることを貴行に委任する」といってきた。バンク・ブリュッセル・ランベールは我々と同じ内容のファックスをチェースに送り、そのコピーを送ってきた。

またＴＣジラート銀行に、おたくのローンの件で、こういうことが起きているぞと知らせるため、やはり三者連名でファックスを送った。

その後、ＴＣジラート銀行で本件を担当しているタネール・キョセラーというバイスプレジデントに電話をかけ、口頭でこちらのいいぶんを説明した。

キョセラー氏は三十八歳で、最近まで同行の東京事務所長を務め、自分の日本での仕事ぶりを頭取にアピールするためにも、邦銀との関係を重視していた。プライドは高いがさばけてもいて、以前会ったときは、新宿のノーパンしゃぶしゃぶに行ったときの様子を面白おかしく語っていた。

「ミスター・キョセラー、ファックスをみてくれましたか？」

「うん、みたみた。チェースとも話した」

彼は米国で工学系の学位をとり、TCジラート銀行に入る前はサウジアラビアでエンジニアとして働いており、英語は堪能である。

「チェースはなんといってるんですか?」

「キム(キンバリーの愛称)という女のバイスプレジデントが、あなたがたがTCジラートを混乱させようとしているといってた」

(けっ、なんというい草だ!)

窮地に陥ったら徹底的に嘘をつくという、たちの悪い連中にありがちな行動パターンだ。

「我々の主張は、チェースがマーケット・プラクティスを守って、全当事者にとって、納得のいく形でシンジケーションを完了してほしいということです」

「うん、わかってる。我々もそのようにしてほしいとチェースにお願いしている」

その日は金曜日だった。

週末もオフィスに出て、他の引受銀行に状況説明のファックスを流すなどしたあと、日曜日の夜の便でイスタンブールに飛んだ。

週明けの月曜日の晩、スイス・ホテル十六階の屋外テラスにある「16ルーフ」というボスポラス海峡を一望するレストランでキョセラー氏と夕食をともにしながら話し合った。キョセラー氏は「チェースのシンジケーションの責任者は問題を認識しており、近日中に部署の会議を開いて、態度を決定するようだ」という。

翌火曜日の朝、ホテルの部屋で寝ていると、バーレーンのアラブ・バンキング・コーポレーションの英国人イアン・ジョンストン氏から電話がかかってきて起こされた。彼は、キョセラー氏と会ったときの様子を聞きたがっていた。

その日は、TEKEL（専売公社）、ドゥシュバンク、エムラク銀行などを訪問し、夜の便でロンドンに戻った。

翌七月十五日、チェースから全引受銀行にテレックスが入り、ローン増額分の引受手数料（総額七万五千ドル）は支払うが、プレシピアム（総額約十四万一千ドル）は払わないという内容だった。多少譲歩はしたものの、相変わらずのルール破りの強欲ぶりだ。しかし、引受各行に連絡すると、不満は残るが、引受手数料がとれただけでもよかったとして、矛を収めそうだった。

結局、調印式が五日後に迫っており、ボロワーとの関係もあるので、各行ともチェースの案を受け入れた。わたしは業腹だったので二、三日態度を保留し、引受銀行のなかで最後に同意した。本当は蹴って降りたいところだったが、チェースと決定的に決裂すると、他の部署（英国企業課やプロジェクトファイナンス課）が案件のインビテーションをもらえなくなったりする可能性があるので妥協した。

調印式はロンドンのギルドホールの一つでおこなわれた。

東京銀行の工藤さんは「金山さんのおかげで、引受手数料がとれました。〝借りイチ〟にしておきます」と晴れやかだった。

この約九ヶ月後、わたしはチェース・マンハッタン銀行と因縁の対決をすることになる。

# 3

七月二十六日――

朝五時すぎに起床し、家内とミニキャブ（免許制の白タク）でヒースロー空港へ向かった。日曜日の朝なので道はすいていて、二十五分で第一ターミナルに到着。

七月下旬だというのに、早朝のせいもあって肌寒い。英国は北の国だ。

パスポート・コントロールを通過し、免税店で買い物をしたあと、英国航空のラウンジで一休み。ガーキン（小さなキュウリ）のピクルスやポテトチップスをつまみに、コーヒーを飲む。ガーキンのピクルスの酸っぱい味は、英国にきてから知ったもので、出張のために朝早い時刻にこのラウンジにやってきて、ぼんやりした頭でガーキンを齧ることが多い。

出発ゲートは十九番。これが二十八回目のトルコ行きである。

今回はパムック銀行のシェンバー頭取、セルベスト副頭取に「ホテルを我々の招待にするから、夏休みはトルコに遊びにこないか」といわれ、好意に甘えた。

出張でよく使う英国航空676便に乗り、午後一時四十五分、イスタンブールに到着。タクシーで二分ほどの国内線専用ターミナルに移動した。料金は約百六十円。夏の観光シーズンだというのに、国内線のターミナルはがらがらだった。これは観光客が早朝と夜に移動し、日中はもっぱら観光をしているためだろう。

午後四時四十五分、トルコ航空336便（エアバスA310）で離陸し、一時間ほどでイズミールに到着。そこから一〇〇キロメートルほど南の、エーゲ海沿岸のリゾート地、クシャダスまでタクシーで行った。料金は日本円換算で約五千円だったが、トルコでは二万円くらいの貨幣価値があるので、運転手はほくほく顔だった。

パムック銀行が予約してくれていたのは、「オヌール・ホテル」という海辺の五つ星ホテルだった。部屋は三階のツインルームで、窓の彼方には、紺碧のエーゲ海と険しい山々が雄大なコントラストをつくっている。ビュッフェ形式の朝食と夕食は、海をみおろす屋外のテラス席で食べるので、リゾート気分いっぱいである。

翌日――

ホテルで朝食をとり、部屋からガランティ銀行、ラボバンク、トルコ輸出入銀行（略称・トルコ輸銀）などに仕事の電話をしたあと、タクシーでクシャダスの町へ出かけた。

青い湾が弧を描き、家々が建ち並ぶ丘がそばまで迫っていて、南イタリアやエーゲ海の島々を思わせた。ヤシ並木に明るい陽光が燦々と降り注ぎ、繁華街にはレストラン、土産物屋、旅行代理店などが軒を連ね、観光客であふれ、ギリシャの観光地のようだ。それもそのはずで、ギリシャのサモス島までわずか二五キロメートルで、文化的にはトルコというより、エーゲ文明圏である。

昼食は、町なかの中華料理店の屋外席で、海を眺めながら牛肉のニンニク炒めや炒飯を食べた。

その後、ホテルを手配してくれたパムック銀行のクシャダス支店にお礼と挨拶にいった。行員数が二十人くらいの小さな支店で、店頭に外国人観光客がたくさん両替にきていた。日本の銀行と違って制服はなく、女性行員たちは、Ｔシャツなどカジュアルな私服姿である。

支店長室は二階にあり、イェレクチ支店長は、日焼けした五十歳くらいの男性で、息子がオヌール・ホテルで働いているという。

トルコの役所、企業、銀行、商店はどこでもそうだが、部屋の壁にケマル・アタチュルクの大きな肖像画がかかっていた。国家の誇りや国民の精神的支柱になる人物がいるというのは、羨ましいことである。ただし、トルコ南東部では、アタチュルクが率いる共和人民党政権時代の一九三〇年代後半に、トルコ軍が同地域のクルド人を虐殺したりしたとして、アタチュルクを嫌うクルド人は少なくなく、彼の肖像画や写真が飾られていないオフィスもよくみかける。そういうところでは、母親からクルド人の血を引くオザル大統領の写真が飾られていたりする。

夜は、ホテルで夕食をとったあと、ホテル内のカジノで少し金を賭けてルーレットをやったり、プールで泳いだりした。パムック銀行のセルベスト副頭取から、部屋に立派な花束が届けられた。

翌火曜日――

朝、政府系金融機関であるトルコ輸銀の役員で、財務部門のトップを務めるヘキモール氏の電話で目覚めた。

同行とは一ヶ月ほど前から総額一億五千万ドルの中期（三年程度）のファイナンスについて話をしており、必要があれば休暇中でも連絡してほしいと伝えてあった。

ヘキモール氏によると、今般、ファイナンスに関してトルコ政府の保証が出ることになったという。その前提でファイナンス案を検討してほしいというので、前向きに考えると伝えて話を終えた。

期せずして目が覚めてしまったので、ブランチ（朝食兼昼食）をとりに、クシャダスの町へ出かけた。通りを歩いていると、羊肉を美味そうに焼いているケバブ屋があったので、イスケンデル・ケバブを注文した。羊肉を炙り焼きし、薄切りにしたものにヨーグルトをかけた料理で、一人前三百円ほど。羊肉は北海道の子ども時代にしょっちゅう食べていたが、ヨーグルトをかけるというのは、トルコで初めてお目にかかった。爽やかな酸味が羊肉のうま味を引き立てる、すぐれものの組み合わせである。日本の総合商社のイスタンブール支店で、日本人やトルコ人社員たちが、宅配でイスケンデル・ケバブを昼食に注文しているのをみかけたこともある。

昼食後、ホテルに戻り、部屋からガランティ銀行（Türkiye Garanti Bankası A.Ş.）のアジャール副頭取にローンの交渉のために電話をした。

ガランティ銀行は、トルコの「ダム王」と呼ばれたアイハン・シャヘンク（一九二九〜二〇〇一年）が創設した、ダムや水力発電所の建設を中心とするドウシュ財閥に属する商業銀行だ。総資産ではトルコ第九位で、パムック銀行とだいたい同規模だが、自己資本比率、資本利益率、税引後利益増加率などはすべて第二位で、優良銀行として知られている。

ガランティ銀行とは二ヶ月前から二年物のローンについて交渉をしていた。当初、国際部のシニア・バイスプレジデント（部長級）のディシュリ氏から話があり、一千万ドルのバイラテラル・ローンをLIBOR＋二パーセントのコストで提供することになった。国際審査部は二年物に対して難色を示したが、なんとか説得し、プロポーザルを提出した。これでガランティ銀行とも一件まとまったディールができたなあと喜んでいたところ、先方から「いろいろ努力したが、プライスが高いので、資金をもらっても、国内市場でプレース（投融資に使うこと）できない」といってきた。ディシュリ氏は、こちらが苦労して承認をとったことを知っているので、申し訳ないと思っている様子だった。

その後、ずっとディシュリ氏とコンタクトを続け、最近になって「オールインのコストがL+一・五パーセントで、二千万ドル引受けしてくれるのなら、マンデートを与えてよいと、ウンギョル頭取、アジャール副頭取から了承をもらった」といわれた。現在のトルコの二年物のマーケット・プライスよりは低く、野心的なターゲットだが、それでもこちらにとってもメリットのあるプライスだ。

早速、ヨーロッパの銀行にいくつかコンタクトし、一千万ドルの引受けを打診したところ、オランダのラボバンクが話に乗ってきた。オランダ三大銀行の一つで、ムーディーズによる長期信用格付けはトリプルAという、体力のある銀行だ。以前、同行の中東・トルコ担当のアシスタント・エリアマネージャー(係長級)のフェルタウザン氏に、オランダの三大銀行について尋ねたら、面白い答えが返ってきた。いわく「ABNアムロは、元々大企業取引が中心の銀行で、自分たちのことを『ザ・バンク』(銀行のなかの銀行)と呼んでいる。プライドが高いのが鼻につくが、実力はある。NMB(現・ING銀行)、あれはカウボーイ。元々中小企業・個人取引が中心で、人がやらないニッチなビジネスに突っ込んでいく。国際部門でもリスクの取り方は積極的で、イランとかベトナムとか、エキゾチックな案件を手がける。ラボは元々農業銀行。経営は保守的で、国際部門などでは出遅れたが、それが幸いして中南米などの焦げ付き債権はほとんどない」。

若くて野心的なフェルタウザン氏が奮闘し、わずか二日間で行内の承認を取り付けてくれて、五日前に、二行の共同引受けで二千万ドルのプロポーザルをガランティ銀行に提出した。

そして交渉が、わたしの休暇中に持ち込まれたのだった。

オヌール・ホテルのベッドにすわり、そばに案件のファイルを開き、ベッドサイドの電話でアジャール氏に電話を入れたところ、いきなり予想もしないタマが飛んできた。

「ミスター金山、できたら五千万ドルのオファーがほしいと思っています。今日、ケミカル銀行がきたので、この話をしたら、興味があるといっていました。二、三日中にケミカルが引受け三千万ドルのプロポーザルをくれると思うので、貴行とラボの二千万ドルと合わせて、三行で共同主幹事ということにしたいと思います」

（はあー？　いきなりなにいってんの⁉）

このアジャール氏は、トルコ中央銀行で十二年間働いたあと、一昨年ガランティ銀行に副頭取として迎えられた人物だ。米国のヴァンダービルト大学（テネシー州）で経済学の修士も得ているが、民間の銀行業に関しては素人に近い。

「ミスター・アジャール、申し訳ありませんが、それはお受けできません」

わたしははっきりいった。

「米銀を幹事銀行団のなかに入れると、彼らの短期的利益追求主義が、ほかの銀行との摩擦原因になります。また、この案件については、二行共同主幹事でやらせていただくという前提で、我々もラボバンクも話を進めてきました」

ラボバンクのフェルタウザン氏は、本件でブックランナー（販売幹事）などを手がけてみたいと希望しており、「主幹事はラボとおたくの二行だけ」といい続けていた。

「我々はガランティ銀行と二ヶ月前からこの案件について話し合ってきました。御行のご希望に沿うよう、そのつど本部の承認をとり、プロポーザルを改定してきました。しかるに御行からは、いまだ確たる回答をいただいていません。今、トルコ輸銀がマーケットに出てこようとしており、我々もファイナンス案の提出を求められています。したがって、御行が相変わらず決断ができないというのであれば、クレジットラインをトルコ輸銀のほうに使わざるを得ません」

これにはアジャール副頭取も驚いた様子だった。

「いや、ケミカルというのは、一応話が出たという程度で、必ずしもケミカルというわけではない。たとえば……ドイツ銀行ならどうですか？　先日話をしたとき、興味があるといっていました」

「ドイツ銀行なら、一緒にやることはまったく考えられないことはありませんが、誰でも訊かれれば『興味がある』と答えるものです。彼らがこの野心的なプライスで、二、三日中に引受けをコミットできるとはとても思えません。……けれども、うちとラボは、御行と取引することに真剣なんです。だからこそこうして、あなたがたの希望する二千万ドルで、フルコミット（全額引受け）のプロポーザルを出しているんです」

フルコミットのプロポーザルを出しているということは、テーブルの上に二千万ドルを積み上げているということで、議論にあたっては強い説得材料になる。

「それはよく理解しているし、両行には、本当に感謝しています」

アジャール氏は、神妙な気配をにじませていった。

この日の交渉はここまでとし、また明日話し合うことにして、電話を切った。

（それにしても、なんで急に五千万ドルなんていい出したんだ？）

受話器を置いてから、しばらく考え込んだ。

（そういえば、トルコ輸銀のヘキモール氏が「最近、ウズベキスタン向けクレジットを供与した」といっていたなあ……）

トルコは、歴史、民族、言語、地理のどれをとっても近い中央アジア諸国との関係強化や貿易取引に力を入れており、トルコ輸銀のファイナンスがそれを後押ししている。

トルコ輸銀が近隣諸国にクレジットを供与するときは、資金はトルコの商業銀行が出す仕組みになっている。すなわち、トルコの輸出業者が輸出を実行したとき、トルコの商業銀行がその輸出業者に輸出代金を支払う。トルコの商業銀行は、それを期間二〜三年のサプライヤーズ・クレジット（輸出者側が供与する貸付金）として、輸入者から返済を受ける。その際、トルコ輸銀は保証を与え、万一返済が滞った場合は、支払ってやる。

早速、ヘキモール氏に電話して訊いてみたところ、つい最近、ウズベキスタン向けに総額三億ドル、期間三年のクレジット枠供与に調印したという。銀行名は明かせないが、同案件にトルコの商業銀行九行が参加し、一行あたりの参加額は一千万ドルから五千万ドルだという。ヘキモール氏に「その場合、トルコの各銀行は、どれくらいの長さの資金が必要になりますか？」と尋ねると、ずばり「二年」という答え。これでガランティ銀行の資金ニーズの辻褄が合う。

翌日——

午前中、家内とクシャダスからバスで三十分のエフェソスへのツアーに参加した。

紀元前七、八世紀から紀元五世紀くらいにかけてつくられた、ギリシャ・ローマ時代の遺跡で、エーゲ海地方では最大規模である。ヘレニズム時代（紀元前三二三年〜同三三年）の円形劇場、クレオパトラが歩いたという立派な大理石の道路、古代世界の七不思議に数えられたアルテミス神殿跡、細密な浮彫(レリーフ)が施されたアーチを持つハドリアヌス神殿、すっくとした姿が美しいローマ時代のケルスス図書館、競技場、劇場、浴場、考古学博物館に収められた無数の乳房を持つ女神アルテミス像など、数多くの遺跡や遺物が残っており、その規模に目をみはった。

ツアーは予定より長引き、ホテルに戻ったのは、午後三時に近かった。ガランティ銀行のアジャール副頭取には、午後二時に電話をすると伝えてあったが、大幅に遅れてしまった。

炎天下のエフェソスで野外を二時間くらい歩いたので、汗びっしょりだったが、一分でも早く電話をかけなくてはと思って、パンツ一丁になり、ベッドの上に今までの交渉記録のファイルを広げ、電話をかけた。

すぐにディシュリ氏が出た。

「ミスター金山、二時からずーっとホテルに電話していたけれど、代表電話に全然つながらなかった。僕の同僚も別の場所からずーっとトライしていたけど、全然駄目で、困っていたところだ。いやー、つながって本当によかった!」

(おっ、これはかなり本気だな)

今日、決着できるかもしれないという期待が膨らむ。

まずディシュリ氏と十分ほど話をした。ディシュリ氏は、資金需要が増えた原因を説明した上で、

「当初話し合ったとおり、LIBOR+一五〇(一・五パーセント)で、今日マンデートを御行とラボバンクに出す用意があります。It is up to you(決めるのはあなただ)」という。

(さすがディシュリさんだな……)

自行内の承諾をとった上で、過去の経緯もきちんと踏まえて、マーケット水準より少し下の厳しめのところをついてきた。

この人はマーケットを熟知しており、話し合いは常に正攻法である。はったりや、ごまかしは一切通用しないので、こちらができることとできないことを、きちんと提示しなくてはならない。話し方は穏やかで、まったりした感じだが、ニューヨーク州立大学で数理経済学の修士を得ており、英語は的確だ。風貌は田舎のおじさんふうで、仕事もよくできるので、てっきり十歳くらい年上だと思っていたら、だいぶたってから同い年とわかり、魂消(たまげ)たものである。

さらに驚いたことに、この九年後に、現エルドアン大統領が率いる公正発展党の旗揚げに参画して国会議員を三期務め、二〇〇八年に民間企業に対して百万ドルの賄賂を要求したという疑惑をもたれて同党の副議長を辞任し、今はオランダ駐箚(ちゅうさつ)のトルコ大使を務めている。

「決めるのはあなただ」といわれたが、様々な新情報、ガランティ銀行の本当の資金調達ニーズ、そのファイナンス手段に関する可能な選択肢などが、頭のなかでごちゃごちゃになっていた。

「ミスター・ディシュリ、では十五分以内に、こちらからお電話させてもらいます」

決断するには、頭のなかを整理する必要があると思い、いったん電話を切らせてもらった。

もう一度、ラボバンクと話しておいたほうがいいだろうと思ってオランダに電話をかけた。ところがフェルタウザン氏は席を外していて、秘書があちらこちらの部屋を捜したけれど、みつからないという。

結局、自分一人で決断をしなくてはならなくなった。

いろいろな要素のほかに、現在のユーロ市場の状況も併せて考え、十分後、「ゴー」と判断した。

マンデートを受諾しようと思い、ガランティ銀行に電話をかけると、今度は、アジャール副頭取が出た。

「ハロー、ミスター金山。ディシュリ氏もここにいますよ。これはカンファレンス・コールにしてありますから、三人でお話ししましょう」

（はぁーっ、こりゃ、ディシュリさんもやりづらいだろうなあ……）

国際金融に関しては、ディシュリ氏のほうがよほど知っており、彼一人で交渉したほうが、いい結果が得られるのは間違いない。しかし、中央銀行から移籍して日が浅いアジャール氏は、なんとか自分の手で案件をまとめ、手柄にしたいようだ。悪い人ではないのだが、そういう気持ちを持っていると、どこかぎくしゃくし、隙が生まれる。ちなみにアジャール氏は、顔がアンパンマンのように肉付きがよく、眼鏡はかけておらず、少し上品そうな雰囲気である。

「アジャール副頭取、今しがたディシュリさんと話をさせていただきましたが、当初のプロポーザルのとおりの条件で、マンデートを受けさせていただきたいと思います」

これでマンデートは決まりかな、と思いながらいった。

「いやいや、ミスター金山、実は最近トルコ輸銀のウズベキスタン向けクレジット・ファシリティに参加したこともあって、資金需要が増えて、年末までに二年物ローンを一億ドル程度調達したいと考えているのです。あなたの努力には本当に感謝していますが、二千万ドルでは少なすぎるのです」

（ありゃりゃ、なんだこれは……？　そんなに資金需要が強いのか⁉）

がっかりすると同時に、これは袋小路に迷い込んだかなあ、と嫌な予感がした。

国際審査部には、すでに二度条件変更を申請したので、これ以上はちょっと難しい。

　アジャール氏は、ガランティ銀行の資金調達ニーズについてひとしきり説明した。

「ミスター金山、我々も御行、ラボバンクとの関係は非常に重視していますし、貴兄の努力にも本当に感謝していますので、今回のプロポーザルはなんとかアクセプトしたいと思っています。……二行で引受額を五千万ドルに増やしてくれればよいのですが」

「残念ながらそれは無理です。過去二ヶ月間、すでに二度もプロポーザル改定を本部に申請しています。これ以上やると『ガランティ銀行は、いったいどういうふうに資金調達計画をつくっているのか？　そんなに要請がころころ変わるようなボロワーに、金を貸していいのか？』となり、最悪の場合、現在もらっている承認まで取り消されるおそれがあります」

「それはよくわかります。もっともなことです。……では、当方でケミカル銀行かドイツ銀行にあたって、なんとか彼らに三千万ドルの引受けをしてもらおうと思いますので、来週の月曜日まで待ってもらえないでしょうか？」

（またケミカルとドイツ銀行か……！）

「ガランティ銀行がおっしゃるプライスで、ケミカルやドイツ銀行がそんなに早く本部の承認がとれるとは思えません。おそらくまた二週間程度の交渉が必要になるでしょう。そうしているうちに、トルコ輸銀がマーケットに出てきて、トルコの二年物をテークアップする（引き取る）マーケットのキャパシティ（資金供給力）を喰われてしまいます。貴行が決断できないのであれば、我々もラボもプロポーザルを撤回し、そちらにクレジット枠を使わなくてはなりません。また先ほどから一億ドルとおっしゃっていますが、現在のユーロ市場には、そこまでのキャパシティはないと思います。トルコの二年物をとる銀行であっても『民間向けは駄目。うちは政府向けしかやらない』というところも少なくありません。仮に御行がL＋二五〇（二・五パーセント）払っても、集まるのは七千から七千五百万ドルが限界だと思います」

ガランティ銀行は、トルコの銀行のなかでも最も洗練されており、特にディシュリ氏は、この分野のベテランだ。話をしていると、事前にかなりのマーケットリサーチをやり、どのくらいのコストを払えばいくらぐらい調達できるかは、だいたい把握している気配が感じられる。それだけに、こちらの説明はよく理解してくれているようだ。

「では、御行とラボともう一行入れて、三行のディールにするか、あと二、三行入れて、クラブディールでやるのはどうでしょう？」

アジャール氏がいった。

（クラブときたか……）

五千万ドルのフルアンダーライトでない場合は、アプローチする銀行の数を少なくし、あとで資金需要が出てきたときに、大型のシンジケートローンをやろうと考えているのかもしれない。しかし、先にプロポーザルを出した我々がクラブで、あとからきた銀行が、手数料収入がより大きくなるゼネラル・シンジケーションというのは面白くない。

「アジャール副頭取、クラブというのは考えていません。他行を入れるのなら、普通のゼネラル・シンジケーションでやらせてもらいたいと思います」

その後も似たようなやり取りが続いたが、妥協点がみいだせない。

ただ互いにいいたいことは洗いざらいぶちまけあっているので、相互の立場はよく理解できるようになった。

相手の口ぶりから、本当は一億ドルでなく、とりあえず三千万ドルから五千万ドルを調達し、その後については、なるべく多くの選択肢を残しておきたいというのが本音であるのがみえてきた。その選択肢については、やはりシンジケートローンが最も重要であると考えていて、今我々がガランティ銀行の名前でドドーッとマーケットに出て、ぺんぺん草も生えないような状態になるのを警戒しているようだった。

長い間話しているので、お互いにじりじりと疲れてくる。

わたしが、二度もプロポーザルを改定したのに決断してくれない相手に業を煮やし、「御行が決断できない場合、クレジット枠をトルコ輸銀に使う」と二、三回いったので、相手側には相当なプレッシャーになっているようだ。

しかし、妥協点はみえてこない。困った。

「やはりクラブでは駄目ですか？」

アジャール氏がいった。

「申し訳ありませんが、クラブでは、我々もラボも納得できません。シンジケーションならお受けします」

「そうですか。どうしてもクラブが駄目ということでしたら、我々としても非常に難しい決断をしなくてはならないのですが……」

言葉のトーンがなんとなく交渉決裂を匂わせていた。

（あっ、これはまずい！）

なんとか話を前向きにつなごうと、とっさに言葉を発した。

「わかりました。ではクラブで三千万ドルということで、やらせてもらいます。ただし、プライスはL＋一七〇（一・七パーセント）にして下さい」

ガランティ銀行がこのプライスを受けるとは思わなかったが、駄目もとでいってみた。

ところがアジャール氏の反応は、予想外のものだった。

「オーケー、それでいきましょう」

（えっ、このプライスを受けるの⁉）

「でもディシュリ氏が、あと五ベーシス（〇・〇五パーセント）だけ値切りたいといってますので、彼に替わります」

驚いていると、ディシュリ氏が話し始めた。

「ハーイ、ミスター金山」

嬉しそうな声だった。それを聞いて、内心はどうなんだろうなと思う。ディシュリ氏だけで交渉していたら、もうちょっとましな交渉ができていたはずだ。組織の歯車が上手くかみ合っていないときは、おかしな結果になる。アジャール氏と事前に打ち合わせていた範囲内の決着であったのかもしれないが。

「なんとかしてL＋一六五にならないかね？　プロポーザルのここを調節すれば……」

相手のほっとした声を聞きながら、こちらももちろんほっとした。興奮して血が上った頭でもう一度、「クラブでいけるか？　L＋一六五で大丈夫か？」と自問した。

（ガランティ銀行の二年物をとる銀行は限られており、メンツはだいたいわかっている。そこを狙い撃ちすればいいから、ゼネラル・シンジケーションをやれなくても問題はない。プライスは参加

行に対し、Ｌ＋一五五払えば組成は可能だろう）

　いける、と判断した。

　ディシュリ氏と電話で、コミットメント・フィー（引出しまでの約定手数料）や弁護士費用などの諸条件を確認していく。細かい点で、二、三やり取りはあったが、双方とも、もうこれで決着したいという思いが強く、短時間でまとまった。誤解がないよう、再度全部の条件とマンデート・レターの文言を確認し、ようやく長い話し合いが終わった。

　最後にディシュリ氏が「じゃあ、これからマンデート・レターを御行のロンドン支店に送っておきます。ミスター金山、今週の仕事はこれで終わりにして、週末までゆっくり休暇を楽しんで下さい」とねぎらってくれた。

　全身汗だらけのパンツ一丁の姿で受話器を置き、ほっとした。これでようやくシャワーを浴びることができる。


　まだ昼食をとっていなかったので、シャワーのあと、家内とクシャダスの町に出た。レストランでトルコ産の「エフェスビール」を飲むと、冷たさと香ばしいホップの風味が渇いた喉に沁みた。前菜は、ムール貝に炊き込みご飯を詰めた「ミディエ・ドルマス」、メインは、アダナケバブとトマトケバブを注文した。前者は、ミンチにした羊肉を焼いたもので、ナイフを入れると肉汁がじゅっとしみ出てくる。トマトケバブは、羊肉とトマトを交互に串刺しにして、グリルしたもの。

　遅い昼食を終えてホテルに戻ると、ヘレンが転送してくれたガランティ銀行からのマンデート・レターがファックスでレセプションに届いていた。

# 第八章　エマージング・マーケッツ

## 1

トルコでの休暇を終え、日曜日の夕方ロンドンに戻り、ガランティ銀行向けクラブディールの組成を始めた。

月曜日の午前中にインビテーション・レターをつくり、ラボバンクのフェルタウザン氏と手分けして参加してくれそうな銀行に電話をかける。

クラブディールなので、あまり手がかからない。通常のゼネラル・シンジケーションだと、インビテーションを六百から千二百通発信するので、最初の一週間、オフィスは戦場となる。限られたユーロ市場のキャパシティを他の類似のディールが出てこないうちに確保しなくてはならないので、マンデートをもらったら一刻も早くマーケットに出さなくてはならない。ヘレンはインビテーションの宛名をパソコンで打ちまくり、わたしとリカルド君はインフォメモを大急ぎで執筆し、それをヘレンがタイプし、サリーとヘレンがインフォメモを製本して次々とクーリエ便で発送する。とにかく体力が続く限り、やれるだけやって、短時間で組成を完了しなくてはならない。

しかし今回は、ボロワーをよく知っている限られた数の銀行にだけ声をかければよい。インフォメモやカントリーリスク分析レポートをつくる必要もない。入ってくれそうな銀行に一つ一つ電話してインビテーション・レターを送り、必要があればガランティ銀行のアニュアルレポートと中間決算書をコピーして送る。基本的にはこれしかやらない。ヘレンも「毎回こうだと、とってもいいのにねえ」とリラックスしている。

さすがにガランティ銀行はトルコでも有数の高収益銀行で、プライスもまずまずよいディールなので、反応は良好。フランス外国貿易銀行、コモンウェルス銀行（豪）、ラボロ銀行（伊）、ビクベン貯蓄銀行（デンマーク）などから強い興味表明がある。

火曜日の夕方には早くもクラブ組成の目途がついたので、水曜日の午後から、トルコでの休暇前から計画していたモロッコへの出張に出かけた。モロッコは対外債務をリスケジューリングした前科があり、これまで新規案件の対象になっていなかったが、最近、経済状況が上向いてきているので、短期の貿易金融、ＩＦＣとの協調融資、航空機ファイナンスなど、返済の優先順位の高い案件から取り上げていけないか可能性を探ろうと思っていた。

また国際審査部の「利助」上席審査役から、「金山君なあ、旧ソ連向けの融資なんだけど、最近やばくなってきてるから、モロッコとかブラジルあたりと入れ替えようかと思ってるんだ。至急モロッコに出張してさ、国の状況をみてきてくれないか」と依頼されていた。

わたしが所属する銀行には、旧ソ連時代にロンドン支店や東京本部がやった約二百二十三億円の融資債権があり、焦げ付いていた。前年十二月、ゴルバチョフ大統領が辞任し、前後してウクライナ、カザフスタン、トルクメニスタン、バルト三国など、連邦構成国が次々と独立し、ソ連が崩壊したことが原因だ。

最大の債務者であるヴネシェコノムバンク（Vnesheconombank＝ソ連対外経済銀行）は、利払いすらできなくなり、セカンダリー（ローン流通市場）では、現在額面一ドルに対し十八セントという低い価格で取引されている。前年一月に七十二セント程度の価格が付いていたが、その後、坂道を転げ落ちるように値を下げた。

またＩＢＥＣ（アイベック）（International Bank for Economic Co-operation＝コメコン精算銀行）、ＩＩＢ（アイアイビー）（International Investment Bank＝コメコン投資銀行）というコメコン（Council for Mutual Economic Assistance＝経済相互援助会議）関係機関への融資もあった。こちらはまだ利払いだけは続けているので、価格は五十五セントくらいである。ただこちらも年初は六十セントだったので、国際審査部も心配し始めていた。


モロッコ航空のボーイング７３７型機で、現地時刻の午後九時少し前にカサブランカ空港に到着した。気温は二十四度で、日中の暑さがしのばれた。

空港ビルは、三年前に休暇で訪れたときは薄汚れた暗い建物だったが、ピカピカの近代的なビルに変わっていた。

入国審査、税関はスムーズに通過し、空港内の銀行でスターリング・ポンドをモロッコ・ディルハムに両替する。

「あのう、市内へ行く電車はこっちでしょうか？」

銀行を出たところで、五十歳くらいのこざっぱりとした身なりで、大きなスーツケースを引っ張った紳士に声をかけられた。強いフランス訛りの英語である。

「僕はタクシーで市内に行くので、よかったら一緒に乗って行きませんか？」

ちゃんとした人にみえたので、気軽に誘った。旅は道連れである。トルコなどでは、逆に乗せてもらったりすることがある。

市街まで三十分ほどの道すがら、タクシーのなかでいろいろ話をした。紳士はユダヤ人で、母はスイス国籍、父はスペイン国籍だという。二人はモロッコで知り合って結婚し、紳士自身も一九六五年までこの国で暮らしたという。

「第一次大戦後のモロッコは、ヨーロッパのいろいろな国から人がきていて、国際結婚も多かったんです」

彼の話を聞きながら、映画『カサブランカ』の世界だなあと思う。

紳士はその後、フランスに住み、今はイスラエルのエルサレムで暮らしているという。旅行会社の経営者で、自社で出しているヘブライ語の旅行案内書をみせてくれた。そのかたわら、自動車部品をつくるイスラエル製の機械（一台数千万円）の販売もやっていて、今回はそちらのほうの仕事でやってきたのだという。


翌朝七時、宿泊先のハイアット・リージェンシー・カサブランカの部屋で起床した。

モロッコは英国より一時間遅れの時間帯(タイムゾーン)なので、ロンドンは午前八時。普段より長く眠れるので、身体は楽だ。

八階にあるビジネス客専用のラウンジにビュッフェ形式の朝食をとりに出向くと、客は誰もおらず、ウェイトレスがサンドイッチをつまみ食いしていた。

日中の光のなかでみるカサブランカ（ポルトガル語とスペイン語で「白い家」）はかなりの都会で、道幅は広く、ヤシ並木に沿って近代的なビルが建ち並んでいる。人口は約二百八十万人で、この国第一の商業都市だ。北西の方角に視線を転じると、その名のとおり白や薄茶色の四角い家々が密集するメディナ（旧市街）で、彼方の海際に、ハッサン二世モスクが、巨大な砂色の蜃気楼のように霞んでみえる。国王のハッサン二世が、「神の座は大水の上にある」というコーランの一節にちなみ、建設を進めているモスクだ。尖塔は、青や緑色のタイルで細密なアラベスク（幾何学的な植物模様）が施され、屋根はイスラムを表す緑色である。

最初のアポイントメントはモロッコ外国貿易銀行で、この国の貿易金融機関の代表格だ。会ってくれたのはベンナーニ国際部長。四十代半ばの太ったおじさんで、英語も上手い。モロッコのビジネス用の外国語はフランス語だが、やはりこういうポジションにいると英語もできないといけないのだろう。英語をどこで勉強したのか訊くと、同氏はベイルートのアメリカン大学（授業はすべて英語）の卒業生だという。わたしが姉妹校のカイロ・アメリカン大学卒だというと、「おお、遊びに行ったことがあるよ」と懐かしそうだった。

時間も限られていたので、用意してきた質問を矢つぎばやにする。「モロッコの外貨準備が急増している理由は?」「今年の国際収支の見通しは?」「将来、ブレイディ・プラン適用の可能性はあるか?」「EC（現・EU）の統合は、モロッコの農産物輸出にどのような影響があるか?」「貴行は欧州の銀行とどのような取引をしているか?」「弊行とはどのようなビジネスができると思うか?」

次のアポイントメントはＩＦＣのカサブランカ事務所。会ってくれたのはフランス人の首席駐在員、ピエール・サラ氏。当地に勤務して二年で、職住接近し、物価も安いカサブランカの生活を楽しんでいるという。ＩＦＣがモロッコでやったプロジェクトや今計画中のプロジェクトにつき説明してもらった。同氏によると、ＩＦＣのモロッコ向け協調融資に参加するのはフランスの銀行が大半で、資金供給源の多様化と安定化の観点から、もっと日本の銀行に参加してほしいという。ただ「ＩＦＣの融資案件は、ＩＦＣのプロジェクトファイナンスの専門家たちが分析したインフォメモがあるので、民間銀行としても参加するのに問題はないでしょう。ヨーロッパの銀行はうちのインフォメモをみて、二日くらいでコミットしてきますよ」というので、「確かにおたくは国際機関で、資金もスタッフも潤沢でしょうけれど、焦げ付きもずいぶん出してますよね」といいたくなる。

ＩＦＣとのミーティングが終わる頃には、もうお昼どきで、気温は三十度近くになっていた。強い日差しのなか、ハッサン二世大通りを歩いてホテルまで戻る。

昼食後、ロンドン支店に電話を入れ、ヘレンにガランティ銀行のシンジケーションの具合を訊く。いくつかの銀行がノーといってきたが、全体としては順調のようだ。ガルフ銀行（クウェート）とコモンウェルス銀行（豪）がボロワーのアニュアルレポートがほしいといってきたので、送ったという。ガルフ銀行には、イブラヒーム・Ｍ・イブラヒームというエジプト人の部長がおり、日頃から親しくしている。

そのあと、ラボバンクのフェルタウザン氏に電話したら、彼のほうも順調のようで、フランクフルト・ブカレスト銀行（独）、バーレーン・ミドルイースト銀行（バーレーン）などはコミット確実の様子。「モロッコはどう？」と訊かれたので「外貨準備も増えてきてるし、短期の案件ならまずまちがいなくいけると思う」と答えると「じゃあ、同僚の北アフリカ担当者に伝えておこう」という。

午後、シティバンク、モロッコ・クレジット銀行などを訪問し、夕方からホテルの部屋で面談記録書き。

モロッコのホテルは内外の装飾が凝っていて、みているだけで飽きない。暑い土地柄のせいか、部屋の内装は涼しげな水色を基調としている。壁はアラベスクで飾られ、似たような模様の布張りのソファーが置かれている。シェラトンやヒルトンのように近代的だが多少よそよそしい感じのホテルと違い、しっとりとした居心地のよさがある。

翌朝は六時に起床し、タクシーで港の近くにある鉄道駅へ向かった。

この日は電車でカサブランカから約九〇キロメートル離れた首都のラバトまで行く。フランス語ができないので、すべてアラビア語でやり取りして切符を買う。モロッコは正則アラビア語がよくつうじる。

アルジェリアは、フランスの植民地（海外県）時代にコーランとアラビア語の教育が中断させられたため、コーランの言葉である正則アラビア語が忘れられてしまった。これに対してモロッコはフランスの保護領で済んだので、人々の間に正則アラビア語が残った。なおアルジェリアも一九六二年の独立後は、アラビア語教育に力を入れ、若い人たちは正則アラビア語が使える。

改札をとおると、ラバト行きの電車がすでにホームに入っていた。黄色と赤の鮮やかな二色の車体で、一等客車に乗り込むと、朝にふさわしいやわらかな感じのクラシック音楽が流れていた。シートは青いビニール張りで、車内はよく清掃されている。車内販売の一杯約五十円のプラスチックカップのコーヒーを飲んでいると、電車が走り出した。

ラバトまでは約五十分。線路の両側には、トウモロコシ畑や牛の牧草地が広がっていて、農業国であるのが実感される。モロッコの強みは食料自給率が高いことだ。この国と対照的に、農業を軽視して失敗したのがアルジェリアだ。石油や天然ガスが豊富に出るので、独立後は西側諸国に追いつき追い越せと、重化学工業育成にまい進した。しかし、食糧の大部分を輸入に頼ったため、対外債務を増大させ、それが経済全体の重荷になった。

午前八時三十五分、列車は中央駅であるラバト・ヴィル駅に到着した。

首都であるが、人口はカサブランカの半分弱で、活気に満ちたカサブランカに比べると、建物の高さは低く、配置も空間をゆったりととっていて、田舎ふうである。

気温はすでにかなり高く、午後には三十度くらいにはなりそうだ。

駅前でタクシーを拾い、強い日差しの道を大蔵省へと向かう。面談を申し込んであったが、こちらからテレックスを出しても、返事がくるのは二、三日後というスローな対応のため、アポイントメントの時刻が確定していなかった。そのためとりあえず朝一番に行き、秘書か誰かに会って時刻を決めてもらおうと思っていた。

タクシーの運転手に正則アラビア語で「ウィザーラトゥル・マーリーヤ（大蔵省）に行ってくれ」というと、「それは古いほうか、新しいほうか？」と訊かれる。こちらは、（いったいなんのことだ？大蔵省に古いも新しいもないだろう。もしかして、古いほうというのは、大昔に貨幣鋳造所があった遺跡のことでも指しているのだろうか？）と思いつつ、「自分は日本のバンカーで、モロッコに対するタムウィール（ファイナンス）の話をするため、大蔵省のムワッザフ（役人）に会いにきた。だからそういう役人のいるほうに行ってくれ」と答える。運転手はモロッコ方言のアラビア語でなにやらぺらぺら話し始めた。こうなるとお手上げだ。アラビア語の方言は地域ごとにまったく違っており、正則アラビア語とは大きくかけ離れている。仕方がないので「古いほうでも新しいほうでも、どちらでもいいから連れて行ってくれ。そしたらそこで、担当の役人がどこにいるか訊くから」と伝える。

五分ほどタクシーで走ると、白い建物があり、そこで降ろされた。運転手に「これが大蔵省か？」と訊くと、「そうだ」という。

入り口がわからないので、建物の中庭を掃除していたおじさんに金網ごしに「ムハンマド・アラビー・ナハーさんに会いにきたのですが」というと、こっちへこいと手招きされ、中庭に入れてくれた。中庭から今度は窓ごしに大蔵省の事務室の一つに話をさせてくれる。部屋には二人の役人らしい人がおり、若くて賢そうな人が窓際に寄ってきた。「ムハンマド・アラビー・ナハーさんに会いたいのですが」というと、「おお、それは古いほうだ」という。再びなんのことだと思っていると、「案内しますから、左の入り口から入って下さい」といわれる。

掃除のおじさんに案内され、入り口まで行くと、先ほどの若い人がにこやかに迎えてくれた。わたしが白いワイシャツに赤いネクタイ、濃紺のスーツにウィングチップの革靴という米国人ぽい格好をしていたせいか、あるいはナハー氏の仕事柄のせいか、「ＩＭＦからこられたのですか？」と訊かれた。

建物のなかをとおり抜け、いったん外の道路に出て、少し歩くと、彼が「これがオールド・ビルディングです」と教えてくれた。古いほう、新しいほうとは、建物のことだったかと納得する。

その古いほうの建物に入り、ナハー氏の部屋まで行くと、アシスタントの男性がデスクにすわっていて、「おお、ミスター金山か。ミーティングは十一時半にするというテレックスを昨日の夕方おたくのロンドン支店に打っておいたよ」と教えてくれた。

（ちゃんとアポイントメントがとれていたか。これでひとまず安心だ）

「では十一時半にまたきます」といって辞去した。

最初のアポイントメントは、午前十時のモロッコ中央銀行だったが、まだ一時間近くあったので、中央銀行前のカフェで一休みする。入って左手はテーブル席、右手はカウンターで、パリのカフェとつくりが似ていた。テーブル席にすわると、靴磨きの男がやってきて、磨かせてくれという。料金を訊くと、五ディルハム（約七十五円）だというので、「ヤッラー（やってくれ）」と答える。一杯約五十円のカプチーノを飲みながら、中央銀行に対する質問をもう一度整理する。

中央銀行で会ってくれたのは、ベンシェクローン外国部長。白髪の小柄な男性である。こざっぱりとしたスーツを着て、頭のよさそうな感じ。わたしがフランス語ができないため、英語とアラビア語のちゃんぽんで、外貨管理のやり方、在外モロッコ人労働者から母国への送金に対する優遇制度、輸入の自由化などについて教えてもらった。

面談を終え、流しのタクシーを拾い、「大蔵省へ行ってくれ」と告げる。また「古いほうか、新しいほうか？」と訊かれたので、今度は迷わず「古いほう」と答える。

大蔵省で会ってくれたのは、ムハンマド・アラビー・ナハー対外収支・国際関係部長で、四十歳くらいの男性だった。ナハー氏には、こちらが最も関心のある、将来の「ブレイディ・プラン」適用の可能性について質問をした。

ブレイディ・プランというのは、三年前に、米国のニコラス・ブレイディ財務長官が、対外債務でにっちもさっちもいかなくなった発展途上国（主に中南米諸国）と、それら途上国に金を貸し、処理に頭を悩ませていた銀行（主に米銀）を救済するために考え出した債務削減策だ。銀行は債権の三割から五割を放棄した上で、残りを債務国が新たに発行する変動利付債や固定金利債に交換する（債券の元本部分には米国債が担保として付く）。これにより、債務国側は借金を一部棒引きしてもらえ、銀行はローンよりはるかに流動性が高い債券を手にして、不良債権を処分しやすくなる。この時点ですでにメキシコとベネズエラが実施し、ポーランドが検討中だった。

ブレイディ・プランでいろいろな債券がつくり出されたので、欧米の投資銀行が「エマージング・マーケッツ（新興国市場）」というもっともらしい名前を付け、既存の融資債権を含め、トレーディングを始めた。

モロッコは、この前年までにＩＭＦからＥＦＦ（Extended Fund Facility＝通常三年のクレジットラインで、多くの経済改革の条件が付与される）を供与してもらった上で、民間銀行の債権者会議である「ロンドンクラブ」にブレイディ・プラン適用の申請をする予定だった。

ところがモロッコに対する公的債権者の債権が削減ないしは繰り延べされ、またモロッコ経済も上向き、さらに世界的に金利が低下して利払い負担も軽減されたので、結局、ブレイディ・プランを申請せず、民間銀行からの借入れは自力で返済する道を選んだ。

当時、モロッコの対外債務は約二百二十億ドルあった。このうち百七十億ドルが公的債権者からのもので、その部分が軽減されたので、民間銀行の分までいじる必要はなくなったのだ。なお公的債権者というのは、各国政府、政府系金融機関、国際機関などのことで、彼らの集まりを「パリクラブ」と呼ぶ。これはフランスの経済・財政・産業省の財務総局が事務局となって、パリで会議が開催されているからだ。

ただし、ブレイディ・プランが今後絶対に実施されないという保証はどこにもないので、その見通しを立てるため、モロッコにやってきたというわけだ。うっかりモロッコ向け債権を買って、いきなりブレイディ適用で債務削減になったりしたら、目もあてられない。

ナハー氏はヘビースモーカー。傲慢でもなく、卑屈でもなく、嫌な顔ひとつせず、こちらの質問一つ一つに丁寧に答えてくれた。ミーティングの最中に出されたミント・ティーは、ハッカの葉が二、三枚浮いているような普通のものではなく、ガラスのティーカップのなかに枝ごとずぶりとねじ込んだように入っており、なかなかの迫力だった。砂糖もどっさり入っており、早起きして暑いなかを歩き回って、疲れた身体のスタミナ回復に効きそうだった。

大蔵省を辞し、街なかのレストランでハンバーガーの昼食後、米国大使館へ。

米国大使館では、わたしのために二つのミーティングを用意してくれていた。どこの国に行っても、他国の追随を許さず、圧倒的によい情報を持っているのが米国大使館で、しかもたいてい気軽に会ってくれる。エジプトのカイロ・アメリカン大学の大学院で勉強したときも、よく米国人学生にノートを借りていたので、どこへ行っても、アメリカさんのお世話になるなあ、と思う。

米国大使館で二つのミーティングを終えると、時刻は夕方の四時になっていた。

タクシーを拾ってラバト・ヴィル駅へ。カサブランカ行きは頻繁に出ているようで、二十分後には電車に乗れた。ちょうど帰宅ラッシュの時刻で、行きと違って満員だったが、なんとかすわることができた。サラリーマンの通勤の大変さは、日本もモロッコも変わらない。

ハイアット・リージェンシー・カサブランカに戻り、シャワーを浴び、夕食はモロッコ航空のメルハハオイ財務部長と。


翌日は土曜日で、朝四時すぎに起床した。

窓の外から、夜明け前の祈りを呼びかけるアザーンが聞こえていた。ホテルの裏手がメディナで、そこにいくつもあるモスクから、地の底から湧き出るような朗々とした声が聞こえてくる。

まだ外は真っ暗で、メディナのほうを眺めると、暗闇のなかにオレンジ色の電球の光がちらほらともっていた。

荷物をまとめ、ホテルをチェックアウト。まだ暗いなかをタクシーで空港へと向かう。

空港に到着したときには、あたりが白々と明るくなってきていた。


ロンドンに戻り、出張報告書を提出し、モロッコの経済状態がかなりよいことを伝えると、「利助」上席審査役は、「よしじゃあソ連を売って、モロッコとブラジルを買うか」といって、本部で根回しを始めた。ブラジルのほうは彼のホームグラウンドなので、自分自身で状況を熟知していた。

まもなく根回しが終わり、入れ替えを実行した。

額面一ドルに対して十八セントのヴネシェコノムバンク（ソ連対外経済銀行）をモロッコ向けローン（同四十五セント前後）やブラジルの債券（同五十二セント前後）と交換すると損が出るので、大蔵省もわたしの銀行も嫌がった。結局、五十五セント前後だったＩＢＥＣ（コメコン精算銀行）

とＩＩＢ（コメコン投資銀行）を数千万ドル売り、モロッコ向け融資やブラジルの債券を同じ額面分買い、差額はキャッシュで受け取った。売買の相手は、チェース・マンハッタン銀行、バンク・オブ・アメリカ、モルガン・グレンフェルなど、エマージング・マーケッツのトレーディングに熱心な欧米の金融機関で、一部は「利助」上席審査役が東京で売買し、残りはわたしがロンドンで売買した。

九月十一日、金曜日――

ラボバンクの本店があるオランダ中部の都市ユトレヒトで、ガランティ銀行向けのクラブローンに調印した。オーバーサブスクリプションで四千万ドルが集まり、フランス外国貿易銀行、ＤＧバンク（独）、バーレーン・クウェート銀行、ビクベン貯蓄銀行（デンマーク）、オーストラリア・コモンウェルス銀行など十行が参加した。

調印式は、ユトレヒト市内にある貴族の館を改装したような歴史と格式のあるレストランでおこない、引き出物はフェルタウザン氏が選んだクリスタルグラスのワイン・デカンターだった。手数料収入約十八万一千ドル、金利鞘収入二十万ドルで、悪くない案件になった。

週末は家内と一緒にフェルタウザン家に泊めてもらい、地元のパブや、ハーグ市内のハウステンボス宮殿など、近郊へドライブに連れて行ってもらったり、家でムール貝の白ワイン蒸しをご馳走になったりした。ユトレヒトから南東に三二キロメートルほどのティールの町では、「フルーツ・パレード」をやっていて、野菜や果物でつくった大きな山車（だし）が何台も通りを練り歩いていた。リンゴ、オレンジ、スモモなどでつくった日本の芸者の山車、ブドウ、レモン、トマト、ブロッコリーなどでつくったインドネシア人女性の山車、芽キャベツ、トウモロコシなどでつくったインドネシアの神様の山車などが、美しく精緻で、オランダの人々の美術的センスに感心した。

## 2

十月上旬――

ロンドンは秋が深まり、地上に落ちたドングリや栃（トチ）の実をリスや鳥が拾って食べ、朝晩は暖房が必要な季節になった。

午前十時、ヒースロー空港発のルフトハンザ航空の便でモスクワに向かった。

フランクフルト空港で一時間あまりの乗り継ぎ時間があったので、ロンドン支店に電話を入れ、融資契約書作成作業が進行中のトルコのドゥシュバンク向けの二度目の三千五百万ドルのシンジケートローンなどについて、サリーと話をした。

空港のターミナルビルは近代的で、ドイツらしく清掃が行き届いていた。免税店には、値は張るが、いい品物が並べられている。特に、万年筆や革製品は職人（マイスター）の国らしく、つくりがしっかりしている上、デザインも洗練されている。

トイレに入り、大便用の個室で手持ちの米ドル札を数える。モスクワで入国する際、外貨をいくら持っているか申告しなくてはいけないが、人前で多額の金を勘定すると、スリやひったくりに狙われる可能性があるので、いつも空港か飛行機のトイレで勘定していた。

（フランクフルト空港のトイレで金の勘定をするのは、何回目かなあ……）

ロシア以外にも、東欧、中近東、アフリカなどで、外貨を申告しなくてはいけない国々があり、ここのトイレはよく使う。

今回は、ロシアを管轄しているウィーン駐在員事務所の鈴木所長から、「あの国はタクシー代もチップもすべてドル払い。ドルの細かいのを持っていくこと」とアドバイスされていた。そのほか、「ロシアのタクシー運転手は雲助ばかり」、「サンクトペテルブルクにいくのなら、サプチャーク市長の補佐官、ウラジーミル氏に会って下さい」ともいわれていた。ウラジーミル氏というのは、現在のプーチン大統領のことで、この頃は一介の銀行員でも会うことができた。

ロシア出張の目的は、国の返済能力を見極めることだった。「利助」上席審査役からは、「一度現地に出張してさあ、駄目そうだったら、残りも全部処分しようか」といわれていた。

フランクフルトからモスクワまでは三時間弱のフライトである。

午後五時四十八分、ルフトハンザ機は、夕闇が迫り、雨がそぼ降るモスクワのシェレメチェボ空港にタッチダウンした。

窓の外をみると、お馴染みのイリューシンやアントノフといったソ連製ジェット機に交じって、真新しい塗装のアエロフロートのエアバス機が二機駐機していた。かつてアエロフロートはソ連製ジェット機しか使っていなかったが、こんなところにも時代の変化がみられる。

空港ビルは薄暗く、陰気な雰囲気が垂れこめていた。入国審査官は冷たそうな灰色の眼でパスポートの顔写真と本人を何度もみくらべる。壁には〈入国審査官に金品を贈ることは厳に禁じられています〉と英語、フランス語、ロシア語で書かれた注意書きが張ってあった。

あらかじめビザをとってきていたので、審査はスムーズに通過。

荷物がベルトコンベヤーで出てくるのを待つ間、トイレに入ったが、壁には亀裂が走り、便座は汚れ放題で、とても腰かける気になれない。トイレットペーパーは、アフリカの最貧国でもみかけないような茶色いごわごわの紙である。下水管が詰まりやすいらしく、使用後は便器の横に置いてある屑籠に捨てる。聞きしにまさる状況で、三日間の滞在が思いやられた。

税関で手持ちの外貨を申告し、到着ロビーに出る。ロビーは薄暗く、湿っていて、くたびれたジャンパーやほつれかけたセーターを着たロシア人たちがうようよいる。皆、あっちへ行ったり、こっちへ行ったり、非常にせわしなく、土木作業の現場にでも紛れ込んでしまったかのようだ。

タクシーの運転手が寄ってきて「市内まで二十五ドル」というので、「二十ドル」と値切ったら、「それでもいいよ」という。どうせ白タクだろうと思いながら、空港ビルを出て、雨のなかをついていくと、やはり白タクだった。この頃のロシアの物価は日本の十分の一くらいだったので、二十ドル（約二千四百円）あれば、一家が半月くらい暮らせるかもしれない。

夜道を市内へと向かう。暗い上に雨が降っているので景色はよくみえないが、大きな街だというのはわかる。道はろくに補修されていないようで、でこぼこだ。

四十分ほどで、宿泊先のメトロポール・ホテルに到着した。

クレムリン宮殿の北側でボリショイ劇場の斜め向かいという一等地にある超高級ホテルで、一泊二百八十ドル。開業は日露戦争時代の一九〇七年。五階建ての建物の外壁には、彫刻家N・アンドレーエフ制作の浮彫（レリーフ）「四季」や、戯曲を題材にしたモザイクや壁画が施されている。エントランスホールは二階まで吹き抜けで、一階のレストラン「メトロポール」は、天井がステンドグラスで、赤や金色の色ガラスをとおし、豪華絢爛な光が降り注ぐ。

このホテルにはこれ以降何度か泊まったが、一度ロビーで著名デザイナーの山本寛斎氏をみかけたことがあった。おっ、あれは山本寛斎じゃないか、と思ってみていたら、山本氏に頭を下げられ、こちらも驚きながら会釈を返した。ああいう有名人は、相手が誰かわからなくても頭を下げておくんだろうなあと思った。

部屋は、エレベーターを六階で降りてすぐの六六〇九号室だった。普通の五つ星ホテルの三分の二くらいの広さしかなく、シングルベッドが一つぽつんと置いてあるだけだが、清掃は行き届いていた。テレビはＣＮＮ、ＢＢＣのほか、ドイツ語やスペイン語の放送もみられる。

荷物を解いて一息つくと、腹がすいてきたので、ルームサービスでハンバーガーとボルシチを注文する。本場のボルシチはどんなものだろうかと、わくわくして待っていると、二十分ほどして届けられた料理は壺に入っていて、パイ状のパンで蓋がしてあった。繊切りにしたサトウダイコンを少量の牛肉や野菜と一緒に煮込んだ赤いスープである。味は甘く、身体が温まり、いかにも寒い国で好まれそうだった。

翌朝、八時半頃、ホテルの前のタクシーを拾い、アポイントメントに出かけた。

街は、道路、街灯、橋など、インフラストラクチャーの傷みが目につく。スラブふうの三角屋根の民家や商店は壁が剝がれ落ち、煉瓦が剝き出し。市内のほうぼうに聳(そび)える尖塔の上に赤い星を頂いた七つの巨大なスターリン建築は、遠くからみると威圧的だが、入り口のガラスが割れ、ロビーの照明も極端に暗く、劣悪な状態である。ただ、社会主義国の特徴というべきか、街は比較的よく清掃され、ごみはあまり落ちていない。

最初のアポイントメントは、ロンドンに本店があるロシア系のモスクワ・ナロードヌイ銀行のモスクワ駐在員事務所で、所長のクズミン氏はロシア人かウクライナ人と思しい男性。親切な人で、わたしのためにわざわざソ連対外経済銀行とのアポイントメントをとろうとしたりしてくれたが、口は堅く、ＩＢＥＣ、ＩＩＢに関する個人的な意見は聴かせてもらえなかった。ソ連対外経済銀行については、「形だけのもの」といっていた。

次のドイツ銀行では、次席駐在員のオウデン氏が会ってくれた。わたしと同年配のドイツ人で、モスクワに駐在して二年。紺、青、緑の渋めのチェック柄のジャケットにネクタイ、紺のズボンという、ドイツ人バンカーによくある服装だった。初対面だったが、「今、ロシアが旧ソ連の対外資産と対外債務を引き継ぐという案が出ていて、確か、キルギス、タジク、ベラルーシの三国は同意した」、「ＩＩＢはもはや存在意義はなく、一、二年のうちに業務を停止すると思う」といったことを教えてくれた。

ホテルに戻り、昨夜に引き続きルームサービスでハンバーガーを食べたあと、手土産の納豆、桜餅、うどんが入ったビニール袋を提げ、日本経済新聞のモスクワ支局へ。会ってくれたのは池田さんという若い記者で、髪はもじゃもじゃと伸び、ジーパンにセーター、サンダルばきだった。東京外語大ロシア語科卒で、オフレコの話も含め、立て板に水でロシア情勢を解説してくれた。「ロシアは対外債務を返す気はあると思いますか？」と訊くと、「返す気はあると思う。しかし、今は穀物などの輸入代金の支払いが優先。カナダがロシアの支払い停止を理由に穀物の輸出をストップしたことがあり、ロシア政府は慌てて支払いを再開した」という。話を聴いているうちに、オフィスの隣のキッチンからいい匂いがしてきた。まもなく中年のロシア人女性が現れ、「お昼の用意ができました」と池田氏に伝えた。外に食べにいってもろくなものがないので、昼ご飯はこのおばさんにつくってもらって食べているそうだ。「一緒にどうですか？」といわれ、こういうときは親しくなるために昼食が二度になっても相伴にあずかるべきだが（これは作家になってからも同じ）、この日は次のアポイントメントが迫っていたのでやむなく辞退。

次の日本大使館では、東京銀行と大蔵省から経済部に出向している人二人が会ってくれて、詳しく話を聴かせてくれた。ロシアは七百四十億ドルの対外債務を抱えており、リスケジューリングの交渉中で、日本の輸銀のローンも返済していないという。一方で、米国を抱き込んでいて、CCC（Commodity Credit Corporation＝米国農産物信用公社）が保証している債務は支払っているそうで「アメリカは民間も含めてロシア向け債権はゼロだったので、なんでもできるんですよね」と若干苦々しげだった。また「ロシアは対外債務返済に関しては開き直った感じがあり、大国意識があるので、国際金融のルールを振りかざしても意味がない」という。こちらが最も関心があるIBECとIIBについては、「日本政府として債権を持っているわけではないので、動向はフォローしていない」。「どうもロシア人は嘘つきのような気がしますが、どう思いますか？」と訊くと、大蔵省から出向している三十歳くらいの二等書記官は「嘘つきだと思う」という答え。ただし、翌日会った東京銀行のモスクワ事務所長は、嘘つきというのはやや極端で、環境的要因なども考慮すべきでしょうという意見だった。

全部のアポイントメントが終わり、ホテルに戻ると午後六時だった。すでに陽は落ち、戸外は暗い。ずっと初対面の人たちに会い続けていたので、かなり疲れた。ロンドン支店に電話を入れ、伝言などがないか確認したあと、午後八時過ぎまで部屋で休み、それからその日の面談記録を書く。

夕食はまたルームサービスのハンバーガー。

翌日は、最初のアポイントメントが問題のＩＢＥＣだった。

市内北東寄りのマーシャ・ポリバエバ通りという、片側五車線でだだっ広く、交通量はまばらな通りに沿って、まったく同じデザインのビルが三つ並んでいる。それぞれＩＢＥＣ、ＩＩＢ、ソ連対外経済銀行だった。中央部が一段と高い山型のビルで、正面中央部がへこみ、そこから左右に向け、前面が緩やかな弧を描いているモダンなつくりで、十四階建てだった。ＩＢＥＣとＩＩＢの前には、正面出入口の左右に五本ずつ国旗掲揚塔があり、加盟国であるブルガリア、モンゴル、ロシア、ハンガリー、ポーランドなど、色とりどりの国旗が掲げられていた。

（うーん、立派なビルだなあ……！）

思わず見入ってしまった。

外壁は薄茶色の縞模様入り石灰華仕上げ（トラバーティン）の威風堂々とした佇まいである。

（ここが旧社会主義諸国の金融の中枢であったわけか）

兵（つわもの）どもが夢の跡といった感じである。

建物に入ると薄暗く、広々とした一階のロビーには人影はほとんどなく、がらんとしていた。

ＩＢＥＣは、振替ルーブルという独自のシステムを使って、ソ連を中心とした社会主義諸国の貿易決済をおこなっていた銀行だ。しかし、前年にソ連とコメコンが崩壊したため、存在意義を失った。出資国の大半が経済的苦境に陥ったり、資本主義に転じたりしたため、誰からも救いの手を差し伸べられず、旧加盟国に対する債権を懸命に回収しながら、債務の利払いを続けている。

エレベーターで上の階に上がると、小さめの会議室にとおされた。

会議用のテーブルは、精巧な螺鈿細工が施された艶やかな黒い漆（うるし）塗りで、加盟国であるベトナムからの贈り物ではないかと思われた。

会ってくれたのは、カザンディエフ副総裁と融資部主任のバソヴァさん。カザンディエフ氏は六十歳くらいのブルガリア人で、ブルガリア外国貿易銀行に三十年勤務し、その間、隣のＩＩＢで四年、コメコンをつうじた派遣でキューバの中央銀行で三年働いた経験があるという。

西側諸国の強い影響下にある国連は、関連機関としてＩＭＦ、世銀、ＵＮＩＤＯ（国連工業開発機関）、ＩＡＥＡ（国際原子力機関）などを持っているが、西側諸国の経済封鎖に対抗できるソ連中心の自給自足体制の確立を目指し、一九四九年に設立され、前年六月に解散したコメコンも、ＩＢＥＣ、ＩＩＢをはじめ、インテルメタル（鉄鋼業国際協力機構）、インテルヒム（国際化学工業協力機構）、インテルアトムインストゥルメント（国際原子力機器製造公社）などの関連機関を持っていた。そして西側諸国の公務員が国際機関に派遣されるように、社会主義諸国の公務員もコメコン関連機関に派遣されていた。それはあたかも、我々が暮らす西側世界の裏側に、写真のネガのように存在する別の世界だった。

「債務国からの返済状況は、どんな感じですか？」

挨拶が終わると、わたしは訊いた。

「今、ちゃんと返済してくるのは、チェコとハンガリーだけです。それ以外の国は、金利も払ってきません。ソ連対外経済銀行も同様です。ポーランドは一年ごとに金利を払うと約束したにもかかわらず、払ってきません」

分厚い黒縁眼鏡をかけ、人の好さそうな田舎のおじさんといった感じの、カザンディエフ氏がいった。

「債務が多い順から、ロシア、ポーランド、キューバなので、彼らが払ってこないのは本当に困ります」

一方、ルーマニア、モンゴル、ベトナムは債務を負っていないそうである。

「うちはこないだ貴行向けの債権を米銀などに売却しましたが、買い手はおたくじゃないですよね?」

途上国債務の最終的な買い手は当の債務国自身ということがある。これをバイバックという。額面百に対して五十五くらいの価格で売ったので、もしＩＢＥＣがバイバックしていれば、返済額を節約できる。

「うちには、そんなお金はありません」

三十歳くらいで、スタイルのよいロシア人女性のバソヴァさんがいった。

彼女の少し悲しそうな表情をみて、これは本当なんだろうなと思う。

「貴行は商業銀行業務も始めているそうですね」

「ええ、そちらのほうは、人材も豊富なので、上手くいっています。送金などのサービスも外銀より速いと評価されていて、多くのロシア企業から預金をもらっています」

カザンディエフ氏がいった。

「商業銀行業務で儲けたお金があるので、それで債務の利払いを続けています」

バソヴァさんの言葉にうなずきながら、国際機関が商業銀行業務をやるというのは、普通じゃないなあと思う。

しばらく話をしたが、二人とも「なんとか借金を返したい」という誠意はあり、同じ債務者でもすぐ開き直るブラジルやアルゼンチンよりはだいぶましだった。商業銀行業務がなんとか回っていて、世界的に金利も高くない間は利払いを続けていけるかもしれないが、元本返済の見通しは立たない。一言でいえば「風前の灯（ともしび）」で、話を聴いていて気の毒でいたたまれなくなった。

次に訪れた隣のビルのＩＩＢは、社会主義諸国のインフラや産業プロジェクトに長期の融資をおこなってきた、いわばコメコンの世界銀行である。

会ってくれたのは、副会長のスティスカル氏と融資部マネージャーのコファノフ氏。白髪のスティスカル氏はチェコスロバキアの中央銀行を引退した人物で、若干権威主義的な雰囲気もあったが、国別の貸し出し比率を尋ねると、内部資料をみながら自分で電卓を叩き、正確な数字を教えてくれた。コファノフ氏は大学を卒業して、半年前に入行した若いロシア人男性だった。

ＩＢＥＣよりは多少元気があり、去年の下半期からは、それまでまったく融資をしていなかったルーマニアに対しても新規のプロジェクトのファイナンスを始めたそうである。大元のコメコンが解散したのに、その関係機関が残っていて、活動を続けているというのも奇妙な話で、ソ連崩壊後の混乱ぶりを象徴している。

債務国の返済状況を訊くと、「チェコ、ルーマニア、ハンガリーは期日どおり払ってくる。ポーランドは多少遅れるが払ってくる。ロシア、ブルガリアは払ってこない」という。ロシアへの貸出しは全体の三〇・八パーセント、ルーマニアは一四・九パーセントなので、全体の半分近くが不良債権ということになる。

ステイスカル氏自身も「もしロシアとブルガリアの遅延が早期に解決されなければ、当行にとって問題になる。来週、ブルガリアに行って交渉する」という。

この銀行も融資ポートフォリオの中身からいって、なんらかの抜本的な対策がとられない限り、近い将来債務の支払いに支障をきたすのは確実である。

その日の昼食は、クレムリン宮殿の裏手にある客室数三千超という世界一の図体を誇る「ロシア・ホテル」（竣工はフルシチョフ書記長時代の一九六七年）内の日本食レストラン「東京」で、東京銀行モスクワ事務所長と鉄板焼き。四十代前半の人で、十年ほど前にモスクワの日本大使館に勤務したことがあり、直近はロンドン支店で東欧を担当していたという、この地域の専門家だ。同氏は、ロシアとの金融交渉で、日本は米国の手玉にとられているとしきりに憤慨していた。いわく「アメリカは自国の余剰穀物を上手い具合にロシアに売りつけ、ロシア政府に日本からの援助金や本来日本の銀行に返すべき金で、その代金を払わせている。ロシアもロシアで、日本の銀行や政府に対する返済はストップする一方で、アメリカやカナダに対する穀物輸入代金などはきちんと支払っている。日本だけが馬鹿をみている。だいたいロシアのリスケ交渉がＩＭＦと世銀の主導でおこなわれていることが問題だ。ロシアに対する債権を多く持っているのは、日本とドイツである。アメリカは官民ともにソ連とは金融取引がほとんどなかったので、ロシアに対する債権はほんの少ししか持っていない。だからアメリカはロシアとのリスケ交渉は、なんの気兼ねもなくフリーハンドででる。そんなアメリカの強い影響下にあるＩＭＦや世銀が交渉の主導権を握っていると、日本とドイツだけが割を食う。ＩＢＥＣ、ＩＩＢにしても、日本とドイツが債権の大半を持っている。ロシア政府は、ＩＢＥＣとＩＩＢが国際機関であるにもかかわらず借金を返済せずに、ノルディック・

インベストメント・バンクには返済している」。（注・ノルディック・インベストメント・バンクは北欧五ヶ国が一九七五年に設立した国際金融機関で、二〇〇五年にはバルト三国が加盟した。）もはや利用価値のない債権者に対してけつを捲（まく）った格好で、これも一種の「ウォーターフォール」だ。

昼食後、ロシア中央銀行が五一パーセント出資している有力商業銀行、ロシア外国貿易銀行を訪問。会ってくれたコレスポンデント・バンキング部長のシャラシニコフ氏は「IBECとIIBは、新しく設立された銀行と違い、負の遺産を引きずっている。IBECはコメコン諸国間の決済のために設立された銀行で、もはや存在意義はない。IIBのほうは、ソ連崩壊後の新しい金融システムのなかで一定程度やれることはあるので、少しはまし」という。

その日の最後のアポイントメントは、欧州復興開発銀行（European Bank for Reconstruction and Development＝略称・EBRD、一九九一年に設立された旧ソ連・東欧圏に対する投融資をおこなう国際金融機関）で、モスクワの街を一望する超高層ビルの二十四階に真新しいオフィスをかまえていた。会ってくれたのは、次席駐在員でマケドニア生まれの元カナダの外交官、ナウモフスキー氏。わたしがカイロ留学時代に親しくしていた外務省のアラビア語の研修生で、今は、辞めて米国の大学院に進んだ人と、互いがバグダッドの大使館に勤務していたとき知り合った友人だという。同じ長期ファイナンスの国際金融機関であるIIBと日常的な付き合いがあるが、「IIBの人間は頭が超ソ連的。事務レベルの打ち合わせもなしに、幹部がいきなりEBRDのフリーマン総裁（米国人）に会いに行ったりする。フリーマン総裁がその際『コ・ファイナンス（共同融資）について提案があるなら検討する』といったところ、提案が出てくるまで半年かかった。ところがそれから一週間くらいして『答えはどうなった？』と訊いてくる」という。EBRDはIIBのことを、国際金融機関というより、ロシア・東欧案件を持ち込んでくるブローカー程度にしかみていないという印象。

ＥＢＲＤでのミーティングを終え、ビルを出ると、すでにあたりは薄暗くなっていた。

この日は金曜日で、ようやく週末だと思うと、ほっとした。モスクワ出張の目的はだいたい達成できたかなと思いながら、タクシーでホテルに戻った。

その晩は、ルームサービスでコンソメスープとシーフード・スパゲティの夕食をとり、面談記録を書いたあと、十二時頃から午前一時頃まで、ホテルのバーで飲んだ。

二十世紀前半に活躍したロシア出身のオペラ歌手、フョードル・シャリアピンの名を冠したバーで、装飾はクラシックなアールヌーボー。柱は茶色のまだら模様の大理石、壁は薄茶色の大理石、床は象牙色、灰色、薄茶色の大理石を組み合わせ、隅々まで磨き上げられていた。

ボーイにロシア産のビールがあるか訊いてみたが、「ない」という。あるのは、ドイツとオランダの銘柄だそうで、一杯五ドル。モスクワでは外国人が行くような場所、利用するようなサービスは、すべてドル払いになっていて、値段は西側とほとんど同じである。現地でのコストを考えると、ものすごく儲かっているんだろうなと思わされる。

広々としたバーには、ひじ掛けのあるソファーがたくさん置かれ、深夜だというのに、四十人くらいの男女がグラスを片手ににぎやかに談笑していた。ほとんどが身なりのよい欧米のビジネスパーソンだ。一泊二百八十ドルもするので、一般の観光客はおいそれと近寄れない場所である。彼らの英語を聞いていて、米国人が多いとわかる。ワシントンＤＣに本部があるＩＦＣ（国際金融公社）がこのホテルの二部屋を借り切って連日、なにかの作業をしているし、四十人からなるＩＭＦの調査団も今モスクワにいるらしいので、それらの人々がずいぶん交じっているのだろう。国際機関の職員も、実績を上げないとクビになるので、ハゲタカのごとくソ連崩壊後のロシアに群がっている。このときから三十年後に、ロシアがウクライナに侵攻し、米国の音頭で世界中の国々が経済制裁を科すことになるとは、誰も想像していなかったろう。

バーには、皆二十代と思しい夜の女性たちも何人かいた。昔はポーランドが夜の女性で有名だったが、今はずいぶん少なくなったらしい。これは経済改革の成果で、ポーランドの通貨ズロチでなんでも買えるようになったので、苦労して外貨を手に入れる必要がなくなったからだ。これに対して、この頃、夜の世界で活躍していたのがロシア人女性で、国内のみならず、西ヨーロッパなどにも出稼ぎに行っているようだ。

翌土曜日は、午前中、モスクワの街を歩いてみた。日中の最高気温が摂氏六度くらいにしかならない寒さだったが、街は人であふれ返っていた。どこへ行っても人、人、人である。広場や地下鉄の入り口などでは、早朝から夕暮れまで、たくさんの人々が立ちどおしで物売りをしていた。本を売っている人が圧倒的に多く、社会主義国で識字率が高いことを物語っている。表紙には、ゴーリキーやトルストイの名がキリル文字で書かれている。それ以外に売られているのは、セーター一枚、コイン、切手帳、マトリョーシカ人形、中古の靴二足、歯ブラシ、食器、ポット、地べたに置いたビール三本、ブドウ、タバコなど。大半が糊口をしのぐため、家からの持ち出し品を売っている感じである。物売りの人たちに交じって、物乞いもかなりいた。

そのほか、広場のベンチにすわって、ぼーっとしている人たちが何十人もいる。よくこんな厳しい寒さの戸外で、じーっとすわっていられるものだと感心する。さらに驚いたことには、こちらが寒さで震えているというのに、アイスキャンデーを美味しそうに食べている人たちがたくさんいた。ウィーン事務所の鈴木所長は「ロシア人の生命力っていうのは、異常なんだよねー。あいつらは、ちょっとやそっとじゃ、参らないからねー。ドイツがロシアと戦争したって、勝てるわきゃないんだよ」といっていたが、目の前の光景をみる限り、納得がいく。

赤の広場の真んなかにあるレーニン廟（びょう）に入り、生前の姿のままスーツを着て、ガラスの棺のなかで眠っているレーニンをみてみると、意外に小男だった。

赤の広場に面して建っているロシア最大の国営百貨店「グム」に入ってみると、日本で二百円くらいで買えるようなシャンプーがうやうやしく高い棚に並べてあったり、スーパーに山積みで売っているような洗剤がガラスの陳列ケースに収められたりしている。商品の質はみるからに粗末で、女性用の化繊のセーターが日本円換算で百五十円、スカートが三百円くらいだった。

そのあと、寒空の下で四十分ほど並び、クレムリン宮殿の入場券を買った。入場料は二十ルーブル（約六円）。寒さに震えながら、敷地内にあるウスペンスキー寺院やブラゴベシチェンスキー寺院に入り、多彩な色遣いの見事な壁画をみて歩く。

昼食は昨日も行った「ロシア・ホテル」のレストラン「東京」でカレーライス。値段は九ドル。午後はホテルの部屋で面談記録書き。

翌朝は、午前四時に起床。ホテルをチェックアウトし、真っ暗な道をタクシーで空港に向かった。

ルフトハンザ機でモスクワを発ち、フランクフルト空港に午前八時四十五分到着。さすがに眠い。普段生活しているロンドンの午前二時にあたる時刻に起きたのだから無理もない。

バーレーン行きの便まで五時間ほど乗り継ぎ時間があったので、バーレーン駐在員事務所に電話を入れる。イスラム教国のバーレーンは金曜と土曜が週末で、日曜日は仕事をしている。

「今、フランクフルトにいるんだけど、免税店で酒でも買ってこうか？」

電話に出てきたバーレーンの次席駐在員に訊いた。

今回は最初の滞在地がモスクワで、ロンドンで買った日本食をずっと持ち歩くのは大変なので、フランクフルトでなにか買おうと思っていた。

「いや、酒は結構あるんですよ」

五年次下の後輩がいった。

バーレーンの駐在員は月に一、二度中東各地に出張しているので、禁酒国でなければ、免税店で酒を安く買える。

「じゃあ、タバコは？」

「いや、誰も喫いませんから」

「あれっ、所長は葉巻を喫うんじゃなかったっけ？　昔、喫ってるのをみたことがあるよ」

「あれはメシ食ったあとに、たまに喫うだけで、最近はほとんど喫ってないです」

「ああ、そうなの。じゃあ、なに持って行ったらいいかねえ」

「今、フランクフルトの空港におられるんですよね？　もし可能でしたら、フランクフルト・ソーセージをお願いしたいんですが」

「えっ、そんなものがいいの⁉」

「いやー、こっちではそういうの、あんまり手に入らないんですよ」

「へえ、そうなの。わかった」

バーレーンは、結構物資が豊富だというイメージを持っていたが、やはり小さな島国なので、種類は限られているようだ。

書類鞄、スーツ・キャリーバッグなど、二〇キログラムくらいの荷物をかついで空港内の免税店をあちらこちら探し、二人の駐在員の家族の人数も考えて、四キログラムほどソーセージを買い込んだ。バーレーンでは、酒はよいが豚肉の持ち込みが禁止されているので、牛肉製のもので、かつ税関でみつかったとき説明しやすいよう、パッケージに大きな牛の絵が描いてあるものにした。

バーレーン行きの飛行機を待つ間、空港ビル内の椅子にすわってモスクワでの面談記録を書く。眠気が押し寄せてくるとうとうと眠り、目を覚ましてはまた書く。これを三回くらい繰り返し、ようやく正午頃、二十三ページの出張報告書を書き上げた。

午後一時半頃、バーレーン経由でパキスタンのカラチまで行くルフトハンザ636便に乗り込んだ。

ビジネスクラスの席から搭乗口のほうをみると、明るく華やいだ日差しが差し込んでいた。

（そうか、ここはヨーロッパだった……）

各地を飛び回っていると、今の季節はなにで、自分がどこにいるのか、まったく忘れているときがある。つい半日前までは初冬のモスクワで、六時間後には灼熱の中東にいる。

十月初旬の日曜の昼下がりは、ヨーロッパが一年じゅうで一番美しくなる季節かもしれない。

秋の日差しが色づいた木々を一段と輝かせていて、街に出てのんびり時をすごせないのが残念だ。

機内で隣り合わせたのは好々爺然とした恰幅のよいおじさんだった。

話をすると、灌漑・ダムなど、水関係の土木技術者のペルー人で、米国のワシントンDCからカラチに行くところだという。

「ワシントンDCというと、世銀かなにかにお勤めですか？」

「ええ、そうです。世銀で十八年仕事をしたあと、定年退職して、今はアドバイザーとして雇われています」

「ああ、そうでしたか」

わたしは、いつか国際機関で働きたいと思って、二年くらい前からひそかに世銀グループに応募したりしていた。おじさんは四十二歳で世銀に入るまで、母国で農業大臣などを務めた人で、世銀の実情や、職員の仕事や暮らしぶりについて詳しく教えてくれた。

食事のあと、いつの間にか眠ってしまい、目を覚ますと時刻はバーレーン時間の午後九時半をすぎ、飛行機はアラビア半島の横断をほぼ終え、ペルシャ湾に差しかかるところだった。

しばらくすると、街路灯などの照明で、銀色に輝くバーレーンの島がみえてきた。湾岸産油諸国は、石油をふんだんに使った発電による近代的な照明設備を持っているので、夜、飛行機からみおろすと、道路が碁盤の目のようにきちんと整備された街が銀色に輝いている。二十七歳でカイロに留学する途中、初めて降り立った外国の地がバーレーンで、そのときも海上で銀色に輝く街をみて、胸を躍らせたものである。

午後十時十分、バーレーン空港に到着。

空港ビルを出ると、駐在員事務所の運転手で白い民族衣装姿のマンスールが迎えにきていた。

事務所では彼のほか、二人の日本人駐在員、英国人とフィリピン人の女性秘書、アマル（希望）という名のバーレーン人女性アシスタントが働いている。マンスールとアマルは、カイロ留学時代からの付き合いだ。マナーマ市内のホテルに行く道すがら、二人の近況を聞く。マンスールには子どもができ、アマルにはもうすぐ二人目が生まれるという。今回は英語の研修についての愚痴はいわなかった。

### 3

モスクワには十二月にも「利助」上席審査役と一緒に出張し、氷点下二十度で粉雪が舞うなか、一緒にカントリーリスクを調査した。上席審査役は英語よりポルトガル語やスペイン語のほうが堪能で、キューバ中央銀行に勤務した経験があるＩＢＥＣのブルガリア人副総裁、カザンディエフ氏とは途中からスペイン語で中南米の四方山話をして盛り上がっていた。欧州方面はあまりきたことがなく、初めてロシアを訪れて満足したようで、シェレメチェボ空港で帰国の飛行機を待っているとき、自分のパスポートの入出国のスタンプを嬉しそうにみながら、「ロシアも行ったと」「ロシアも行ったと」と二回くらい独りごちていた。

そのときの調査などにもとづき、ＩＢＥＣとＩＩＢ向け債権はほとんど売却し、モロッコ向けローン、ブラジル発行の債券、ブルガリア外国貿易銀行向け債権などを買った。

ヴネシェコノムバンク（ソ連対外経済銀行）は、値段がどん底で処分できなかったが、この翌年、民間銀行との債務繰り延べの合意が成立し、価格が一時的に四十二セントまで上昇した。そこで、カントリーリスクが改善して七十一セントまで急上昇していたモロッコと抱き合わせで売却し、代わりに五十七セントで売られていたアルジェリア向けローンを買った。「利助」上席審査役が「アルジェリアはリスケはやるかもしれないけれど、債務カットはやらない可能性があるから、五十七セントならアンダーヴァリュー（過小評価）かもしれない。テークチャンスしてもいいんじゃないか」といって目を付けたのだった。

当時買ったモロッコ向けローンやブラジルの債券は、その後、パー（額面）で返済（償還）され、アルジェリアも睨（にら）んだとおり、債務の繰り延べ（リスケジューリング）は何度もやったが、苦労しながらも債務削減はせずに払い続けたので、入れ替えは成功で、少くとも百億円程度の収益改善効果はあったのではないかと思う。国際金融版『ナニワ金融道』である。ブルガリアについては、その後、ブレイディ・プランを実行し、銀行は三五パーセント程度の債権カットを余儀なくされたのではないかと思うが、その場合、六十五セントで回収できたわけで、こちらもそれほど悪い結果ではないと思う。

ちなみに昨年（二〇二二年）、円が一ドル百円前後から百五十円くらいに大暴落したが、「利助」元上席審査役は、「俺は円なんて駄目だと思ってたからさ、十年くらい前に資産は全部ドルに換えたよ」と、昔と変わらぬべらんめえ調でいっていた。

## 4

モスクワで「利助」上席審査役と一緒に泊まったのも前回と同じメトロポール・ホテルだった。

国際金融マンになったおかげで、世界各地の一流ホテルに泊まるという贅沢な経験をさせてもらった。

一番思い出深いのは、バーレーンのインターコンチネンタル・ホテルで、留学地のカイロに向かう途中、駐在員事務所での挨拶と研修のため数日間バーレーンに立ち寄ったとき、最初の二日間くらい泊まらせてもらった。初めて五つ星ホテルの豪華さを体験し、海外に出るとこんないいホテルに泊まらせてもらえるのかと感動した。

カイロのマリオット・ホテルもエジプト副王の宮殿を改装したもので、絢爛豪華だった。特に地上階のレストランが昔の宮殿そのままの高い天井と豪奢な装飾で、食事をしながら圧倒される思いがする。イスタンブールは最初の三年くらいはヒルトンに泊まっていたが、その後はスイス・ホテルが多くなった。ヒルトンは部屋から、スイス・ホテルはロビーから、ボスポラス海峡を一望できる圧倒的な眺望である。ハラレはシェラトンに泊まることが多かったが、老舗のミークルズ・ホテルにも泊まり、英国植民地時代の雰囲気を堪能した。

ヨルダンのアンマンはインターコンチネンタル、カタールのドーハはシェラトン、ポーランドのワルシャワはマリオット、チェコのプラハはインターコンチネンタル、コートジボワールのアビジャンはインターコンチネンタル、アンカラはヒルトン、オマーンのマスカットはシェラトンに泊まることが多く、この種の米系のビジネス用高級ホテルは部屋もきれいで機能的な上、ビジネスセンターが設置されていて、書類をタイプしてもらったり、航空券の予約を変更してもらったりできるので、なにかと便利だった。マスカットはごつごつした岩山のなかにあるような、この世のものとは思えない独特の景観の町で、一日の仕事が終わったあと、よくシェラトンの部屋から風景を眺めながら、ウィスキーの水割りを飲んだ。

家内と休暇でスペインのセビリアに行ったときは、アルフォンソ十三世という老舗ホテルに泊まった。床は色とりどりの大理石のタイル張りで、壁は細密なアラベスクで装飾され、アラブとスペインが融合したアンダルシアらしい贅を尽くしたつくりだった。また留学時代に旅行したアスワンのオールド・カタラクト・アスワンは、一八九九年に建てられたヴィクトリア様式の趣（おもむき）のあるホテルで、高い天井やクラシックな装飾が別世界のようで、思い出に残っている。

一方、英国内の旅行先で泊まったのは、たいていB&Bで、当時は一泊十三ポンド（約三千円）くらいだった。これは元々普通の家庭が空いている部屋に客を泊め、朝食を出す民宿だったが、今はホテル形式のものも多い。英国に赴任した当初は、イングランドやウェールズのB&Bガイドを買って、それをみて予約していた。B&Bでは、オーナーやほかの宿泊客とも話したりできる楽しみもある。

B&Bに似たものに、農家を改装した「ファームハウス」というのもある。当然、地方の農村に多く、田舎ふうのいい雰囲気である。ウェールズのスノードニア国立公園近くのバンガーに家内と旅行し、宿泊したファームハウスで、夕食後一生懸命フィナンシャル・タイムズを読んでいたら、英国人の中年女性の二人連れに「こんなところまできてFT読まなくてもいいでしょ」とからかわれ、苦笑いしたこともある。

「イン」と呼ばれる、昔の馬宿をホテルにしたものも英国に多い。元々は、馬で旅をする商人などを泊めた宿で、馬小屋があり、飲食ができるパブを併設していた。たいてい地方の町の街道沿いにあり、一二〇〇年頃まで歴史をさかのぼる。英国では小さな町でも、何百年もの歴史を持つインをホテルにしたものが一つくらいはある。なかに入ると、太い梁が何本も走る天井は低く、昔の人は背が低かったことがわかる。木製の階段はぎしぎし音を立て、柱や壁が微妙に歪み、度重なる増改築のせいで床に変な段差があったり、廊下が迷路のようになったり、中庭に昔の井戸があったりする。地上階（日本でいう一階）にパブを併設している宿も多く、表にパブの看板を掲げている。

つい最近も、南西部デヴォン州エクセターの「ホワイト・ハート」という十五世紀からあるインのパブで、長い歴史を肌で感じながら、ビールを飲んだりした。インの宿泊料金は、B&Bより少し高いくらいである。わたしはクラシックホテルが好きで、日本では箱根の富士屋ホテル、日光の金谷ホテル、奈良ホテル、あるいは京都の老舗旅館に泊まったりする。英国では、それらの宿ほど格式は高くはないが、歴史はもっと長いインにどこでも安く泊まれる。

そのほか、先に述べた「マナーハウス」と呼ばれる、貴族や金持ちの屋敷をホテルにしたクラシックで高級な宿も数多くある。こちらは値が張るが、英国らしい贅沢を味わうことができる。値が張るといっても、一室あたり一泊二百〜三百ポンドで、東京の高級ホテルよりは安い。B&B同様、マナーハウスのガイドブックや写真集もある。

# 第九章　米銀との激突

翌年四月中旬――

ロンドン勤務が六年目に入り、まもなく三十六歳になろうとしていた。海外派遣行員の標準的な駐在期間は三年だったので、異例の長さだった。

その日、わたしは国際金融課のオフィスで、あちらこちらの銀行に電話をかけ、イシュバンク（Türkiye İş Bankası A.Ş.＝トルコ実業銀行）向け一億五千万ドルのシンジケートローンの引受（アンダーライティング）グループづくりに取りかかっていた。

同行はトルコ屈指の企業集団、イシュバンク・グループの中核銀行だ。総資産規模では国営の農業銀行であるＴＣジラート銀行に次ぐ二番目だが、近代トルコで最初に設立された銀行で、創設者の一人がケマル・アタチュルクという由緒があり、格もプライドも一番高い。

同行が前回マーケットに出てきたのは二年前の四月で、一億二千五百万ドルのシンジケートローンだった（オーバーサブスクリプションで一億五千万ドルに増額された）。そのときは、湾岸紛争直後でパムック銀行やエムラク銀行のディールに忙しく、「イシュバンクのようなビッグ・ネームが本当にマーケットに出てくるのか？」と半信半疑でもたもたしているうちに、チェース・マンハッタン銀行にマンデートをさらわれてしまった。

二週間前に同行のトレジャリー（資金・為替部門）のアシスタント・マネージャー（課長級）のイェトキン氏から電話で一億五千万ドルのファイナンス・プロポーザルの提出を要請されたときは「ついにきたか！　このときを待っていたぞ。今度こそ逃すものか！」と、断固決意し、全力投球で準備を始めた。

ただわたしの銀行の保守的（あるいは臆病）な体質からいって、全額を単独引受けさせてくれるとは思えないので、引受けは五千万ドルで申請し、全体を三〜六行で分担しようと考えた。元々都銀は長信銀とは異なる短期金融機関で、長めのリスクをとることにも消極的だったので、米銀のように中長期の案件を大胆に引き受けることは、なかなかやらせてもらえなかった。一方で、米銀はがんがん引き受けてがんがん儲け、行員に高額の報酬をばら撒いた揚句、懲りずに何度も大損を出す体質である。チェース・マンハッタン銀行も、やがて往年の勢いを喪失し、一九九六年にケミカル銀行に買収され、合併後の銀行名として名前が残ったにすぎない。『青い蜃気楼 小説エンロン』でも書いたが、倒産して株主・取引先・債権者に思い切り迷惑をかけても、幹部たちはすでに巨額のボーナスを手にして逃げおおせるというパターンは、米国企業によくある。

話をイシュバンクの一億五千万ドルのファイナンスに戻すと、マンデート獲得競争は、本件に限らず常に時間との戦いである。いち早くアンダーライティング・グループをつくった者が断然有利になる。

わたしは稟議書の準備を始めると同時に、ユーロ市場の名だたる銀行に声をかけ始めた。

引受けの承認を待ってアンダーライティング・グループづくりに取りかかるのは、凡人のやることだ。

アンダーライターとして声をかける銀行には、いくつか条件がある。まず、ボロワーの信用力にお墨付きを与えるような一流銀行であること。一般参加銀行は、引受銀行の顔ぶれをみて、案件の良し悪しを判断してくる。胡散臭い銀行が引受銀行に入っていたりすると、案件自体が胡散臭いとみられる。

次に、ボロワーのことをよく知っている銀行であること。過去にイシュバンク向け案件に参加した銀行が一番望ましく、少なくともトルコの銀行向けのシンジケートローンを活発にやっている銀行でなくてはならない。いくら立派な銀行でもトルコ向けをやっていなければ、声をかけても無駄になる。たとえば、ＵＢＳ（スイス・ユニオン銀行）はユーロ市場のきら星の一つだが、スイスの金融当局がトルコ向けローンに六五パーセントの引当金を課しているので、トルコ向けはほとんどやっていない。

また高い引受手数料を要求してこない銀行であること。米銀の多くは引受手数料が高いので、プライス競争になると、たいてい負けてしまう。そういう銀行を引受グループに入れていると、いよいよ勝負というときに、グループが崩壊する。米銀でなくとも、銀行内でシンジケーション部門が独立していて、その部門独自の収益追求を激しくやっているような銀行も価格競争力がない。

常に単独でしかマンデートを狙わない銀行、すなわち一人で大きなリスクをとって、大きく儲けなければ気が済まない銀行も除外する。ＪＰモルガン、チェース・マンハッタン、バンカース・トラストなどの米銀がこのタイプだ。

さらにプロフェッショナルな銀行であること。すなわちユーロ市場の慣行（マーケット・プラクティス）やシンジケートローンの進行手順（プロセス）を熟知していて、いろいろなことに即座に対応できること。マンデート獲得競争の土壇場になって、融資のストラクチャー（仕組み）、条件、プライスなどを急に変えなくてはならなくなったときに、クイック・レスポンスができない銀行と組んでいると、にっちもさっちもいかなくなる。ビッド（融資提案）の内容はもとより、ビッドしていること自体を秘密にできる口の堅さも重要だ。

最後にこちらが先方の担当者をよく知っており、信頼できる人物であること。競争相手にこちらのビッドの内容が漏れるとまずいので、知らない相手にはとても声をかける気にはならない。下手をすると、声をかけた相手も実は同じ案件にビッドしていて、こちらの提案内容を知った上で、より効果的なビッドに切り替えるかもしれない。ただ一流銀行のシンジケートローン担当者で、そこまで悪い人間は少ない。たいていは「今、イシュバンクの案件を考えているんだけど……」とこちらが話し始めると、「ちょっと待て。実は俺もその案件にビッドしている。それ以上話すな」と向こうからいってくる。またたとえ自分がビッドしていなくても、本当のプロならボロワーの名前を聞いただけで「残念だが、イシュバンク向けクレジットラインはいっぱいで、今はなにもできない。それ以上話すな」といってくる。自分がやれないと初めからわかっている案件の条件を聞くことは恥とされる。こういうふるまいをきちんとできる人にスタンダードチャータード銀行のアラン・ケーブル氏がいて、多くのことを学ばせてもらった。

引受グループづくりは早ければ早いほどよい。アンダーライター候補の銀行がライバル・グループに入ってしまう前に、こちらのグループに引き込んでしまえば、それだけ勝てる確率が高くなる。

最初に、英国四大銀行の一つ、ナショナル・ウエストミンスター銀行に電話をかけた。相手は、中近東担当のエリア・マネージャーであるエドワード・ピックフォード氏。

「金山です。実は今、トルコのイシュバンク向けに一億五千万ドルのシ・ローンを考えているんだけど……おたくはまだどこのグループにも入ってないよね？」

「うん、その話自体、初めて聞いたよ」

わたしと同年配のピックフォード氏は痩身で、大きなフレームの眼鏡をかけ、小ざっぱりとした雰囲気の英国人だ。

「オーケー。一行あたり二千五百万ドルから五千万ドルの間で引き受けて、三行から六行の共同アンダーライトで考えています。入りませんか？」

そういって、金利や手数料などについて、考えている条件を伝える。

「うーん、なるほど。うちはトルコに関しては、引受けというのはあんまりやらないんだけど……でもイシュバンクのようなグッド・ネームなら大いに興味あるね。審査部に申請してみるよ」

（やっぱりイシュバンクだと、反応が違うなあ！）

「イシュバンクの去年の十二月期の決算の数字は出たばかりだけど、送ろうか？」

どこの銀行でも稟議書を出すときは、ボロワーの最新の決算の数字が必要になる。

「ああ、それは助かる」

「じゃあ、三十分以内にファックスします」

「審査のオーケーはいつ頃までにとればいいかな？」

「一応、来週末くらいを目途にしてるんだけど」

「じゃあ、二週間弱あるわけか。それくらいあれば十分だと思う」

「それから一応いっておくけど、うちも審査のオーケーはまだもらってないんだ。まず間違いないとは思うけど、一〇〇パーセント大丈夫とは現時点ではいえない。最悪の場合、うちが引受グループから降りる可能性があることを頭に入れておいてほしい」

「ふむ……。おたくが駄目になる可能性はどれくらい？」

ピックフォード氏は、一瞬考えてから訊いた。

「まずないと思う」

「わかった。今話したことを前提に、行内で申請を出すよ」

次は東海銀行の小洗氏。カイロ留学仲間の明るく元気な人だ。

「もしもし、金山ですが」

「おっ、金山さん。またトルコですか？」

「実はそうです。いいネームですよ。イシュバンク。期間は一年で一億五千万ドル、資金の使途は輸出前貸し。どうですか、やりませんか？」

「おおっとー、イシュがついにきましたか！　いいですねー。大いに興味ありっ。で、今、どういう段階なんですか？」

「これからビッドです。一行あたり引受け二十五本から五十本（二千五百万ドルから五千万ドル）で、アンダーライティング・グループをつくろうと思ってます」

「プライスは？　イシュだからきついんでしょうねえ？」

「マーケットには八十五から九十、アンダーライティングには十っていうあたりで勝負になるでしょう」

一般参加銀行に対しては、手数料と金利込みで、ＬＩＢＯＲ＋〇・八五～〇・九パーセント、引受手数料は〇・一パーセントという意味だ。

「少なくとも八十五プラス十の九十五でマンデートを獲りたいと思ってますけど、マーケットのプライスが動くかもしれないし、ほかのグループと激しい競争になる可能性も大きいので、一応フォールバック（最低線）で、マーケット八十二・五、アンダーライティング七・五で稟議の承認をとるよう、みんなには声をかけてます。ボロワーとは百十くらいから交渉を始めますけど」

「わかりました。まあそんなもんでしょうね。うちもそれで早速申請しますわ」

その次に電話したラボバンクのフェルタウザン氏は、イシュバンクの名前を聞いただけで「それは素晴らしい！　是非やりたい」という力強いコメント。

ウェストドイチェ・ランデス銀行（略称・ウェストＬＢ）のピサレック氏も「ほーう、いいネームだねえ」と、行内で申請することを約束してくれた。

その後、二年前のチェース・マンハッタン銀行によるイシュバンクのシンジケーションに引受銀行として名前を連ねていたルクセンブルクの大手銀行に電話した。しかし、「今回は二千五百万ドルの引受けは荷が重い。それでもイシュバンクはいいネームなので、一般参加は考えられるから、マンデートを獲ったらインビテーションを送ってほしい」という返事だった。

ここまでやったところで、グッド・ジオグラフィカル・スプレッド（良好な地理的分散）のため、中東の銀行を一つ入れたいなと思う。引受銀行は国や地域に偏らず、各国・各地域の有力銀行がバランスよく入っているのが「美しく、プロフェッショナル」であるとされ、案件の信用力も違ってくる。

中東の金融市場を見渡すと、クウェートの銀行は湾岸紛争の後遺症でユーロ市場から撤退したままで、サウジアラビアの銀行はもっぱら国内市場に注力しており、アブダビの銀行は、少額のハイイールド案件（トルコの銀行ならL＋一・五パーセントくらい払ってくれる中小銀行）を好む。

こうなると声をかけられるのは、バーレーンのアラブ・バンキング・コーポレーション（略称・ABC）とガルフ・インターナショナル銀行（略称・GIB）のどちらかしかない。両方とも複数のアラブ諸国が出資して創設した国際合弁銀行だ。

日頃から友だち付き合いをしているGIBのラシード・アル・ハリーファに電話をすると、「是非やりたい！　イシュバンクならプライスもそんなもんだろう。行内の申請はまず間違いなくオーケーになると思う」と激しく喰いついてきた。

前向きな銀行が五つ揃ったところで、声をかけるのはひとまずストップした。このあとは、「やっぱり駄目だった」とドロップアウトする銀行が出てくるたびに新たな銀行に声をかけ、最終的に三～六行からなる引受グループづくりを目指す。

翌朝、国際金融課のオフィスでイシュバンク向けシンジケートローンの稟議書を書いていると、秘書のヘレンが一枚のファックスを持ってきた。みると、トルコのドゥシュバンクからのものだった。

「貴行から六千万ドルのファイナンスのプロポーザルをいただき、誠に有難うございました。貴行のご支援には感謝致します。しかしながら、慎重に検討しました結果、残念ながら今回は貴行のお申し出を辞退させていただくことになりました」

（あーあ、やっぱり駄目だったか……）

ドゥシュバンクに対しては過去二年連続で三千五百万ドルのシンジケートローンを主幹事として組成していたが、今年の案件はユーロ市場でひと騒動になっていた。同行が資金調達をするという話が広まり、同行もあちらこちらの銀行に声をかけ、しかも何ヶ月もの間、どの銀行にマンデートを与えるか決断しなかったので、数多くの銀行が入り乱れるビッド（入札）合戦になった。どの銀行も「こりゃあ、マンデートが獲れても、ろくなプライスじゃないだろうなあ」と、うんざりしながら競争に参加していた。

（どの銀行にマンデートが与えられたんだろう？）

この種の「落選通知」には、どの銀行にマンデートを与えたかは書かないことが多い。敗れた銀行を刺激しないようにとの配慮もあるのだろう。

ため息をついていると、BONY（ボニー）（Bank of New York）でシンジケーション・マネージャーをやっているポール・リヴァース氏から電話が入った。わたしと同年配で、気のいい英国人である。

「やあ、ポール。きみがマンデートを獲ったのかい？」

電話の用件は訊かなくてもわかるので、単刀直入にいった。

「残念ながら僕じゃない。ケミカルみたいだ」

繁華街ウエストエンドのメイフェアにあるBONYのオフィスにいるリヴァースがいった。

「ケミカル⁉」

二年前にマニハニを吸収合併した大手米銀だ。わたしと同年配で邦銀向けセールス担当のチャールズ・ペルハムもそちらのシンジケーション部に移った。

「ああ。あいつら最後に、ING（蘭）、ドレスナー（独）、それにスタンダードチャータード（英）

を引っ張り込んだらしい」

「四行共同マンデート⁉」

「みたいだね」

「シンジケーション大丈夫かねえ？　激しいビッド合戦で、プライスがぎりぎりまで下がってたから」

「まあ、ドゥシュは結構いいネームだから、なんとかいけるんじゃない？　それにあいつらは、ある程度抱え込む覚悟でやってると思うよ」

「このディールは、獲れても獲れなくても、つまらないディールだったなあ」

「うーん、僕は正直なところ、やりたかったよ。うちがやってるトルコのディールは四つあって、みんな六月から十月のやつばっかりだから。一つくらいは四月スタートのディールを獲りたかったんだよね」

「ところで、エスバンクのディールはそろそろボロワーと交渉する時期じゃないの？」

エスキシェヒール銀行（略称・エスバンク）はトルコ国内に約八十の支店を有し、総資産では二十六番目くらいの中規模銀行だ。毎年六月頃、ＢＯＮＹが同行向けに一年物のシンジケートローンを組成している。

「そろそろね。……きみはまさか、ビッドする気じゃないだろうな？」

リヴァースは、一瞬ぎくりとした気配。

「やらないよ。うちにとっては規模が小さすぎて、審査がオーケーしてくれないから。いい銀行だとは思うんだけどねえ。ただ収益力は普通かな」

「確かに、収益力はいまいちなんだよなあ」

「幸運を祈るよ」

「有難う。じゃあ、また」

話を終えると、念のため同じくビッドしていた東京銀行ロンドン支店のシンジケーション・マネージャー、工藤氏に電話を入れた。

東京銀行の人たちは、ほかの邦銀とはかなり違って、国際センスがあり、動きも軽やかで、わたしとはウマが合った。

「工藤さん、ドゥシュ、やられましたねえ」

こちらも用件をいう必要がないので、ずばり切り出した。

「いやもう、ほんと……。今、アシスタントがドゥシュに電話して事情を訊いているんで、こちらから折り返し電話します」

わたしより二歳くらい上の工藤氏は、悩ましげにいった。

十分ほどすると、電話がかかってきた。

「気分悪いですなー」

工藤氏が、いきなりぼやく。

「どれくらいのプライスでマンデートが下りたんですか？」

「一〇六らしい」

手数料と金利込みで、ＬＩＢＯＲ＋一〇六ベーシスポイント（一・〇六パーセント）ということだ。

「金山さんは、どれくらいでビッドしてたの？」

「一〇七・五です」

「いいとこついてるねー！　うちも一一〇切るか切らないかのところで決断してたんですけどね。フォールバックで一〇七くらい」

「どっかと組んでやってたんですか？」

「東銀、シティバンク、バークレイズ（英）ですわ」

「バークレイズとはいつも誰と話すんですか？」

「ピーター・フレミング」

「三菱さんもやってたみたいですね。ベルギーのイッパ・バンクと一緒に、ＢＯＮＹのグループに入ってたみたいですよ」

「イッパ？　面白いネームがビッドしてたんですねえ」

国際金融市場ではあまり聞かない名前だ。イッパという銀行名自体、変わっている。

「ところで三菱さんでは、この案件は誰がやってたんですか？」

工藤氏が訊いた。

「日本人が稟議書をとおして、あとはシンジケーション・マネージャーのブライアン・トーマスでしょう」

「金山さんは、どっかとやってたの？」

「いや単独ですよ」

「えっ、単独でフルアンダーライト（全額引受け）!?」

「いや、引受けは三十五（三千五百万ドル）で、残り二十五はベストエフォートです」

参加銀行が六千万ドル分集まらなかったとき、責任をとるのは三千五百万ドルまでという意味だ。

「駄目ですよ、そりゃー。うちだって、ドゥシュが総額を四十から六十に増やしたいといってきたときは、もう一行アンダーライター（バークレイズ）を引っ張ってきたんだもの」

「このディール、いまいち力が入らなくて……」

プライスが下がりまくった案件で、過剰な競争をさせられるのは面白くなかった。

「ところでケミカルの一〇六というプライスは、金山さんのプライスをどこかで聞きつけてきたんでしょうね」

「たぶんそうでしょう。あそこはイスタンブールに支店があるから、情報収集力はあるんでしょう。あるいはドゥシュが『ここまで下げたらマンデートをやる』って、いったのかもしれませんね」

「負けるのはいいんだけど、ドゥシュのやり方が気に食わないねー」

（工藤氏は、よくこういうことをいうよな）

わたしは内心苦笑した。

「あーあ、月曜から気分悪いなあ」

「あさって、飲みに行きますか？」

負けたディールを悔やんでいても仕方がないので、イシュバンク向けシンジケートローンの稟議書の続きを書き始める。

（一度、国際審査部に話しておくか……）

稟議書を書く手を止め、受話器を取り上げた。いきなり稟議書を送ると向こうも抵抗感があるので、事前に「こんな案件がいきますので」と口頭で知らせておくようにしていた。

「……はあ、そうですか。なるほど。まあ稟議がきたら、じっくり読ませていただきます」

案件の説明をすると、若い副審査役は例によって気のなさそうな返事をした。

ところが、電話を終えて受話器を置くや否や、彼の上司の「利助」上席審査役から電話がかかってきた。

「おい、金山君。今、電話を横で聞かせてもらったけど、なんかとんでもない話をしてるじゃないか、ええっ⁉」

べらんめえ調で、相当な剣幕である。

「だいたいねえ、トルコみたいに、あんなに対外債務が増えている国の案件をねえ、そう次から次へ、どんどんやれると思ってるの⁉　とんでもない話だよ、まったく！」

「しかし、これは従来やらせていただいている輸出ファイナンス案件ですし、一般案件に比べればリスクはかなり低いと思うんですが」

（トルコを代表するビッグ・ネームのイシュバンクの案件に文句をつけるって、いったいどういうことだ⁉）

わたしは心外の思いだった。

「あのねえ、僕がいってるのは、そんなことじゃないんだよ。トルコのリスクなんだよ、トルコの。去年末の対外債務が五百四十億ドルにもなってるだろう？　アルゼンチンなんかと同じじゃないか。こんなに増えて、いったいどうするつもりなんだよ、ええっ⁉」

土地勘のある中南米の国々と比較してリスクを考えるのが「利助」上席審査役の癖である。

以前もオマーン向け案件のときに、「あんな石油とガスしかない小さな国に金なんか貸してどうするんだ⁉　トリニダード・トバゴとおんなじじゃないか」といわれたことがある。

「ええーと……確かに増えているのは事実で、わたしとしましても、これはちょっと困ったなあというのが実感ではあるのですが……」

確かにトルコの対外債務は増加しており、これに関しては自分自身も十分納得がいっていなかったので、自信をもって申し開きができない。

「しかも五十本（五千万ドル）もアンダーライトするっていうんだろう？　そんなでかい額の引受けなんかさせられるかよ！」

「いえ、でもこれについては、ヨーロッパの銀行も前向きですし……」

「ヨーロッパの銀行ってどこ？」

「今、声をかけているのは、ラボ、ナショナル・ウエストミンスター、ウエストLBなどですが」

「ふーん……まあ、彼らにやってもらうんだな。うちがやる案件じゃないよ、これは！」

こちらの希望を断ち切ろうとするかのようにいい放った。

「だいたいねえ、日本の銀行の営業は旧帝国陸軍とおんなじなんだよ」

「は？　なんですか、それは？」

思いもよらないたとえ話に面喰らった。

「だからさ、第二次世界大戦の前にさ、東京の大本営では無茶しないって決めてたのに、中国大陸で関東軍が暴走して、いろいろやっちゃったじゃないの。あれとおんなじなんだよ、あれと」

「ああ、なるほど」

彼自身、中南米で暴走して不良債権の山を築いたので、反省があるのかもしれない。

「まあ、とにかくね。僕はこんな案件を承認する気はないからね。いいたいことがあったら聞くけどさ。……いいたいことがあったら、ちゃんと調べていってきなよ。いつでも受けて立つから。こないだの案件はIFCの協調融資だったから承認したけど、今回は俺も徹底的にやるからね、徹底的に！」

こないだの案件というのは、トルコのガランティ銀行向けのIFCとの協調融資案件（期間三年）で、例によって反対されたので、大型スーツケース一個分の資料を持参して東京に行って説明した。「利助」上席審査役はその後もひとしきりぶつぶついい続けたあと、「ああっ、もう気分悪いなあ！俺はもう気分悪いから帰るぞっ」といって、電話を切ってしまった。

冗談かと思って、副審査役に電話をすると「本当に帰りましたよ」という。「利助」上席審査役は、東京の二十三区外の小田急線沿線に住んでいて、家の近くの中華料理店で、餃子をつまみにビールを飲むのを楽しみにしているらしいので、今晩はそれで気分を変えるのかもしれない。

（参ったなあ……）

こちらは餃子でビールどころではない。

もし稟議が承認にならなかったら、引受銀行候補として声をかけたラボバンクやウェストLBや東海銀行になんと説明をしたらいいのか？

（「誠に申し訳ありませんが、うちは審査の承認がとれませんでした。引受グループの組成につきましては、これこれしかじかの銀行に声をかけておりまして、わたしが皆さんお互い同士をご紹介しますので、うちの銀行抜きでおやり下さい」とでもいうのかなあ……こりゃ相当情けないな）

しかし、国際収支そのほかのトルコのデータをみても、対外債務の増加理由はすぐにはわからない。一方で、そんなに悪い状況ではないんじゃないかという直観めいたものもある。

こういうときは、人と話すしかない。支店内の調査部や審査セクションにぶらりと行って「今、こんな問題で悩んでいまして」というと、皆、親切に「それはこういうふうに考えられるんじゃないか？」といろいろヒントを与えてくれる。そうやって話をしたり、トルコの各種データを突き合わせたりしているうちに、頭のなかが整理されてきた。

データによると、一昨年末から昨年末までの一年間で、対外債務は四十二億ドル増加していた。一方、外貨準備も三十三億ドル増加している。

（対外債務も増えているが、外貨準備も増えているわけか……。これなら必ずしもまったく駄目な国というわけではないはずだ。両者の間になんらかの関係があるんじゃないだろうか？）

国の信用力が低下して、国際金融市場で中長期の資金調達ができなくなっているとしたら問題だが、今のトルコは違う。政府の新規の対外借入れは債券発行による期間五〜十年のものがほとんどだ。また国際収支が赤字で、それを補てんするために対外借入れをやっているのなら問題だが（一九八〇年代初頭の中南米諸国がそういう状態だった）、トルコは四年前に九億ドルの経常黒字を達成して以来、湾岸紛争が発生した年を除いて、毎年プラス・マイナス十億ドルの範囲内で収支が均衡している。

（増加分四十二億ドルのうち、一年以下の短期債務の増加が三十五億ドルと圧倒的に多いんだなあ……）

対外債務の償還（返済）期間別の内訳をみながら気づいた。

借入れ人別でみると、三十五億ドルのうち十九億ドルが商業銀行による借入れだった。

（あ、これか！　そうすると……なんのことはない、自分がやってる仕事が原因か？）

商業銀行向けの短期融資をやっているのは、もっぱらわたしのような外国のバンカーだ。トルコの商業銀行は、それを国内の（主に輸出をしている）企業に貸し付ける。しかし、トルコ国内における仕入代金の支払い（たとえば葉タバコ生産農家に対する支払い）はもっぱらトルコリラ建てである。そのため企業は借りたドルを銀行に持っていってトルコリラに両替し、それが他の商業銀行やトルコ中央銀行に売却され、外貨準備になっていた。トルコ企業が外貨で借りる理由は、年率六、七〇パーセントの高インフレの国なので、トルコリラで借入れると、年一〇〇パーセントくらいの金利を払わなくてはならないからだ。ドルで借りれば六パーセントくらいで済み、トルコリラの為替の対ドル下落率（前年は六九パーセント）を考慮しても、ドル建て借入れのほうが安くつく（もちろん為替の下落率が大きくなるリスクはある）。商業銀行以外の企業による直接の短期の外貨借入れに関しても、似たようなことが起きていると考えられる。

要は、短期の対外債務の多くが、外貨準備に振り替わっているということだ。

日曜日――

家内が日本に里帰りしていたので、気分転換もかね、一人でチェルシー・ハーバーにある「ケン・ローズ・メモリーズ・オブ・チャイナ（Ken Lo's Memories of China）」という中華レストランに昼食に出かけた。チェルシーはロンドン市内南西部のテームズ川沿いの高級住宅地である。

トルコの対外債務と外貨準備増加のメカニズムについてはレポートを国際審査部に送り、「利助」上席審査役もそれを読んで一応納得してくれて、案件はなんとか承認になりそうになっていた。またラボバンクが早々と行内の承認をとり、二千五百万ドル引き受けると連絡してきた。

ひと山越えて、やれやれ、これで次のステップに進めるかと、少しほっとした気分で、日曜の昼下がりの緩(ゆる)やかな時の流れのなかで食事をとった。

レストランの内装は落ち着いた高級感があり、テーブルの配置もゆったりとしている。ハーバー（船着き場）に面しているので、窓の向こうにお金持ちのヨットやクルーザーが何隻も係留されている。日常の雑事を忘れて、落ち着いた気分で食事を楽しんだ。

隣のテーブルでは、地位もお金もありそうな、身なりのよい紳士が一人で食事をしていた。

年齢は四十代後半くらいで、働き盛りという感じである。チェルシーは、米国人が多く住んでいるので、もしかすると米国の大企業とか投資銀行とか大使館関係の単身赴任の米国人だろうかと想像したりした。

紳士が読んでいたフィナンシャル・タイムズがふと目に入った。

（ん？　オザル大統領？）

薄オレンジ色の紙面にトルコのオザル大統領の大きな顔写真が掲載されていた。

（珍しいな。なんだろう？）

英国の新聞にトルコの大統領の写真が大きく掲載されるのは、なにかの特集か、よほどの出来事でもない限りあり得ない。

気になったので、立ち上がって、その紳士に「大変恐縮ですが、その新聞、ちょっとみせていただけませんか？」と頼んだ。紳士は「ああ、いいよ」という感じで、気軽に貸してくれた。

一読して、ショックを受けた。

前日の土曜日に、オザル大統領が心臓麻痺で急死したと書かれていた。経済の専門家で、トルコの親欧米路線と経済の自由化を推進してきたオザル大統領は、西側諸国から高い信頼を寄せられていた。

（今後、トルコの政局はどう動いていくのだろう？　その動きをどうみるかで、イシュバンクのシ・ローンに対する市場の反応も違ってくる。下手をすると、シンジケーションができなくなるかもしれない……）

食事をしながら、今後あり得るシナリオを描いていった。

翌月曜日――

朝、オフィスに出勤すると、予想どおり国際審査部の副審査役からファックスが入っていて、オザル大統領の死が、今後のトルコの政治・経済に与える影響についてレポートしてほしいという。またラボバンクのフェルタウザン氏から電話があり「二千五百万ドルの引受けをコミットさせてもらってるけれど、今後、トルコの政局の動きがおかしくならないことを条件にさせてもらうよ」というので、「僕としても無理なシンジケーションをやる気はないから、その条件を付けてもらって結構だ」と答える。

ヘレンに、いろいろな新聞からオザル大統領の死についての記事を集めさせ、アンカラの日本大使館、各種研究機関、欧州の銀行などに電話をして、意見を聴いた。

その結果、オザル大統領の死がトルコの政治経済にもたらす影響はほとんどないという結論になった。理由は、トルコの大統領には政治的権限はなく、あくまで国の象徴で、実際の政治は約一年半前に首相になったシュレイマン・デミレルによっておこなわれているからだ。もし新大統領を選ぶ過程でなんらかの混乱が生じれば別だが、そうした混乱が起きる原因もみあたらなかった。

事実、大統領代行が約一ヶ月間置かれたあと、デミレルが大統領に、同じ正道党の国会議員で経済担当国務大臣だったタンス・チルレル（女性）が首相になり、交替はスムーズにおこなわれた。

蛇足だが、米系投資銀行ラザード・フレールのフランス法人で、エマージング・マーケッツのセールスを担当しているエリック・ラロという、若くて面白いフランス人の男と、電話でトルコの政権交代の話をしていたら、「今度のトルコの首相は日本の名前を持っているそうじゃないか」というので、「えっ、タンス・チルレルが⁉」と驚かされた。「本当に？」と訊くと、彼は一言「タンス（箪笥）」。


四月二十九日――

朝五時に起床し、ヒースロー空港で英国航空676便に乗り、イスタンブールに午後二時頃到着。スイス・ホテルにチェックインし、イシュバンクのトレジャリー（資金・為替部）のアシスタント・マネージャー、イェトキン氏を訪ねた。今回の一億五千万ドルのシンジケートローンの担当者だ。

稟議書は三日前に承認になったが、引受額を半分の二千五百万ドルに削られた。こうなると六行で引き受けなくてはならず、グループをまとめていくのに骨が折れる。ラボバンク、東海銀行、ナショナル・ウエストミンスター銀行はそれぞれ行内の承認をとり、二千五百万ドルずつ引受けをコミットしていたが、ウェストLBとガルフ・インターナショナルがまだ承認待ちで、ファイナンス案は引受けが一億ドル、残り五千万ドルはベストエフォート・ベースになっていた。

イシュバンクのトレジャリーはアンカラの本店が本拠地だが、イスタンブールにもディーリングルームを持っている。

イェトキン氏は三十代前半くらいで、細身で中背、口髭を生やしていて、にこにこと感じのいい人である。

挨拶と少し雑談をしたあと、本題に入った。

ディーリングルームの一角にあるソファーで、イェトキン氏がいった。

「……一億五千万ドルのファイナンスについては、おたくを含めて四つのグループから提案(プロポーザル)をもらっています」

「これがチェース・マンハッタン銀行からのプロポーザルです」

そういって、手にしたファイルから、A4サイズで数ページの書類を取り出し、目の前のコーヒーテーブルの上に置いた。

わたしは、えっ!? と思う。

ボロワーが銀行と交渉するとき、他行からどんなプロポーザルをもらっているかを明かすことはほぼ絶対にない。その上で、もっといい選択肢があることを匂わせながら、丁々発止の交渉を繰り広げる。

しかし、目の前の書類には、確かにチェース・マンハッタン銀行の八角形の風車のようなロゴがあり、一億五千万ドルを単独で引き受けると書かれ、金利や手数料も明記されていた。

(いったい、どういうつもりだ!?)

イェトキン氏は、こちらが面喰らっているのを気にするふうもなく、ごく自然体でファイルからほかの書類も取り出す。

「これが住友銀行からのものです」

「これがバンカース・トラスト」

「おたくのはこれですね」

四つの提案書をコーヒーテーブルの上に並べた。

国際金融マンになって以来、各国のボロワーと交渉してきたが、前代未聞の事態だ。

（まさか偽の提案書をつくって、騙そうとしているんじゃないだろうな……）

さすがにそこまで手の込んだことをやるとは思えなかった。

では、どういう意図なのかと頭をめぐらせたが、ヒントすら思い浮かばない。

「ミスター金山は、これらのプロポーザルをどう思いますか？」

（どう思うって……）

まったく予期せぬ展開に頭が混乱しそうだったが、こういうときは、相手と距離を置き、次にどんなタマが飛んできても対応できるよう、落ち着いて淡々とやるしかないと判断した。

「そうですね。それじゃあ、一つずつコメントさせていただきます」

そういって住友銀行のプロポーザルを手にした。

「ここに、このプロポーザルはインディケーション・オンリー（indication only）と書かれていますね」

提案書の一枚目の上のほうの箇所を指さしていった。

「要は、興味はあるけれど、まだ審査部門の承認は得ていないということです。これから審査の承認、引受額の決定、引受グループの組成など、いくつも段階がありますから、ちょっと時間がかかりそうですね。もしかすると、審査部に申請しているかどうかも定かではありません」

イェトキン氏はうなずく。

次のバンカース・トラストのプロポーザルは、期間二年のＦＲＮ（floating-rate note = 変動利付債）を一億五千万ドル発行するというものだった。

「ＦＲＮで期間二年というのは、ちょっと変わっていて、面白いとは思います。ただこのプライスはかなり高く、かつベストエフォート・ベースになっていますよね。トルコ物で二年のＦＲＮっていうのは、これまでほとんど前例がないですから、バンカースもプレース（販売）の自信がないのかもしれません」

住友同様、一億五千万ドルの引受けができないので、ＦＲＮに逃げて、お茶を濁しているようにもみえる。

続いてチェース・マンハッタン銀行のプロポーザルを取り上げた。

（やはりこいつらが最大の強敵だな……）

チェースは二年前にイシュバンクの一億五千万ドルのシンジケートローンの主幹事を務めたので、今回はタイトル防衛戦だ。相手にとって不足はない。

「チェースのプロポーザルは単独で一億五千万ドルの引受けで、プライスは我々のものより、オールインで二〇ベーシス（〇・二パーセント）くらい高くなっていますね」

金利は似たような水準だったが、手数料が高く、ごっそり主幹事手数料をとろうという魂胆が透けてみえる。

「チェースは実績のある銀行ですし、御行はグッド・ネームですから、たぶんこの程度のプライスを払えば、組成はできるでしょう。ただ、春先にやったドゥシュバンクのシンジケーションは、オールインでL＋一〇六でしたよね」

イェトキン氏がうなずく。

「六千万ドルと一億五千万ドルの違いはありますが、親会社が子会社より高いプライスで資金調達をするのは、できたら避けたいところじゃないでしょうか」

ドゥシュバンクは、貿易金融にほぼ特化したイシュバンク・グループの中規模銀行だ。同行にはイシュバンクが二七・三パーセント、そのほかのグループ企業が五〇・二パーセント、グループの年金基金が七・五パーセント出資している。

「念のために我々のプロポーザルについてもご説明しておきます」

そういってイェトキン氏のほうにプロポーザルを向けた。

わたしの銀行のレターヘッドで作成したものだった。

「我々のグループはすでに四つの引受銀行が揃っています。これにウェストLBとガルフ・インターナショナルが数日以内に加わって、六行共同引受けになる予定です。したがって、シンジケーションの成功は最も確実だと思います」

これが最大のセールスポイントだ。

「プライスもドゥシュの案件より低くしてあります」

ほんの少しではあったが、ドゥシュよりは低くしてあった。

「説明を有難うございます。我々もほぼ同じような見解です」

イェトキン氏がいった。

「ところで、プロポーザルはいつフルアンダーライトにしてもらえますか?」

「この点は、ウェストLBとガルフ・インターナショナル次第なんですが、遅くとも週明けにはと思っています」

「そうですか。なるべく早くしてもらえると有難いです。……それとプライスは、もう少し改善する余地はあるでしょうか?」

(うーん、やっぱりきたか。プライスはチェースよりはだいぶいいし、下げる必要はないのかもしれないが……)

「もう少しだけなら下げられると思います。明日、アンカラに行くまでに、ほかの引受銀行と相談しておきます」


翌朝は五時に起床し、書類鞄一つを提げて、午前七時すぎのトルコ航空106便でアンカラに向かった。

アンカラに八時半頃到着し、財務貿易庁でユチョクさんらに会って、サムライ債の副受託銀行に指名してくれたお礼を述べたりしたあと、イシュバンクの本店を訪れた。

アンカラ市街を南北に貫くアタチュルク大通り百九十一番地にそびえる白亜の高層ビルだ。

迎えてくれたのは、トレジャリー部門を担当しているエルシン・ウジンジェ副頭取と、トレジャリーのマネージャー(部長)のデミライ氏だった。

(ウジンジェ氏が直々に出てくるとは……ちょっといつもと雰囲気が違うな)

ウジンジェ氏は三十九歳。三年ほど前に初めて会ったときは、駆け出しの部長見習いの好青年という感じだったが、今や副頭取になり、威厳が出てきていた。異例の出世を遂げたスーパーエリートで、この五年後には第十五代の頭取になる。自分と四歳しか違わないのに、この違いはなんなんだと、邦銀の年功序列の長い階段にうんざりする。

トレジャリー部門の応接室で、二人と向き合い、改訂版のプロポーザルを渡した。オールインのプライスは、Ｌ＋一パーセントを切るところまで下げた。

「ミスター金山、有難うございます。プライスについては、我々も満足しています」

銀縁眼鏡をかけ、中背で痩身のウジンジェ氏がいった。青年の面影とともに、高い知性を感じさせる風貌である。

「できたら二年の資金を調達したとパブリシティをやりたいので、返済期間は二年にして、一年たったところでレンダー（貸し手）のオプション（選択）で返済を求めることができるようにしたいと思いますが、どうですか？」

「ああ、それはまったく問題ありません」

貸し手の側のオプションで返済を求められるなら、とるリスクはプロポーザルと同じ一年である。

「ところで引受けは、いつフルアンダーライトにできますか？」

日焼けした顔に口髭を生やした、大柄なデミライ氏が訊いた。

「実はまだウェストＬＢとガルフ・インターナショナルの承認待ちです。両行とも行内の手続きは進めているので、週明けか、遅くとも来週半ばまでにはフルアンダーライトにできると思います」

昨日の夕方も両行に電話をかけて状況を聞いたが、まだ承認はとれていなかった。

「そうですか。実は、チェース・マンハッタンが……」

ウジンジェ氏がいいかける。

（チェース？　連中が、またなにか変なことをいってきてるのか!?）

「彼らに今日マンデートを与えないと、プロポーザルは取り下げるといってるんです」

「えっ、本当ですか!?　……なんということを！」

明らかに脅しである。仕事をいただく立場だというのに、相手に対する敬意がかけらもない。彼らにとってボロワーは顧客ではなく、マネーゲームのネタにすぎないということだ。

強欲ぶりと傲慢さに唖然となると同時に、むらむらと闘志が湧いてきた。

「ミスター金山、あなたがたのグループが、プロポーザルをフルアンダーライトにしてくれると、大変有難いのだが」

日焼けした顔に口髭をたくわえた大柄なデミライ氏がいった。年齢は四十代半ばで、まさに働き盛り。人間が練れている感じで、味方になってあげたいと思わせる好人物だ。

「そうですか。わたしもそうしたいのはやまやまですが、この場ですぐにとはいきません。ウェストLBとガルフ・インターナショナルと話し合ってみたいので、少しお時間をいただけますか」

午後、再びミーティングを持つことにして、辞去した。

次のアポイントメントは国家計画庁で、経済統計月報の最新版を受け取り、最近のトルコの状況をヒヤリングした。

その後、アンカラヒルトンに部屋をとった。夜の便でイスタンブールに戻る予定だったが、マンデート獲得競争が大詰めを迎え、あちらこちらに電話をかけなくてはならないので、作戦本部を設けた。

　部屋はヒルトンらしく清掃が行き届いており、気持ちのよい空間である。仕事をするのにちょうどよい大きさのライティングデスクがあり、壁には色使いが美しいオスマン・トルコ時代の細密画の複製が額縁入りで飾られている。

　ワイシャツ姿でデスクにすわって受話器を取り上げ、ウェストドイチェ・ランデス銀行のシンジケーション担当のピサレック氏の直通番号をプッシュした。

　すぐにピッという国際電話がつながる音が聞こえる。

「ハロゥ、ピッサレック・スピーキング」

　いつもの間延びした感じのテノールが聞こえた。

「ミスター・ピサレック、金山です。今、アンカラにいて、先ほどイシュバンクとプロポーザルについて話し合ってきました」

「そうですか。どんな感じでしたか？」

　電話の向こうで固唾を飲む気配がする。

「最大のコンペティター（競争相手）はチェース・マンハッタンです。しかし、勝てる可能性は十分あると思います」

「おお、それはグッド・ニューズだ」

　わたしは午前中の話し合いの状況を説明した。

「我々のグループの唯一の問題点は、引受額が五千万ドル不足していることです。この点がクリアできれば、マンデートを獲得できる可能性は大いにあると思います」

「……」

「あとは貴行とＧＩＢ（ガルフ・インターナショナル銀行）次第です。ミスター・ピサレック、どうですか？　なんとか今日、承認がとれませんか？」

祈るような気持ちで尋ねた。

ここまできたら、なにか裏技でもひねり出してくれないものか、という気分だった。

しかし、ピサレック氏の声は沈んでいた。

「ミスター金山、誠に申し訳ないが、まだ承認はとれていないんだ。審査部には今日も朝からプッシュしていて、進めてくれてはいるんだが……」

「どうしても今日は無理ですか？　なにか手立ては考えつきませんか？　あるいは、そちらの審査手続きを早めるために、我々になにかできることはありませんか？」

懸命の思いで訊いた。

「残念だけれど、どうしようもない。もう少し待ってもらいたいとお願いするしかない状態だ」

「そうですか……」

（これだけいっても駄目ということは、やはり駄目なんだろう）

向こうもプロであり、しつこくいって不愉快な思いをさせると逆効果になる。

「わかりました。イシュバンクにはなるべく待ってもらえるよう話します。何か状況に変化があったら、お知らせ下さい」

そういってホテルの電話番号と部屋番号を伝えた。

次に、ガルフ・インターナショナル銀行のラシード・アル・ハリーファに電話をかけた。

バーレーンは金曜日の休日なので、自宅の番号をプッシュした。

電話に出たのは高齢の女性だった。

「イスミー・カナヤマ・ミン・バンク……」

英語はつうじなさそうな雰囲気だったので、正則アラビア語で名乗り、アル・ハリーファに取り次いでくれるよう頼んだ。

「シェイク！　シェイク・ラシード！」

女性が家のなかでアル・ハリーファを呼ぶのが聞こえた。

（へえ、ラシードはシェイクって呼ばれてるのか……）

「首長」という意味だが、たぶん成人男性への尊称だろうなと思う。灼け付くような日差しにじりじりと照りつけられる、白い箱型の家々が建ち並ぶ風景が思い浮かぶ。

まもなくアル・ハリーファが電話口に出てきた。

いつもゆったりとした白い民族衣装姿で、裸足に革のサンダルばきの、気のいい男である。

「ラシード、今、チェースと真っ向勝負になってるんだけど、そちらの審査の承認はいつ頃とれそう？」

状況を説明してから訊いた。

「たぶん来週早々にはオーケーになると思う。早ければ日曜日だと思う」

バーレーンは明日の土曜日も休日である。

「可能性としては、どう？」

「いや、僕は大丈夫だと思うけど……」

アル・ハリーファは、若いアシスタント・マネージャー（係長級）で、権限もそれほど持っていない。

「わかった。なるべく早くとれるよう、お願いするよ」

これ以上は押しても無理だと思い、話を終えた。

そのあと、ナショナル・ウエストミンスター、ラボ、東海のそれぞれの担当者に電話して状況を説明する。誰かからこの状況を打開するアイデアでも聞ければと思っていたが、ある程度予想したとおり、特になにも出てこない。

受話器を置いて、一つため息をついた。

（どうするか……？）

部屋の壁に飾られているオスマン・トルコ時代の細密画をぼんやり眺め、自問した。

（ここまできて、あの強欲チェースにみすみすマンデートをさらわれるのか……？）

足元に置いた鞄のなかから一通の書類を取り出した。

万一の場合にそなえ、用意してきた別の提案書だった。

そこには今のところ承認がとれている四行で一億五千万ドルをフルアンダーライト・ベースでコミット（a fully underwritten and committed proposal）すると明記されていた。

（これにサインするか……？）

ナショナル・ウエストミンスター、ラボ、東海の三行は各二千五百万ドルの引受けなので、わたしの銀行が七千五百万ドル引き受けるということだ。

（これにサインすれば、チェースを退けられる。しかし……）

当然、重大な承認条件違反だ。

発覚すればなんらかの処罰を受け、悪くすれば懲戒免職だ。

目の前のプロポーザルをみつめ、今後どのような展開があり得るのか、頭のなかで様々なシナリオを描いてみた。

（ベストの展開は、週明けまでにウェストLBとGIBが行内の承認をとって、引受グループに参加してくるケースだ。これは、今日の二人の口ぶりからいって八〜九割間違いなさそうだ。……しかし、絶対ではない）

審査の過程で、思いもよらない問題が浮上することが時々ある。

（もし、ウェストLBとGIBの両方、あるいは片方が駄目になって引受額の不足が生じた場合は、マンデートをもらってから不足分を埋めなくてはならない。その場合は、東京銀行とか住友銀行あたりを引っ張り込むしかないが……）

不足額が二千五百万ドルならなんとかなりそうだが、五千万ドルとなると恐怖感が頭をもたげる。

（第三のケースは、不足分を埋める追加の引受銀行もみつからない場合だ。そのときはどうする？

……うちの引受額を七千五百万ドルにしたまま、シンジケーションをローンチするしかないだろう。その場合、ファイナル・テークを承認条件の一千万ドルまで落とせるほど販売が上手くいくだろうか？　……まったく無理ではないが、これはかなり苦しいな……）

（最悪のケースは、うちの引受けが七千五百万ドルのままマーケットに出て、シンジケーションにも失敗するケース。そのときはうちのファイナル・テークは四千万ドルくらいになってしまうだろう。イシュバンクが今後一年以内にデフォルトすることはないだろうが、どうして四千万ドルも抱

え込むことになったのか行内調査がされて、自分は厳しく処罰されるはずだ）

可能性はいろいろあるが、現実的に最もあり得るシナリオは、ウェストＬＢ、ＧＩＢともに承認になるケースだ。

次にあり得るシナリオは、どちらかが駄目になって、二千五百万ドル分の引受銀行を探さなくてはならないケース。

後者になったとしても、七、八割の確率で追加の引受銀行はみつけられると思う。

金融の世界では「カルキュレーテッド（計算され尽くした）リスクをとれ」といわれるが、今、無承認で五千万ドルを引き受けるのは、カルキュレーテッド・リスクのはずだと思う。

（失敗する確率は相当低い。……自分はなにか見落としていないだろうか？）

今のマーケットの情勢、最近のトルコ物の組成状況とその成功あるいは失敗の原因、今後出てくるトルコ案件、参加銀行がイシュバンク案件に求めるプライス、参加してくれそうな銀行の顔ぶれ、二千五百万ドルを引き受けてくれそうな銀行の顔ぶれ……同じようなことを確かめるように、何度も何度も繰り返し考える。

ほかの有力銀行のシンジケーション担当者に話してみようと、目の前の受話器を取り上げた。

「ああ、どうも金山です。実は今、トルコのトップクラスのボロワー向けに、一年のシンジケートローンを考えているんですが、プライスって今、どんなもんですかねえ？　……ええ、ぴかぴかのネームで、額は一億ドル超なんですが……」

マーケットの現状を間違いなく把握するためだったが、不安を紛らわせたい思いもあった。

いくつかの銀行に電話をしてみたが、自分のシナリオを覆すような材料は出てこなかった。

椅子から立ち上がり、室内を見回す。

できてまだ年数がたっていないホテルで、部屋は真新しく、気持ちがよい。家具類の木の部分は渋みのある赤色で、丁寧にニスがかけられていて、光沢が落ち着きと高級感を与える。

窓辺に近づくと、そばのテヘラン通りの木々とその向こうの家々のオレンジ色の屋根がみえる。

（やってもいいだろうか……？　自分は果たして後悔しないだろうか？）

みずみずしい新緑の風景をみながら、何度も自問する。

（為替ディーラーで失敗して、大損を出して新聞沙汰になった人たちは、みんなこういうところから始まってるんだよなあ……）

第一勧業銀行（現・みずほ銀行）シンガポール支店の花形ディーラーだった神田晴夫氏のことが思い浮かぶ。

（自分は果たして、あの人たちと同じなんだろうか？　それともなにか違うだろうか？）

再びデスクにすわって、フルアンダーライトのプロポーザルを手にする。

（これにサインすれば、チェースを蹴散らすことができる……）

このわずか三ページのレターが、すべてを決し、市場を動かす。

（自分は銀行で十三年間働いてきて、規則違反を犯したことは一度もなかった。たぶんこれからもないだろう。……自分は本当に間違っていないだろうか？　マーケットは予想どおりに反応してくれるだろうか？　なにか重大な見落としをしていないだろうか？）

闘志と不安、強気と弱気が胸のうちでさざなみとなって、寄せては返す。

考えても、考えても、結論は出ない。確たる結論が出るような話でもなかった。

腕時計をみると、イシュバンクとのミーティングの時刻が近づいていた。

書類鞄から万年筆を取り出した。

頭のなかは真っ白に近かったが、突き動かされるように、フルアンダーライトのプロポーザルの三ページ目の署名欄に金色のペン先を載せた。

左から右へ、ひと思いにペン先を走らせる。

自分のサインをじっとみつめる。

インクのブルーブラックの色が網膜に焼き付くようだった。

自分を突き動かしたのは、チェースに負けたくないという闘争本能だった。

プロポーザルを鞄のなかにしまい、スーツを着て部屋を出る。

ホテルの前で客待ちをしていた黄色いタクシーを拾い「アタトュルク・ブルヴァル、テュルキエ・イシュバンカス・ゲネルミュデュルリュック（アタチュルク大通りのイシュバンク本店へ）」と告げた。


トレジャリーのフロアーの応接室で、部長のデミライ氏に会った。

「一億五千万ドル、フルアンダーライトのプロポーザルです」

鞄から三ページの新たなプロポーザルを取り出し、デミライ氏に差し出した。

「ウェストLBとガルフ・インターナショナルの引受コミットが間に合わないので、その分はうちの銀行が引き受けることにしました」

まなじりを決していった。

「おお、そうですか！」

デミライ氏の日焼けした顔に、満面の笑みが浮かぶ。

「これで、御行が今日、チェースにマンデートを与える必要はありません」

「ミスター金山、有難う。頭取に報告してきます」

デミライ氏は立ち上がり、別のフロアーにある頭取室に向かった。

二十分ほどして、デミライ氏が一枚のA４判の紙を持って戻ってきた。

「ミスター金山、マンデート・レターです」

受け取ってみると、左上にイシュバンクの青い文字がある銀行の用箋で、「貴行に一億五千万ドルのシンジケートローン組成のマンデートを与える」とあり、金額、金利、手数料、経費、事務幹事銀行（エージェント）手数料など、主要な条件について記され、国際部門担当のジェウヘリオール副頭取とデミライ氏のサインがしてあった。

返済期限だけはこちらの提案書と違って、「Maturity: 2 years from the signing of the facility agreement, the lenders will have an option to demand the borrower to repay the loan on the first anniversary of the agreement whilst the borrower will have an option to repay the loan（期間は二年で、一年たったところでレンダーはボロワーに返済を求めることができ、ボロワーも返済するオプションを有する）」となっていた。

レンダーがとるリスクは同じ一年なので、問題はない。わざわざ「ボロワーも返済のオプションを持つ」と入れてくるあたりが、プライドの高いイシュバンクらしい。二年という文言にこだわったのは、去年、チェース・マンハッタン銀行が主幹事で二年のファイナンスを組成したＴＣジラート銀行への対抗心があるのかもしれない。ただ本当に二年のファイナンスにすると、コストが跳ね上がるので、それはやらないということだ。

「有難うございます。しっかりやらせていただきます」

「よろしくお願いします」

デミライ氏とがっちり握手をかわした。

（やっちゃったなあ、大丈夫かなあ……）

喜び半分、不安半分だった。

「ちょっとお電話をお借りできますか？　引受銀行のみんなに知らせたいので」

「もちろんです。こちらへどうぞ」

トレジャリーのフロアーの真んなかあたりにあるデミライ氏のデスクに案内され、デミライ氏がにこにこしながらみまもるなか、デスクの前の椅子にすわり、引受各行に電話をかけ始めた。

「小洗さん、今、イシュバンクからマンデートもらいました」

まず東海銀行の小洗氏から。

「おおっ、獲れましたか⁉　素晴らしい！　おめでとうございます！」

「金額は一億五千万ドル、金利はL＋六十五（〇・六五パーセント）、手数料は……」

マンデートの条件は、あらかじめ打ち合わせた条件の範囲内である。

次は、ガルフ・インターナショナル銀行のアル・ハリーファ。再び自宅へ電話する。

「ラシード、イシュバンクから今、マンデートをもらったよ。おたくの分はとりあえずうちで引き受けたから」

「おお、ミスター金山、それはすごい！　うちもなるべく早く行内の承認をとるよ」

次にウェストＬＢに電話をした。

「ミスター・ピサレック、今、イシュバンクからマンデートをもらいました」

「オーゥ、それは素晴らしい！　実は、こちらからも連絡しようと思ってたところなんだけれど、たった今、二千五百万ドルの引受けがオーケーになったよ」

「えっ、承認になったんですか⁉　それはグッド・ニューズです！」

（やれやれ、これであと二千五百万ドルか……）

ナショナル・ウエストミンスター銀行とラボバンクもマンデート獲得を喜び、ねぎらってくれた。

その晩、鞄のなかにマンデート・レターを入れ、午後八時半発のトルコ航空１４７便でアンカラを発った。

二千五百万ドルの引受違反を犯していると思うと、生きた心地がしなかった。

イスタンブールに到着し、午後十時すぎにスイス・ホテルの部屋に戻る。

その晩は、ホテル内の「故宮」という中華レストランで肉そばにビールの夕食をとった。ここの肉そばは、バラ肉が載った醤油味の中華麺で、トルコ料理に飽きたときは最良の疲労回復剤である。

就寝は午後十一時。長い一日だった。

翌朝は七時に起床。トルコ航空８６３便に乗り、イタリアのミラノに正午すぎに到着。ヒルトン・ミラノにチェックインし、家内と市内をみて歩く。イタリアを代表する商業・経済都市だけあって、大都会で、ミラノ中央駅もドゥオーモも灰色の石造りの堂々とした建築物だった。

街歩きは楽しかったが、承認条件違反が解消されていないので、気分は落ち着かなかった。

翌日曜日は、電車で五十分ほどのベルガモに出かけた。

ベルガモ・アルタと呼ばれる丘の上の古い石畳の街には、中世そのままの空気が流れていた。サンタ・マリア・マッジョーレ教会内部の絢爛豪華な装飾や、コッレオーニ礼拝堂内部の白壁に施された金色の飾り模様やシンプルで上品な壁画をみたりした。ちょうど宗教行事らしきものをやっていて、白地に赤で炎のような模様を描いた大きな旗を持った人々が鼓笛隊と一緒に行進していた。夕方、ミラノに戻り、夕食は東京の北青山にも支店がある有名レストラン「サバティーニ」で。二人で約一万八千円という、リーズナブルな値段だった。

翌日は、五月最初の月曜日で、英国はバンクホリデーの休日。午前中、電車で二十五分ほどのコモ湖へ行った。南北に長い湖で、シーザーやアウグストゥス、ヨーロッパの王室や芸術家たちが避暑地として好んだ高級リゾートだが、水が汚いのか、臭くてがっかりした。

夕方、英国航空の便でロンドンに戻った。そのときまでに、ガルフ・インターナショナル銀行が二千五百万ドルの引受けの承認をとり、ようやく承認条件違反の窮地を脱した。

一方、マンデートを獲れるものと踏んでいたチェース・マンハッタン銀行は、ロンドンのシンジケーション部門のトップ（マネージング・ディレクター）が大慌てで、週明けにアンカラのイシュバンク本店を訪問したらしかった。おおかた「今回の貴行の決定には、大変驚き、失望した。長年のイシュバンクとチェースの良好な関係にひびが入らぬか懸念している」とかなんとか演説をぶったのだろう。このマンデート獲得争いは業界でも話題になり、ある国際金融誌は「敗れて膝をがっくり着いたチェースは……」というドラマチックな書き方で報じた。

ロンドンに戻ると、イシュバンクのシンジケーションの作業に取りかかった。ボロワーはトルコのビッグ・ネームで、しかも引受銀行が六つもあるので、普段より手間がかかる。

チェースとの主幹事争いでプライスが下がり、必ずしも楽なシンジケーションにはならないと予想されたので、住友、第一勧銀あたりを追加の引受銀行に入れ、八行引受けでやるのはどうかと各行に打診したところ、ウェストLBと東海銀行はオーケーだったが、ラボ、ナショナル・ウエストミンスター、ガルフ・インターナショナルが二千五百万ドル引き受けることにこだわって反対したため、結局、引受けグループは拡大しないことになった。

次に、各共同主幹事銀行（引受銀行）のロール（役割）を決めなくてはならない。これがなかなか厄介だ。なるべく見栄えのするロールをとって、行内外にアピールしたいと熱望する銀行は少なくないからだ。

皆になにをやりたいか訊くと、東海とガルフ・インターナショナルは、特段ロールは要らないという。ロールというのは祭のボランティアの役員のようなもので、金が入ってくるわけではないし、結構な手間もかかるので、こういうスタンスは当然ありである。

最も重視される花形のブックランナー（販売幹事）は、実績のあるウェストLB、実績はあまりないが担当のフェルタウザン氏が野心家のラボ、そしてわたしの銀行が務めることになった。ナショナル・ウエストミンスターが「うちもブックランを」といい出したりしたら、ちょっと面倒なことになるところだったが、「うちはドキュメンテーションとサイニング（調印式）をやらせてもらいます。ただし、法律事務所はアレン＆オーヴェリーで」といってくれたので助かった。アレン＆オーヴェリーはこちらも馴染みで、異存はない。ドキュメンテーションは縁の下の力持ち的な仕事だが、ボロワーや参加銀行と密に連絡をとるので、関係強化に役立つし、サイニングを取り仕切れば見栄えもする。

ナショナル・ウエストミンスター銀行は「あなたの銀行がマンデートを獲得してくれたこと、またブックランナーも務めてくれることに感謝する」と丁重にいってくれた。同行は、神田晴夫氏が登場したNHK特集「日本の条件」でも、ディーリング・ルームの動きが詳細に紹介されており、国際金融マンを夢みていた頃のわたしにとって、憧れの世界を代表する銀行だった。

銀行団の象徴的存在であるエージェント（事務幹事銀行）はわたしの銀行が務める。フェルタウザン氏が「できたらエージェントもやりたいんだけど……」と駄目もとでいってきたので、「それは駄目。エージェントはうちがやらせてもらう」と却下した。

続いてインビテーション・レターをドラフトし、各引受銀行に送ると、予想もしていなかった問題が発生した。返済期限に関する箇所で、マンデート・レターのとおり「期間は二年で、一年たったところでレンダーはボロワーに返済を求めることができ、ボロワーも返済するオプションを有する）」と書いたところ、ウェストLBが駄目だといってきた。

「ミスター金山、これは駄目だ。うちは絶対に受け入れられない」

「えっ、どうしてですか⁉」

（嘘だろ⁉ そんなはずは……）

「ミスター・ピサレック、レンダーのオプションですから、一年後にはこちらから返済を求められるんですよ」

なにか誤解しているのではないかと思い、仕組みを説明した。

「それはわかっている。でも最初から二年というのでは、話が違ってくる」

（はぁーっ、そんな馬鹿な⁉　……なんで？）

何度か念を押したが、ベテランのピサレック氏はこちらのいう仕組みはきちんと理解していた。

わたしも驚き、慌てていたので、ウェストＬＢにとってなにが問題だったのかはもう記憶にないが、審査の承認条件と違うとか、オプションを行使するとボロワーとの関係がまずくなるとか、そういった類の理由だったような気がする。

（参ったなあ！　まさかこんな反応をされるとは！）

ただこの仕組みだと、ウェストＬＢは絶対に受け入れられないのはよくわかった。

念のため東海銀行の小洗氏に電話をかけて訊いてみる。

「小洗さん、インビテーション・レターの件なんですけど、ウェストＬＢがこんなことをいってまして……」

今しがたのピサレック氏との会話を説明した。

「えっ、本当ですか⁉　なんか珍しいですねえ。だってとるリスクは同じ一年ですもんねえ」

「そうですよね。御行は問題ないってことでいいですか？」

「ええ、なんの問題もないですよ」

そのあと、ナショナル・ウエストミンスター銀行とガルフ・インターナショナル銀行に電話で訊いたが、両行とも問題がないという。しかし、ラボバンクのフェルタウザン氏が「ミスター金山、うちはその条件は受け入れられない」という。

（二行が駄目か……参るね。こりゃもう、イシュバンクに話すしかないか）

イシュバンクに話すにしても、子どもの使いみたいなことはできないので、あらためてウェストLBと話し、どういう条件なら受け入れられるか、確かめることにした。

「ミスター・ピサレック、先ほどのマチュリティ（返済期限）の件ですが、御行の立場はよくわかりました。ただイシュバンクは、パブリシティに二年という語句を入れたいと希望しています。たとえば、期間は一年で、レンダーとボロワー双方の合意でさらに一年延長できるとするのであれば、どうですか？」

その場合「finance facility for up to two years（最長二年のファイナンス・ファシリティ）」という感じで、二年という語句を入れたパブリシティができる。

「それならば、うちは問題ない」

「そうですか。やるとしたらこれしかないでしょうねえ……。わかりました。またご連絡します」

ラボバンクのフェルタウザン氏も、ウェストLB同様、期間は一年で、レンダーとボロワー双方の合意でさらに一年延長できるとするのであれば問題ないという。

もはやイシュバンクにいうしかないと覚悟を決め、受話器を取り上げた。

「ミスター・デミライ、誠に申し訳ありません。実はウェストLBとラボバンクがこんなことをいってまして……」

アンカラのデミライ氏に、彼らのいいぶんを説明した。

「とるリスクは同じ一年であっても、行内的に扱いが違うようで、どうしても受け入れられないというんです」

「本当に⁉」

デミライ氏も予想外のことで、驚いた様子。

「彼らにどういうものだったら受け入れられるか訊いたところ、期間一年で、ボロワーとレンダーの合意でさらに一年延長できるという形なら問題ないということです。これならfinance facility for up to two yearsと、二年という語句を入れてパブリシティもできます」

受話器から当惑した様子が伝わってくる。

「なんとかそういう条件でやらせてもらうわけにはいかないでしょうか？」

「うーん……参ったねえ」

デミライ氏は、ため息交じりでいった。

しばらく話し合った末に、腹をくくった感じでいった。

「わかりました。ちょっと上と話してきましょう」

（はぁー、こんな面倒を頼めるのは、デミライさんの人柄のおかげだよなあ）

結局、イシュバンクはこちらの提案を受け入れてくれた。ただインビテーション・レターの文言には細かい注文をつけてきた。それを引受各行と調整し、イシュバンクに何度か修正の確認を求めたりして、問題発生から文言確定まで四日間を要した。

金利はＬＩＢＯＲ＋〇・六五パーセント、参加手数料は参加額に応じて四段階に分け、トップティアー（七百五十万ドル以上）で〇・二パーセント、ボトムティアー（百五十万〜二百九十万ドル）で〇・二二五パーセントとした。

続いてインフォメーション・メモランダムを作成し、各引受銀行とイシュバンクの同意をもらう。

同時に、ブックランナー三行で地域と国別の担当を決め、それぞれがアプローチする銀行のリストを交換し、ダブらないようにする。アプローチする銀行は全部で約六百六十。

マンデートから十一日後の五月十一日、ゼネラル・シンジケーションをローンチした。

日本の銀行への販売については、東京の国際金融部に頼み、地銀を中心に五十行弱にアプローチしてもらった。しかし、直前に住友銀行が組成したトルコ開発銀行向けローンに参加した銀行もあり、結局、北海道銀行が二百万ドル参加してくれただけだった。ロンドンでは、日系企業班にも協力を依頼し、一緒に訪問するなどして証券会社系の銀行やノンバンクにセールスをした。

ローンチして二週間後くらいから、イシュバンクやナショナル・ウエストミンスター銀行と調印式について話し合いを始めた。ドキュメンテーションの準備も始まっていたが、いつもと違ってナショナル・ウエストミンスター銀行がやってくれるので、この点はずいぶん楽だった。

この頃、イシュバンクのジェウヘリオール副頭取（国際部門担当）がロンドンに出張してきた。シンジケーションの進み具合の報告も兼ね、室町支店長のホストで、ベルグレーヴィアにある「モシマンズ・クラブ」という会員制レストランへランチに招いた。チャールズ皇太子をはじめとする政財界の重鎮が贔屓にしている店で、隣のテーブルではロック・ミュージシャンのミック・ジャガーが食事をしていた。

ゼネラル・シンジケーションはやはり多少苦戦した。

イシュバンクというビッグ・ネームではあったが、オールインのリターンがトップティアーでもＬＩＢＯＲ＋〇・八五パーセントと、かなりタイトであることと、トルコ開発銀行向けなど似たような案件がほぼ同時期にマーケットに出て、そちらのほうに参加する銀行もあったからだ。

一般参加の応募締め切りは五月二十八日にしてあったが、その少し前になると、だいたいの仕上がりがみえてきた。参加銀行数は二十を超えていたが、トップティアーの参加はドイツ銀行ルクセンブルク法人のみで、三百万ドル以下の参加が多く、各引受銀行のファイナル・テークは、目安にしていた一千万ドルではなく、千四百万ドル強になりそうだった。場合によっては、主幹事手数料を吐き出してさらに勧誘するという手もあるので、どう思うか引受各行に訊いてみたが、皆、千四百万ドル程度なら問題ないというので安心した。ラボバンクは「ファイナル・テークが千四百万ドルくらいになったとしても、セカンダリーで一週間以内に売れる」、ガルフ・インターナショナルは「千四百万ドルでも問題ない」、ウェストＬＢは「一部の銀行に高いフィーを払うくらいなら、自分でとったほうがいい」というので、「じゃあ、このままいきましょう」となった。わたしのほうはといえば、日本のリース会社に三百万ドル、商社の金融子会社に三百万ドル売る約束ができていたので、余裕をもって一千万ドル以下にできるようになっていた。

五月二十八日に応募を締め切り、一般参加銀行は二十三行となった。国際金融誌ＩＦＲは「Colourful Isbank group」と好意的に書いてくれた。引受各行のファイナル・テークは、わたしの銀行が端数調整のため千四百六十万ドルをとり、それ以外の五行が千四百五十八万ドルずつとった。楽なシンジケーションではなかったが、ボロワーにとっては、可能な限り低いプライスで目標額を達成したので、満足のいく出来栄えだったはずだ。ボロワーには、主幹事がどれだけ主幹事手数料をとるのかガラス張りなので、あまり儲けると禍根を残す。シンジケーションは、そこそこ儲け、そこそこ苦しんで組成するのが一番かもしれない。

六月二十二日――

シンジケートローンのクライマックス、調印式の日を迎えた。

場所はバンク駅からテームズ川のほうへ少し坂道を下ったところの「タロゥ・チャンドラーズ・ホール（The Tallow Chandlers' Hall＝獣脂蝋燭職人組合会館）」。石造りの建物は、一六六六年のロンドン大火後の一六七七年に建てられたものだ。

調印式会場は一階にあるダイニング・ホールで、壁は光沢のある樫材、壁の一方は色とりどりのステンドグラス、反対側の壁にはいくつかの大きな肖像画、正面奥のガラスの棚には様々な丸いプレートやカップが収められ、絢爛たる銀色の光を放っている。天井は薄緑色で金色の植物模様の装飾が施されている。シティには、金細工職人組合会館、薬種商組合会館、皮革職人組合会館、甲冑職人組合会館など、百十のギルドホール（同業組合会館）があり、調印式でよく使われる。どこへ行っても、歴史と風格のある雰囲気に圧倒される。

約六十人の出席者たちは午後二時半の開始時刻の三十分くらい前から順次到着し、シャンデリアの光が降り注ぐ緋色の絨毯に覆われた階段を上がり、調印式会場に隣接したレセプションルームで名刺交換をしたり、コーヒーを飲みながら歓談したりする。一般参加銀行にとっては、ボロワーの幹部に会う貴重な機会で、わたしとサリーは、彼らを互いに紹介し、引き合わせて回る。これも大事な主幹事銀行の役割である。五百万ドル参加した英国日興銀行の部長、ディンガー氏からは「グッド・ジョブ！（いい仕事をしたね！）」と声をかけられた。

調印式では、正面中央に在英トルコ大使がすわり、その向かって左側に室町支店長、右側にイシュバンクのコルクチュ頭取が着席した。民間銀行の調印式にトルコ大使が出席するのは異例で、やはりアタチュルクがつくった銀行は別格である。三人の左右に、ナショナル・ウエストミンスター銀行の役員、ラボバンクの国際部長、イシュバンクのジェウヘリオール副頭取、デミライ氏など七、八人がすわった。

正面のテーブルに九十度の角度で長テーブルが二つ平行に並べられ、それを両側から挟んで引受銀行や参加銀行からの出席者がすわった。テーブルの上には、赤に白い三日月と一つ星のトルコ国旗、青地にIとSの文字を白抜きしたイシュバンクの社旗、参加各行の国旗が飾られ、各参加者の席には引き出物のモンブランの高級万年筆と乾杯用のシャンペンのグラスが置かれている。万年筆には金色の文字で「TURKIYE IS BANKASI US$150 MILLION PRE-EXPORT FINANCE FACILITY」と日付が刻まれている。

調印式はまずナショナル・ウエストミンスター銀行の役員が歓迎の挨拶を述べ、続いて三十二冊の融資契約書をアレン&オーヴェリーの若い弁護士の指示に従い、皆でバケツリレーのように回しながら調印する。参加二十九行分各一冊、ボロワー用一冊、事務幹事銀行(エージェント)用一冊、法律事務所用一冊である。

それが無事終わると、イシュバンクのコルクチュ頭取がスピーチをし、続いて室町支店長が銀行団を代表して挨拶をし、乾杯の音頭をとった。皆で金色のシャンペングラスを傾け、盛大な拍手で締めくくった。ボロワー、引受銀行、参加銀行の誰もが満足していた。式のお膳立て進行、引き出物の準備などは、すべてナショナル・ウエストミンスター銀行がやってくれた。

調印式が終わると全員、隣のレセプションルームに戻り、カクテルを手に歓談をし、三、四十分ほどで三々五々会場をあとにする。その間わたしはアレン&オーヴェリーの弁護士とともに調印式会場に残り、出席しなかった銀行から送られてきた委任状にもとづき、一人黙々と三十二冊の契約書にサインをした。

すべてが終わり、タロゥ・チャンドラーズ・ホールをあとにして、徒歩でロンドン支店に帰る道すがら、室町支店長が「俺もいろいろな調印式に出たけれど、こんなに華やかな調印式は初めてだよ」と感に堪えぬ表情でいった。

一つだけずっとわからなかったのは、最初にイスタンブールでイェトキン氏に会ったとき、彼が他行のプロポーザルをすべてみせてくれた理由だった。まったく前代未聞のことで、どうしてあんなことをしたのだろうと、ずっと考えていた。

やがて「ああ、イシュバンクはわたしを勝たせたかったのか!」と気づいた。彼らはプライドが高い銀行なので、「今日マンデートを寄越さなければ、プロポーザルを取り下げる」というチェースの脅迫じみたやり方に不快感を覚えていたのだ。二年前のシンジケーションでも、チェースが主幹事手数料をごっそりぶち抜いて、自分たちが金儲けのネタにされたと感じたのかもしれない。

わたしの銀行のグループがプロポーザルをフルアンダーライトにしたとき、彼らは快哉を叫んだはずだ。

わたしが銀行を辞めたあと、国際金融課の次長としてトルコを担当した後輩が「イシュバンクはずいぶん長いことうちの銀行を大事にしてくれました」というので、「実はこういうことがあったんだよ」と話したら、「ああ、そうだったんですか!」と納得していた。

# エピローグ

翌年二月――

冬が終わり、イースターに向かって少しずつ日が長くなり、ロンドン市内の梅や桜が芽吹き始める頃、週末ごとに家内と一緒に買う家を探して歩いた。

三月いっぱいで銀行を辞め、日本の大手証券会社の英国法人に転職することにした。部署はプロジェクトファイナンスのアドバイザリー部門で、プロジェクトスポンサー（プロジェクト実施主体）に資金調達の助言をおこない、報酬を得る仕事である。急成長中のアジアを中心にプロジェクトファイナンスの需要が高まっており、資金調達に成功すれば巨額の成功報酬を得ることができるので、米系投資銀行などが中心になって取り組んでいた流行（はや）りのビジネスだ。給料は上がるが、終身雇用ではない。

転職の一番の理由は、国際金融の仕事を続けたいからだった。もし銀行にとどまり、日本に帰され、また婦人用自転車で外回りではかなわない。ごみごみした東京に戻り、狭苦しいオフィスで働くこともうんざりだった。また、新入行員時代からの究極の目標の実現のためにできたら仕事のかたわら、エッセイや実務書なども書いてみたいと思っていたので、そういうことに寛容な職場で働きたかった。幸い国際金融マンとしての力もついた。物事には潮どきというものがあるが、それが到来したと感じた。

普通の労働ビザだと、ビザのスポンサーの会社でしか働けないが、幸運にもわたしは永住権がとれていた。労働ビザは一年ごとに更新する必要があり、毎年、秋の終わり頃になると、支店の総務のフランキーという白髪交じりの苦労人の英国人のおばさんが、「ミスター金山、これにサインして下さい」と書類一式を持ってくるので、中身もみずにサインしていた。赴任して四年目に、いつものようにサインをしてパスポートを渡し、しばらくして返ってきたパスポートをみると、永住権がとれていたことになっていたので驚いた。フランキーが、毎年ビザの更新をする手間を省くため、駐在期間が四年に近づいて永住権を申請する資格のある行員には、永住権を申請させていたらしかった。永住権があれば、どこに転職しようと自由で、失業しても英国にいられる。これは素晴らしいものをもらったと思った。簡単に永住権がもらえたのは、日本人ビジネスマンは永住権を与えても任期がくれば帰国すると英国政府が知っていて、「これだけの数の永住権を発行しています」と、永住権を求めてやまないインドその他の国の人々に説明するため、優先的に日本人ビジネスマンに与えているという説があった。

転職先の証券会社の日本人上司に「金山君、現地採用スタッフは住宅手当が出ないから、家は借りるより買ったほうが安いよ」といわれ、もっともだと思って、家探しを始めた。

社宅がゴールダーズ・グリーンのマンションだったので、ゴールダーズ・グリーンや周辺のフィンチリー、ヘンドン、ウッドサイドパーク、ハイゲートといった町の不動産屋を訪ね歩き、かなりの数の物件をみたが、道路に近くてちょっとうるさそうとか、駅から遠いとか、売主が汚く使っているとかで、これという住まいはなかなかみつからなかった。

思い切って、ロンドンの南の住宅地であるグリニッジやブラックヒースなどへも足を延ばした。ブラックヒースは、ゴールダーズ・グリーンの隣の高級住宅地ハムステッドに似た洒落た感じの街で、並木道の風景や爽やかな風が北海道の大雪山付近によく似ていた。そのとき「ああ、自分がロンドンに残りたいと思うのは、こういう自然環境も理由なんだなあ」と気付いた。一軒よさそうな家があり、売値が十二万ポンド（約千八百六十万円）くらいだったので、それより少しだけ安い値段で買うというオファーを不動産屋をつうじて出したが、その値段では売らないと売主が断ってきた。

家内はどちらかというと、知り合いが多く、ヤオハンの大きな店舗もあって、日本の食材を買うのに便利な北のエリアに住みたがっていたので、またゴールダーズ・グリーン周辺を探した。ゴールダーズ・グリーンに一軒、広さ環境とも贅沢なほどの家があり、家内が買ったらいいんじゃないかといったが、値段が三十三万ポンドくらいだった。手が出ない金額ではなかったが、終身雇用制を捨てて、現地採用になるわたしは、しり込みした。もしあの家を買っていたら、今ごろ百五十万ポンドくらいになって大儲けできていたはずで、我ながら思い切りが悪かった。

しばらくしてゴールダーズ・グリーンから十一分ほど電車で北に行った町に、よさそうな物件があった。ブリストル&ウェストというビルディング・ソサエティ（住宅融資専門の金融機関で不動産の仲介もおこなう）の支店を訪ねると、感じのいいお兄さんが「とってもいい物件がありますよ」といって紹介してくれた。

駅から徒歩七分くらいの便利な場所の、セミデタッチトという一棟の左右がそれぞれ独立した家になっているタイプで、居間が二部屋、寝室が三部屋、キッチン、庭に面した開放的なコンサーバトリー（サンルーム）、屋根裏、芝生の庭、物置小屋があった。庭の真んなかに大きなリンゴの木があり、その下でバーベキューをやったりもできる。値段は十一万五千ポンドだったので、十一万ポンド（千七百万円）でオファーを出したら、すぐにアクセプトされた。

その直後、こちらのオファーをいったん断ってきたブラックヒースの物件の持ち主が「あの値段でいいから売りたい」といってきたが、時すでに遅かった。

この頃、ロンドンの不動産価格は底値中の底値で、その後今日まで一本調子で上がり続けた。

わたしが買った家の値段も、今は当時の五倍くらいになった。振り返ってみると、思いがけなく永住権がとれたことといい、不動産が異様に安かったことといい、運命がロンドンにとどまるよう導いていたような気もする。「ワーズ・オブ・ウィズダム（知恵の言葉）」は「レット・イット・ビー（なるがままに）」である。

買うことになった家の売主は、ギビンズさんという四十歳くらいの英国人夫婦だった。ご主人はなにかの技術者、奥さんは近くのスーパー、セインズベリーズでレジのパートタイムをしていて、きちんとした生き方をしている中流の人たちだった。小学生の男の子二人が大きくなってきたので、もう少し広い郊外の家に引っ越すのだという。引き渡しにあたって、奥さんが、防犯アラームのセットの仕方、ゴミ出しの仕方、家庭医として登録すべき診療所の名前・住所・お勧めの医者、歯医者などのほか、近所の人々について親切にメモを残していってくれた。〈隣の十五番はマルタという女性とイヴォンヌというティーンエージャーの娘〉、〈向かいの十六番はトニーというwidowedの男性。彼は一人でいるのが好きで、大学生の娘が離れて暮らしていて、今年後半に再婚の予定〉（注・widowedという語は離婚と死別の両方に使われる）、〈（十五番とは反対側の通路を挟んだ隣の）十一番は近くの病院の寮に使われていて、下の階にキャサリンという主任看護師、上の階には医師夫婦と赤ん坊の息子が住んでいて、皆いい人たちです〉と書かれていた。転居先の住所と電話番号も残していってくれて、買ってから二十六年くらいたって、家の敷地の地中から正体不明のパイプが出ていたので、なんなのか教えてもらいたくて電話をしたら、ギビンズ氏の声はかなり英国のお爺さんふうになっていたが、たぶん電気のケーブルがなかに入っているパイプだと思う、と親切に教えてくれた。

家の購入手続きを完了するまで少し時間がかかるので、馴染みの日系不動産屋、ジャパン・ホームズに頼んで、三ヶ月だけ住むためのフラットを探した。吉田さんというオランダ人女性と結婚し、ロンドンに住んでいる社長さんの車の助手席に乗せてもらい、候補物件を二、三みせてもらった。途中、吉田さんがハンドルを操りながら「そんな立派な銀行を辞めて、イギリスに残って、いいことあるんですかねえ」と感想を漏らしていた。

同じ頃、親しくしていたＩＮＧ（オランダ国際）銀行東京支店のキース・チディさんという、発展途上国が大好きな英国人からは「お前は馬鹿か。あんなテロリスト（ＩＲＡのこと）の国に住んでどうするんだ。うちで採用してやるから、日本に戻ってこい」といわれた。

その後、吉田さんとは会えば親しく話をし、作家になってからは著書を謹呈したりする仲になった。彼は最近、七十歳を超え、会社を別の日系の不動産屋に売却し、リタイアした。ゴールダーズ・グリーン駅前のジャパン・ホームズが入っていた店舗の前をとおりかかると、あの頃のことが懐かしくよみがえる。チディさんのほうは、ＩＮＧ銀行のピョンヤン（北朝鮮）事務所長を務めたりしたあと、リタイアし、今は日本人の奥さんと淡路島に住んでいる。

引っ越しの準備、証券会社で営業をするために必要な英国のＳＦＡ（Securities and Futures Authority=証券先物委員会）の外務員試験の勉強、引き継ぎのためのトルコやイランへの出張などで忙しかったが、大量に残っていた有給休暇の一部を使い、一週間のジャマイカ旅行に家内と出かけた。

中南米は初めてだった。国の北側のビーチリゾート、オーチョリオスのサンド・キャッスルというアパート式のホテルに泊まり、シュノーケリングをしたり、全長二〇〇メートルのダンズリバーという滝を登ったり、サンセット・クルーズに参加したり、リオグランデ川を筏で下ったり、ショッピングセンターをみて歩いたりした。米国からの観光客が多く、米国との地理的な近さを実感した。

初めてみたカリブ海は、透明感のある水色、コバルトブルー、群青色のグラデーションに輝いていた。一八八六年に建てられたヴィクトリア様式の「ハーモニー・ホール」で植民地時代の空気にひたりながら食事をしたり、バーベキューで一匹千円ほどのロブスターを食べたり、木々に囲まれたパティオの席からカリブ海を一望できる「アーモンド・ツリー」というレストランで食事をしたり、道端の屋台でスパイシーなジャークチキンを食べたりもした。島のいたるところでレゲエ・ミュージックが流れていて、陽気でのんびりした空気のなかで心身をリフレッシュした。

この頃、ＥＢＲＤ（欧州復興開発銀行）で中央アジア地域の局長を務めていた日下部元雄さんに、折り入って話があるので会いたいと呼び出された。

ＥＢＲＤは旧ソ連・東欧地域の経済復興のために設立された国際金融機関（地域開発銀行）で、日本は英独仏伊と並ぶ九パーセントを出資している（最大の出資国は米国で一〇パーセント）。日下部さんは日本の財務省から出向しているキャリア官僚で、この頃は五十歳手前の働き盛り。東大理学部数学科（大学院修士）出身の理系の人で、背はどちらかというと高く、みるからにエネルギッシュな風貌である。私は以前から付き合いがあり、日下部さんに求められて、プロジェクトファイナンスの評価方法に関する資料を提供したりしていた。

ＥＢＲＤのオフィスはシティの北東寄りのビショップスゲートにある。茶色い外壁と薄緑色のガラスを組み合わせた小山のようなビルだ。ロビーには、イタリアのカッラーラ（有名な大理石の産地）から持ってきた高価な白い大理石パネルが惜しげもなく使われ、各職員のオフィスはガラスを多用した近代的な空間である。役員食堂のシェフはフランスから連れてこられ、総裁はプライベートジェット機を頻繁に使っていた。こうした贅沢のほか、公私混同や経費の二重請求などを追及され、初代総裁のフランス人、ジャック・アタリは前年六月に辞任に追い込まれた。後任には、汚名返上を期すフランス政府が、ＩＭＦの専務理事やフランス中央銀行の総裁を務めた大物、ジャック・ド・ラロジエールを送り込んだ。

「今、アルマトイの次席駐在員を探してて、あなたにどうかと思うんだけど」

ガラス張りの広々とした局長室で、日下部氏は単刀直入に切り出した。

「えっ⁉」

思いもよらない話で驚いた。

ＥＢＲＤは、中央アジア最大の国であるカザフスタンの首都（当時）アルマトイに駐在員事務所を持っている。所長は欧州出身の人間なので、日下部氏は次席に日本人を送り込んで、日本の影響力を強化しようと考えていた。

「いや、でも、わたしはロシア語はできませんし……」

中央アジアに限らず、旧ソ連圏のビジネスはロシア語で、ＥＢＲＤではロシア語ができる職員が多い。

「そんなのは、入ってから習えばいいんだよ」

日下部氏はこともなげにいった。

「そうですか……」

わたしにとっては、願ってもない話だった。

邦銀のバンカーとしてぞんぶんに国際金融をやったので、次は国際機関で、外国人に伍して仕事をしてみたいと思っていた。証券会社の英国法人のプロジェクトファイナンス・アドバイザリー部門に移籍するのも、国際機関の業務の主流であるプロジェクトファイナンスのノウハウを身に着けたいと思ったことが理由の一つだった。

国際機関は業務が細分化されていて、空席ポストが求めるスキルにぴったりの専門性を持っているか、あるいは日下部氏のような決定権者がこの人と決めていたりしないと、なかなか入るのが難しい。日下部氏の誘いは、自分にとっては願ってもないチャンスだった。

ところが間の悪いことに、二週間ほど前に、証券会社のオファーレターにサインをしたばかりだった。

「実は、四月一日に〇×証券に入ることになっていまして、先日、契約書にサインしたところなんです」

「ああ、そうなの。……それは、もうどうにもならないの？」

日下部氏は残念そうに訊いた。

「はい……どうしようもないと思います」

内心、未練たっぷりだったが、EBRDは諦めた。

しかし、振り返って考えてみると、いったん証券会社に入社し、EBRDの採用が正式に決まり次第、辞表を提出すればよかったのだ。なにぶん転職自体が初めてのことで、そこまで頭が回らなかった。そばに相談をしたり、アドバイスをくれたりする人もいなかった。

かくして、わたしは国際機関入りのまたとないチャンスを、あっさり棒に振ってしまった。

ところが運命というのは不思議なもので、証券会社では最初の二年四ヶ月ほどプロジェクトファイナンス・アドバイザリーの仕事をしたあと、思いがけなく一年八ヶ月にわたって日本の親会社に出向し、初代事務所長として、ベトナムのハノイに事務所を開設する仕事に携わることになる。「ドイモイ」と呼ばれる開放政策が始まってまもないベトナムでの暮らしは、目から鱗の驚きと、心が洗われるような体験の連続だった。どうしてもこれを書き残さずにはいられないと思い、仕事のかたわら原稿用紙で五百枚ほどの小説を書き、いくつかの出版社に持ち込み、それが作家になるきっかけになった。

仮に国際機関で働いていたとしても、作家になれるかどうかは別として、最終的には物を書くことを目指したと思うので、結果オーライである。人生において、ほしい物がすべて手に入るということはあり得ないし、究極の目標さえかなえられればそれで十分だ。

三月三十一日——

ロンドン支店国際金融課での勤務を終え、銀行を退職した。六年一ヶ月あまりのロンドン支店在籍中に手がけた案件は（ＩＢＥＣ、ＩＩＢなどの不良資産入れ替えを除いて）全部で七十二件、稼いだ収益は、手数料が三百九十三万四千三百四十三ドル、金利鞘（スプレッド）が九百八十九万五千二百一ドルで、合計千三百八十二万九千五百四十四ドル（約十四億二千百万円）だった。

全世界の引受けやセールスのチームを動員しておこなうグローバルな株式の売出しなどとは異なり、シンジケートローンや貿易金融はワンマンビジネスで、右の数字は、実質的にわたしとサリーと、他の担当者の仕事もするリカルド君やグループ秘書のヘレンという、二人と三分の二くらいの人員で挙げたものである。クウェート、イラン、アルジェリアの案件でいったん返済が遅延したものがあったが、遅延金利を含めて全額回収した。百万ドル以上儲かった案件は、エジプト航空、クウェート政府、サウジアラムコ、ヴェラ・インターナショナル（サウジアラビアの船会社）向けの四件だった。エジプト留学で中近東・アフリカへの知見を育（はぐく）み、それをテコに新たな市場を開拓できたのはよかったと思う。

国際金融は分業体制でやる銀行がほとんどで、ユーロ市場広しといえど、案件発掘（オリジネーション）から、稟議申請、マンデート獲得、シンジケーション、ドキュメンテーション、調印式（サイニング）まで一貫して手がけていたのはわたしくらいだった。これはロンドン支店に赴任したとき、国際金融課の体制がそういう未分化状態だったので、そのまま続けただけである。週末や休暇も関係なく働いたのは、米銀をはじめとする他行に負けたくなかったのが一番の理由だが、同時に、可能な限り体験を積み、世界中の人々と仕事をし、いつかはそれを金融業界とは別の世界で新たな挑戦のために生かしたいと思っていた。

銀行では通算十四年間働いたが、特に感慨もなく、一つの通過点がすぎたという気持ちしかなかった。元々入ったその日から失敗したと思った会社だったので、いずれ辞めるのは規定路線だった。上司M&Aの吉本君からは「金山さんは、本当に上司に恵まれませんでしたねえ」と同情された。上司というのは、ロスのあとの二人の国際金融課の日本人次長のことだ。確かに、外野で野次を飛ばしているだけの人たちだった。その手の上司と一緒にチャンチキおけさを踊り、それが当たり前だと思っているうちに定年を迎えるサラリーマンも多いが、わたしには人生の浪費としか思えなかった。

他方、グローバル金融の本場ロンドンで国際金融業務に携わったので、本当に数多くの経験や勉強させてもらい、「利助」上席審査役との論戦でも鍛えられた。日々、知識を広げ、いろいろな意味で力を付けながら仕事をしていきたいと思って社会人になったが、その思いを初めて実現することができた。また作家はどんなことでも糧にできる職業で、とりわけ葛藤、憤り、悲しみを覚える出来事が役に立つ。世間的にはそこそこ一流にみられていても、実は欠陥が多く、愚かな人たちも少なからずいるという、多くの組織に共通する現実を経験できたことは、無意味ではなかった。

退職の前々日、わたしを「金（きん）ちゃん、金ちゃん」と呼んで応援してくれた小森哲年（あきとし）副支店長が、シティのフランス料理店での送別ランチに招いてくれた。静かで和やかな雰囲気のなか、六年間を振り返った。ニューヨークにも駐在経験がある小森さんは飾り気がなく、筋をとおす融資畑のベテランだったが、この二年後くらいに五十歳手前の若さで進行性の胃がんのために急逝した。シャイな笑顔が今も瞼に焼きついている。

銀行を辞めたあと、証券会社で四年、総合商社の英国現地法人のプロジェクト金融部で五年四ヶ月仕事をし、四十六歳で専業作家になり、現在にいたっている。世の中にはいろいろなタイプの人がいるが、わたしは自分の意思と創意工夫で物事をとことん突き詰めないと気が済まないたちで、上司や組織の都合でやり方を変えられるのが最も嫌いである。そういう意味ではサラリーマン向きでなく、どんなに立派な会社に入っても、どこかで辞めていたと思う。デビュー作は、自分がやっていた国際協調融資をめぐる金融機関同士の攻防を描いた『トップ・レフト』である。ベトナム時代の体験を書いた小説は大幅に加筆して、二作目の『アジアの隼』として出版した。案件（テーマ）を探し、情報を集め、形（作品）にし、市場にローンチするのは、バンカー時代と同じである。

運命に導かれたように、ロンドンで暮らすようになって三十五年の歳月がすぎた。

最近ふと、高校一年生のときに、地元の北海道深川市の劇場でみた映画『フォロー・ミー』を思い出した。英国の一流公認会計士と結婚した、ピュアでナチュラルな米国人女性をミア・ファローが演じた作品で、テーマ曲の独特のリフレインが心に沁みる。彼女は冷え切った結婚生活の空しさを紛らわせるため、ロンドン市内のあちらこちらを彷徨（さまよ）い歩き、それを夫に雇われた私立探偵がつけて歩く。やがて探偵は彼女と心をかよわせ、夫婦の関係修復を取り持つという、ハッピーエンドのストーリーだ。映画のなかに、ビッグ・ベン、ロンドン塔、ナショナル・ギャラリー、コヴェント・ガーデン、赤い二階建てバス、ブラックキャブ、ナショナル・ウエストミンスター銀行、テームズ川の遊覧船などが登場するが、ロンドンの街は、五十年たった今もそれほど変わっていない。もし高校一年生だったわたしが「あの街は、いずれきみが人生の一番長い期間をすごして、国際金融マンとして欧州・中近東・アフリカを駆けめぐり、作家になる場所だよ」と告げられても、もちろん信じられはしなかっただろうけれど、夢で胸をふくらませたことだろうなと思う。

（註）

本作品はノンフィクションで、内容はすべて事実です。

為替の換算レートは、それぞれの時点での実勢レートを使用しています。

各シンジケートローンの参加行、手数料、金利などはＩＦＲ、ユーロウィーク、トムソン・ロイターなどの公開情報にもとづいており、著者がかつて所属した邦銀日本橋支店がベアリング・ブラザーズの倒産で85億円の焦げ付きを出したことは、日本経済新聞（一九九五年三月五日付）の報道にもとづいています。

初出：「青春と読書」二〇二一年四月号〜二〇二三年三月号

単行本化にあたり加筆・修正しました。

世界銀行がインフラ開発など長期開発案件や貧困削減目的の融資をおこなうのに対し、IMFはマクロ経済問題に注力し、国の短期の資金（外貨）繰りの改善を主要な役割とする。2022年10月末時点の加盟国は190ヶ国。

**LC**（letter of credit）
信用状のこと。輸入業者の支払いを確実にするため、銀行が発行する支払い保証書。これにより、輸出業者は輸出代金の回収を確保して安心して商品の船積みを行い、輸入業者は、輸入代金を前払いする必要がなくなる。

**M&A**（mergers and acquisitions）
企業の合併・買収のこと。米国では1975年頃から企業が経営の効率化や製品の高付加価値化を目的に不要部門の売却や高い技術を持った企業の買収を活発化させ、ブームとなった。日本企業の間でも1980年代中頃からM&Aの有効性が認識され、積極的に取り入れられるようになった。

**NATO**（North Atlantic Treaty Organization、北大西洋条約機構）
米国を中心とした米国・欧州諸国の軍事同盟。共産主義の脅威に対処するために1949年に発足した。条約の内容は、①国連憲章にもとづく紛争の平和的解決、②加盟国の1ヶ国でも攻撃されたときは全加盟国への攻撃とみなし、必要ならば武力行使を含む行動をとる、など全14条。現在の加盟国数は30ヶ国。

**OECD**（経済協力開発機構）
市場経済政策をとっている先進国間の政策協調を図るための国際機関。現在の加盟国数は38。政治と軍事を除く経済・社会のあらゆる分野の様々な問題点を取り上げて研究・分析し、政策提言をおこなっている。具体的な対象分野は、経済一般、貿易、投資、金融、財政、行政管理、競争、工業、農林漁業、開発援助、エネルギー、原子力、労働、高齢化、年金、医療、環境、科学技術、教育、農村・都市開発、運輸、観光など。ECA（公的輸出信用）に関する先進国間の過当競争を防止するためのガイドラインも定めている。事務局はパリにある。

**OPEC**（Organization of the Petroleum Exporting Countries、石油輸出国機構）
1960年に、イラン、イラク、クウェート、サウジアラビア、ベネズエラの5ヶ国が設立した産油国の組織。本部はオーストリアのウィーン。現在は中東以外の国（アルジェリア、アンゴラ、ガボン、ナイジェリア、コンゴ共和国等）を含む13ヶ国が加盟している。

レーションに買収され、現在はトムソン・ロイターの一部門。1980年代から1990年代中頃まで、金融情報提供端末（パソコンより一回り小さい）を金融機関等に置き、ニュース速報や、為替・金利・スワップ・オプション・シンジケート・ローンなどの情報を提供していた。現在は、パソコン画面に直接情報提供している。

**BIS**（Bank for International Settlements、国際決済銀行）
各国中央銀行間の通貨売買（決済）や預金の受け入れなどを業務とする国際機関。第一次世界大戦で敗れたドイツの賠償金支払い統括するため、1930年に設立された。本部はスイスのバーゼル。毎月、中央銀行総裁会議が開かれ、銀行の自己資本比率規制（BIS規制）など国際金融上の諸問題やマクロ経済調整について話し合いがなされている。

**BIS規制**
BISが定めた国際業務を営む民間銀行の自己資本比率についての統一規制のこと。規制によると、自己資本の項目は普通株式や公表準備金などコアとなる自己資本と補完的自己資本に分かれ、少なくとも半分はコア項目で構成しなければならない。また、自己資本比率を計算する際の分母には、資産のリスク（危険度）に応じてウェートづけした総資産を用いる。国際業務をおこなう銀行は自己資本比率を8%以上にしなければならない。目的は銀行の健全性を確保するとともに、各国間の競争条件を同一にすることにある。2000年代後半から（日本では2007年3月期末から）は、リスク資産の評価、自己資本の維持・リスク管理、情報開示について、より高度な手法（オペレーショナル・リスク概念の追加、リスクウェイト評価に格付けを使用等）を求める第2次BIS規制が導入された。

**CEO**（chief executive officer）
最高経営責任者のこと。米国では取締役会の会長が当該企業のナンバーワンであることが多く、通常会長がCEOを兼務している。CEOは取締役会を主宰するとともに、企業の方針決定、長期事業計画の策定などに責任を持つ、いわば企業のトップである。これに対して、日本では社長がCEOの役割を担っているケースが多い。

**FRN**（floating-rate note、変動利付債）
償還期限（満期）までの間、一定期間（通常6ヶ月）ごとに支払金利が変動する債券。従来、債券（ボンド）は固定金利が普通だったが、1970年代以降、金利の変動が激しくなったことにともなって開発された。

**IMF**（International Monetary Fund、国際通貨基金）
国際通貨・為替制度の安定化を目的に設立された国連の専門機関。第二次世界大戦終結の前年7月に締結されたブレトンウッズ協定によって、1946年3月に世界銀行とともに創設され、本部を米国のワシントンDCに置き、1947年から業務を開始した。国際収支の赤字を出している加盟国に返済期間1年から10年の融資をおこなう。融資に際しては国際収支改善のための経済政策の遂行を義務づける。

**輸出信用**（export credit）
自国の輸出を促進するための公的保険が付いた融資のこと。海外の輸入者が支払い不能に陥った場合に、被保険者となっている自国の輸出者（または融資をおこなった銀行）に対して保険金を支払う。一般に民間銀行の融資より期間が長く、より多くのリスクをとる。日本では従来、経済産業省（旧通産省）がこうした貿易保険を提供していたが、2001年4月からは同省から分離された独立行政法人日本貿易保険（Nippon Export and Investment Insurance、略称NEXI）がおこなっている。

**輸出前貸し**（pre-export finance）
銀行が輸出業者などに対しておこなう、輸出商品を生産・集荷等をするための資金の融資で、輸出代金により返済される。輸出前貸しをおこなう銀行に対する必要資金の融資も輸出前貸しと呼ばれる。輸出品を担保にとる場合と、担保のないクリーンローンの場合がある。

**ライボー**
（LIBOR, London Interbank Offered Rate）
ロンドン銀行間取引金利。国際金融取引の基準として使われていた金利で、通貨ごとに存在し、その通貨の資金事情に応じて変動する。国際的な融資契約やFRN（変動利付債）において、金利は、ライボーに利鞘（スプレッド）を上乗せして決められることが多い。貸し手の銀行からみると、ライボーが仕入れ値で、利鞘分が利益となる。長く国際金融取引の指標として使われていたが、ライボー決定の基礎になる金利を提示していた複数の銀行が不正をおこなっていたことなどから、2021年末から通貨ごとに順次廃止されている。現在は通貨ごとに異なる、銀行の信用リスクを含まないRFR（リスク・フリー・レート）が代替指標として用いられている。

**リスケジューリング**（rescheduling）
返済を繰り延べすること。予定どおりの返済が困難になった場合に、貸し手の承諾を得て、返済金額の減額や返済期間の延長などをおこなう。通称「リスケ」。

**流通市場**（セカンダリー・マーケット）
すでに発行された証券や融資債権が売買される市場のこと。これに対して、発行市場（または引受市場、プライマリー・マーケット）は、新たに発行される証券（株式・債券等）や融資債権が証券会社によって引き受けられ（銀行によって供与され）、投資家に販売（借入人に供与）される市場のこと。

**連邦準備銀行**（Federal Reserve Bank）
アメリカの中央銀行。通称「フェッド」。全米が12の連邦準備区に分けられ、各区に一つずつ連邦準備銀行が設けられている。FRBの主な機能は①公開市場操作による通貨供給量の調整や公定歩合の変更②手形交換システムや資金付替システムの提供③銀行に対する規制と監督、などである。

**ロイター**（Reuters）
ユダヤ系ドイツ人であるポール・ジュリアス・ロイターが1851年に設立した英国の報道および情報提供会社。2008年にカナダの情報サービス大手トムソンコーポめの抜本的な対策のこと。債務国に期間10～30年という超長期で金利の低い（あるいは金利がないゼロ・クーポンの）債券（ブレイディ・ボンド）を新たに何種類か発行させ、それを商業銀行などが持つ債権（融資や債券）と交換し、実質的に3割から5割の債務を削減した。メキシコ、ベネズエラ、フィリピン、アルゼンチン、モロッコ、ナイジェリア、ポーランドなど13ヶ国がこの恩恵を受け、ソブリン債務再編のモデルとなった。ブレイディ・プランでいろいろな債券がつくり出されたので、欧米の投資銀行が「エマージング・マーケッツ（新興国市場）」という名前を付け、既存の融資債権を含め、トレーディングを始めた。

**プロジェクト・ファイナンス**
（project finance）
プロジェクトの資産や将来の収益のみを返済原資とし、プロジェクトの出資者（プロジェクト・スポンサー）は、借入金の返済義務を負わない融資の形態。

**マーチャント・バンク**
（merchant bank）
16世紀以降の欧州諸国の海外進出や、18世紀半ばに始まった産業革命に伴う貿易量拡大を背景に、元々は毛織物、砂糖、金、小麦といった商品を扱っていた大商人（マーチャント）が、豊富な情報量と自己の信用力を生かし、貿易手形の引受け（支払保証）を始め、その後、徐々に金融業の比重を高め、証券の引受け・販売、M&A、投資顧問業など、米国の投資銀行と同様の業務をおこなう金融機関になったもの。ベアリング・ブラザーズ、NMロスチャイルド&サンズ、SGウォーバーグなどが代表的だった。しかし、1986年におこなわれた英国のビッグ・バン（金融規制の緩和）以降は、資本力で優る欧米金融機関に次々と買収され、現在では小規模のマーチャント・バンクが残っているだけである。

**マンデート**（mandate）
借入人（発行体）が主幹事銀行（証券会社）に与える国際協調融資組成（証券発行）の委任。通常「何月何日付貴行提示の融資（発行）条件を受諾する」といった趣旨の簡単なレター。マンデートの出状により、その案件に関して借入人（発行体）と主幹事銀行（主幹事証券会社）の間に法的関係が発生し、融資団の組成（証券発行手続き）が開始される。M&A（企業買収）においても、顧客企業から企業売却などの仕事を委託されることをマンデートという。

**ユーロ市場**
政府による規制のない自由な国際金融市場を指していう言葉。ロンドンを中心に発展した米国外における米ドル建て預金市場であるユーロ・ダラー市場、米ドル以外にも通貨ユーロ、英ポンド、スイスフランなど各国通貨建て取引がおこなわれるユーロ・カレンシー市場、中長期ローン（大部分は国際協調融資）の市場であるユーロ・クレジット市場、債券の市場であるユーロ・ボンド市場などがある。この場合の「ユーロ」は欧州や欧州の通貨であるユーロのことではなく、「発行国外」という意味である。

**ノンリコース、フルリコース**
リコース（recourse）とは、償還請求権のこと。ノンリコースは、融資となっている担保物件（住宅、航空機、プロジェクトなど）を債権者に差し出せば、借入人は残債務の返済義務はない。逆にフルリコースは、担保物件を差し出しても、借入人には残債務の返済義務がある。両者の中間で、担保物件以外の特定の項目等に関して債務者に返済（信用補完）義務があるとする、リミテッド・リコース（パーシャル・リコース）という形態もある。

**パートナー**
法律事務所や会計事務所、投資銀行、投資ファンドなどにおける共同経営者のこと。その事務所（投資銀行、投資ファンド）の資産・負債や損益はすべてパートナーに帰属する。パートナーを目指して若手は必死で働き、パートナーになれなければ退職することが多い。

**パリクラブ、ロンドンクラブ**
パリクラブは、先進各国政府でつくっている債権者会議の通称。途上国向け債権の取り扱いなどについての協調行動を協議する場で、フランスの経済・財政・産業省に事務局が置かれ、通常パリで会合が開かれる。これに対して民間債権者（主に金融機関）の債権者会議をロンドンクラブという。

**バレル**（barrel）
体積を表す単位で、原油や石油製品の計量に使われる。1バレル＝42ガロン＝158.987リットル。重さでは、1メトリック・トン＝約7.33バレル。

**引当金**
将来発生が予想される損失や費用に備えて、あらかじめ準備しておく積立金のこと。代表的なものに、不良債権に対する引当金がある。引当金を計上すると、その期はその分利益が減少する。

**引受け**（underwriting）
協調融資の組成や証券の発行において、必要な金額全額を集めることを請け合う行為。借入人（発行体）にとって資金調達が確実になる一方、金融機関にとっては、市場の需要を読み違えると巨額のポジション（売れ残り）を抱え込むリスクがある。そのリスクの対価が引受手数料である（通常0.1 ～ 2.0%程度）。

**ファイナル・テーク**
協調融資における各参加銀行の最終参加（融資）額。引受銀行の場合は、引受額からシンジケーションにより一般参加銀行に販売した残りの額。

**ブックランナー**（販売幹事）
協調融資の組成や株式・債券の発行において、協調融資団の組成（または株式・債券の販売）を担当する幹事銀行（幹事証券会社）のこと。幹事団のなかで最も重要な役割である。

**ブレイディ・プラン、エマージング・マーケッツ**（新興国市場）
ブレイディ・プランは、米国の財務長官ニコラス・ブレイディが1989年3月に打ち出した途上国の累積債務問題解決のた

International Development Association）の両方を、一般に世界銀行と呼んでいる。IBRDは主に発展途上国の政府やインフラ開発プロジェクトに対して長期（15〜20年）の融資をおこなう。一方、IDAは最貧国に対する長期無利息の借款をおこなっている。これら二つの機関に姉妹機関である国際金融公社（IFC）や国際投資保証機構（MIGA）などを併せて世界銀行グループと呼ばれる。現在の加盟国数は189ヶ国。

**ソブリン**（sovereign）
国家を意味する語。ソブリン債務は国家の債務。ソブリン債券は、政府や政府関係機関が発行（または保証）する債券。

**タックスヘイブン**（租税回避地）
法人税や所得税などの税率がゼロか極めて低い国や地域のこと。カリブ海諸国や欧州に多い。低税率や銀行情報の秘匿を売りに、海外からの資金を呼び込んでいる。不透明な資金の流れを助長し、脱税やマネーロンダリングに使われるケースも多い。

**ツームストーン**（tombstone）
国際協調融資や国際的な債券・株式の発行に際して作成される案件完了広告のこと。融資（債券・株式）の借り手（発行体）名、融資（発行）総額、主幹事銀行（証券会社）名、引受銀行（証券会社）名、一般参加銀行（証券会社）名、案件完了日などを記した文庫本程度の大きさの紙片を埋め込んだ厚さ2センチほどの透明なアクリル樹脂製の置物。形が西洋の墓石（tombstone）に似ており、終わった案件を記録する意味合いもあるところから、このように呼ばれる。M&Aの完了に際してもつくられる。

**デフォルト**（default）
債務不履行のこと。

**デリバティブ**
（derivatives、金融派生商品）
通貨、債券、株式、商品などの価格変動を対象とした金融取引。日本語では「金融派生商品」と訳される。代表的なものに先物（一定の価格で将来売買をおこなうことを約束する取引）、オプション（一定の約定料を対価に、将来一定の価格で売買をおこなう権利を売買する取引）などがある。デリバティブを使用する目的は①価格変動リスクのヘッジ②少額の原資で多額の投機をおこなうこと、などである。

**投資銀行**（investment bank）
米国では1933年のグラス・スティーガル法により証券業務と銀行業務の兼営が禁止されたが、証券業務をおこなう金融機関を投資銀行と呼ぶ。「銀行」という名が付いているが、業態としては証券会社である。主要な業務は株式、債券、M&A（企業買収）。顧客は大手事業会社、機関投資家、富裕個人客が中心。なおグラス・スティーガル法は1999年11月に廃止され、米国では投資銀行と商業銀行が合併するケースも出てきている。主な投資銀行に、ゴールドマン・サックス、モルガン・スタンレー、JPモルガン・チェース、クレディ・スイス、UBSなどがある。

### 自己資本

貸借対照表の資本の部に表される会社の純資産。資本金、剰余金、積立金などの合計で、株式の発行とその会社が生み出した利益から生じたもの。自己資本が多いほど、企業の体質は健全である。

### 主幹事 (lead manager, arranger)

協調融資団や証券（債券や株式）引受シ団のなかで中心的役割を担う金融機関のこと。具体的には借入人（発行体）との条件交渉、融資団（引受シ団）の組成、融資契約書や目論見書の作成等をおこなう。主幹事は通常、一般参加の金融機関よりも大きな引受リスクを負い、多くの報酬を得る。

### 商業銀行 (commercial bank)

日本でいうところの銀行。主に預金の形で集めた資金を企業や個人に貸し出す業務をおこなう。代表的な商業銀行としてシティバンク、バンク・オブ・アメリカ、HSBC（香港上海銀行）、ドイツ銀行、バークレイズ銀行、三菱UFJ銀行などが挙げられる。

### シンジケーション (syndication)

国際協調融資のための融資団（シ団）を組成すること。具体的には幹事銀行団が参加見込み銀行に対してインビテーション（参加招聘状）やインフォメーション・メモランダム（借入人に関する様々な情報を盛り込んだ冊子）を送付し、参加銀行がそれらを検討した上で参加を受諾すること。ゼネラル・シンジケーション（一般参加行募集）ともいう。シンジケーションを開始することをローンチ（直訳は「進水」）という。

### シンジケートローン

(syndicated loan、協調融資)

一つの銀行では負担しきれない巨額の融資を、複数の銀行が融資団（シンジケート）をつくることによって実現する協調融資のこと。略称「シ・ローン」。1960年代から発達した。

### スプレッド (spread)

上乗せ利鞘のこと。国際融資の場合、従来、LIBORがベースだった。債券の場合は、無リスク資産（米国債など）の利回りに上乗せする。たとえば米国債の利回りが3%のときに、利回りが4.5%の債券を発行する場合、スプレッドは150ベーシスポイント（1.5%）である（1ベーシスポイント=0.01%）。

### セール・アンド・リースバック

航空機、船舶、不動産、機械設備などの所有者が、物件をいったん売って代金を受け取り、賃借人（レッシー）として物件のリースを受け、引き続き使用すること。資金繰りに困った会社などが、現金をひねり出すために用いることが多い。

### 世界銀行 (World Bank)

第二次世界大戦直後に締結されたブレトンウッズ協定によって、1945年にIMFと前後して創設された国連の金融機関。正式には世界銀行という名称の組織は存在せず、国際復興開発銀行（IBRD、the International Bank for Reconstruction and Development）と国際開発協会（IDA、回ると資金調達がぐんと難しくなる。

### カントリーリスク

取引相手国の主権にもとづく政策の変更や状態の変化から生じるリスク。政治リスクと国際収支リスクに大別される。具体的には、革命、戦争、国有化、外貨枯渇、外貨送金停止、対外債務のデフォルト（債務不履行）などが発生する危険性のこと。

### 減価償却

長期間にわたって使用する固定資産（建物、機械設備等）の取得に要した費用を、その固定資産が使用される期間（耐用期間）にわたって費用配分する会計手続きのこと。毎期均等額を費用計上する定額法や、期首の残高に一定の率を乗じて費用計上する定率法などがある。

### 公募債、私募債

公募債は、個人投資家も含めて広く一般の投資家に販売する債券。私募債は、生保や金融機関など特定の機関投資家に販売する債券で、一般に公募債よりも発行基準が緩やか。

### コベナンツ（covenant）

様々な契約において、一定の行為をすること（あるいはしないこと）を義務として課すこと、もしくはそのための条項のこと。たとえばシンジケートローンの契約で借入人が一定の財務比率を維持する義務を課されたり、証券化の契約で「原資産を転売してはならない」とか「ローン・トゥ・バリューが80%を超えてはならない」といった義務が課されたりする。

### コメコン（Council for Mutual Economic Assistance、経済相互援助会議）

旧ソ連、東欧諸国を中心とする国際経済協力機構。冷戦下の1949年1月に、西側による経済封鎖に対抗し、自給自足体制を確立するために創設された。本部はモスクワに置かれ、原加盟国はソ連、ブルガリア、ルーマニア、チェコスロバキア、ハンガリー、ポーランドの6ヶ国。その後、アルバニア、東ドイツ、モンゴル、キューバ、ベトナムが加盟し、ユーゴスラビアが準加盟国となった。1991年6月にソ連・東欧の民主化の流れを受け、解体・消滅した。

### コルレス銀行（correspondent bank）、コレスポンデント・バンキング

コルレス銀行とは、銀行が国際的な資金決済のために、自行の預金口座を開設している外国の銀行のこと。コレスポンデント・バンキング（コルレスバンキング）は、預金口座開設にともなう相手銀行の信用リスクを管理するほか、預金・送金・外国為替等、コルレス関係がない銀行との取引も含め、金融機関同士の取引を幅広く管理・推進する業務。

### サムライ債

国際機関や外国政府・企業が日本の投資家を買い手として発行する円建ての債券。正式には円建て外債という。具体的には、たとえばアジア開発銀行、南アフリカ政府、ウォルマート・ストアーズ（米）などが円建ての債券を発行し、日本にある証券会社をつうじて日本の個人投資家や金融機関、事業会社などに販売する。

# 金融・経済用語集

### インフラ
インフラストラクチャーの略で、経済活動の基盤を形成する基本的な施設のこと。具体的には、道路、港湾、空港、河川、農業基盤など。最近では、学校、病院、公園、通信ネットワークなども含まれる。

### エージェント銀行
(agent bank、事務幹事銀行)

協調融資団を代表して事務をおこなう銀行のこと。①融資団に参加している各銀行から資金を集め借入人（ボロワー）に送金、②借入人から元利金等の支払いを受け、各参加銀行に送金、③担保の管理、④融資団を代表して借入人と連絡・交渉、といった事務をおこなう。1980年代までは通常エージェント銀行がブックランナー（販売幹事）を兼務し、幹事団のなかで最も地位が高い銀行だったが、1990年代に入るとブックランナーを別の銀行がやることも多くなった。

### エクスポージャー (exposure)
リスクにさらされている金額のこと。企業や金融機関は、融資やデリバティブなどの取引をおこなう場合、各取引がいくらのエクスポージャーになるのかを計量し、いくらまでエクスポージャー（リスク）をとってよいかを事前に決めておく。

### エスクロウ・アカウント
(escrow account)

信託口座のこと。政情や経済状況が不安定な相手国との商取引などにおいて、売り手と買い手の間に信頼の置ける中立な第三者（民間銀行など）を介在させ、金銭の安全な受け渡しを確保するための口座。

### オールイン・プライス
オールイン・プライスは、金利に手数料を加えて出す融資のコスト（貸し手側のリターン）。これを算出する際には、一括で支払う手数料は融資の残存期間で除した上で金利に加える。たとえば、金利がLIBORプラス1パーセントで、フィー（手数料）が0.5パーセント、期間が1年（1年後に一括返済）のローンのオールイン・プライスはLIBOR+1+0.5=LIBOR+1.5パーセント、もし期間が5年（5年後一括返済）なら、LIBOR+1+(0.5÷5)=LIBOR+1.1パーセントとなる。

### 格付け (credit rating)
国家や企業が発行する債券や発行体自体の信用リスクを、民間企業である格付会社が評価した指標のこと。具体的には、利払いや元本の償還が約束どおりにおこなわれる可能性を示す。信用格付けには、債券の種類や満期などによっていくつもの種類がある。代表的な格付会社はムーディーズ、S&Pグローバル・レーティング、フィッチ・レーティングスの3社。

S&Pグローバル・レーティングの長期信用の格付けでは、最上級がAAA（トルプルA）で、以下AA、A、BBB、BB、B、CCC、CC、C、Dの10等級がある。BBB（トリプルB）以上が投資適格、BB（ダブルB）以下が投資不適格（投機的等級、すなわちジャンク）とされ、格付けがBBBを下

装丁／森裕昌（森デザイン室）
Photo by Getty Images

JASRAC 出　2300181-301

黒木 亮（くろきりょう）

本名・金山雅之。1957年北海道生まれ。早稲田大学法学部卒、カイロ・アメリカン大学大学院修士（中東研究科）。都市銀行、証券会社、総合商社勤務をへて、2000年、国際協調融資をめぐる攻防を描いた『トップ・レフト』で作家デビュー。主な作品に『巨大投資銀行』『カラ売り屋』『排出権商人』『鉄のあけぼの』『法服の王国』『アパレル興亡』など。大学時代は箱根駅伝に2度出場し、20kmで道路北海道記録を塗り替えた。ランナーとしての半生は『冬の喝采』に綴られている。1988年からロンドン在住。

# メイク・バンカブル！
## イギリス国際金融浪漫

2023年4月30日　第1刷発行

著　者　黒木 亮
発行者　樋口尚也
発行所　株式会社 集英社
〒101-8050 東京都千代田区一ツ橋 2-5-10
編集部 03-3230-6141
読者係 03-3230-6080
販売部 03-3230-6393（書店専用）
印刷所　大日本印刷株式会社
製本所　加藤製本株式会社



集英社学芸編集部公式ウェブサイト　http://gakugei.shueisha.co.jp
集英社学芸編集部公式Twitter　https://twitter.com/shueishagakugei(@Shueishagakugei)
集英社学芸編集部公式Facebookページ　https://www.facebook.com/shueisha.gakugei


ISBN 978-4-08-781732-4 C0095